中國學術思想 研究輯刊

六 編

林慶彰 主編

第 15 冊

魏晉玄學的自然觀與自然美學研究

林朝成 著

魏晉自然思想研究

盧建榮 著

花木蘭文化出版社

國家圖書館出版品預行編目資料

魏晉玄學的自然觀與自然美學研究　林朝成　著／魏晉自然思
想研究　盧建榮　著—初版—台北縣永和市：花木蘭文化出
版社，2008〔民97〕
目2+146面＋序2+目2+126面；19×26公分
（中國學術思想研究輯刊　六編；第15冊）
ISBN：978-986-254-066-4（精裝）
1.玄學　2.自然哲學　3.自然美學　4.魏晉南北朝哲學
123　　　　　　　　　　　　　　　　　　98015285

ISBN - 978-986-2540-66-4

9 789862 540664

中國學術思想研究輯刊
六　編　第十五冊　　　　　　　ISBN：978-986-254-066-4

魏晉玄學的自然觀與自然美學研究
魏晉自然思想研究

作　　　者　林朝成／盧建榮
主　　　編　林慶彰
總　編　輯　杜潔祥
出　　　版　花木蘭文化出版社
發　行　所　花木蘭文化出版社
發　行　人　高小娟
聯　絡　地　址　台北縣永和市中正路五九五號七樓之三
　　　　　　　電話：02-2923-1455／傳真：02-2923-1452
網　　　址　http://www.huamulan.tw　信箱　sut81518@ms59.hinet.net
印　　　刷　普羅文化出版廣告事業
封面設計　劉開工作室
初　　　版　2009年9月
定　　　價　六編30冊（精裝）新台幣50,000元

魏晉玄學的自然觀與自然美學研究

林朝成 著

作者簡介

　　林朝成，台灣宜蘭人，台灣大學哲學博士。主要研究領域為魏晉玄學、中國佛學、倫理學和美學，著有《佛學概論》、《護生與淨土》、《移民社會與儒家倫理》、《魏晉玄學的自然觀與自然美學研究》等專著，當前的研究方向著重在環境哲學的跨領域研究與審議民主在台灣的實踐經驗。

　　林博士曾任仰山文教基金會秘書長，現任成功大學中文系教授、成功大學藝術中心教育組組長、社區大學全國促進會理事長。

提　　要

　　本文應用文本詮釋與分析哲學的方法，旨在探討魏晉自然觀與自然美學的建構。「自然觀」與「自然美學」的研究，不只是中國哲學史、美學史的意義而已，中國自然美感意識的早熟與豐富的自然審美感受，玄學提供了根本的理論與推動的力量，因此，深入探索其中的觀點，仍足以和現代美學對話，提供活的思想資源。

　　本文從「自然」的界說，證成「自然」是個後設語言，必有實質的原則，才有後設的反省與主體冲虛境界的修為。本文由文本的分析，嘗試從聖人理想人格、天之自然與人的自然三個構面探索玄學自然觀的類型與發展。這些類型各有理據，反應了玄學自然觀的發展歷程和其自主的哲學思想。

　　自然美學則以音樂美學和山水美學為探討的範圍。音樂美學以「和」為審美理想，然而玄學意義的「和」並不具有「樂通倫理」的內涵，而是以自然形上美學和「神氣自然」為理據，其所開創的自律美學，不可只視為客觀形式美學，而是莊學「恬淡無欲、自然清淨」音樂精神的發揮。

　　山水美學以「神」為核心論題。顧愷之「傳神寫照」的確立，建立了中國人物畫的審美原則。山水美學進一步突破人物傳神的侷限，提出山水形質存在，必能接受「神」的顯現與作用的論點，因此，山水的美感可以用「神」的領會來表達。宗炳「神」的概念以佛對山水，提出「寫山水之神」和「暢神」的山水美學理想。王微則以情對山水，提出「明神」的主張，為山水的傳情功用，奠定美學的基礎。

　　總結以上論述，本文提出對魏晉自然美學的綜合評價與美學的定位。

目次

緒 論

　　「自然」一詞成爲哲學概念是從老莊學派開始，魏晉時期蔚爲風氣，一時躍居士人清談的主要論題與評價準則。本文所謂的「魏晉玄學的自然觀」，就是指在老莊的傳統主導下，魏晉思想家對道家「自然」觀念的承續與創新，而成爲魏晉學術的風氣與不同的哲學系統。因此，它和旨在探討自然的時空概念的「自然哲學」（Philosophy of Nature），在論域的指涉上有所不同，不容混淆。

　　「自然美學」所指涉的是在「自然觀」的規範下，人們如何欣賞自然美和自然藝術美，也指「自然」如何成爲藝術的最高評價標準；同時，就美學是哲學的一環來說，它又如何奠立自己的哲學地位，以上這些問題的深討，就構成本文「自然美學」指涉的範圍。

　　所以選定「魏晉玄學的自然觀與自然美學」做爲博士論文研究的主題，有底下幾點用意：

　　（一）魏晉時期是歷史上少見的政治黑暗時代，卻也是哲學思辨大爲發展的時代，如能對那時期的自然觀有清晰的認識，在道家哲學發展史上，就把握了一個承先啓後的關鍵，必有助於道家哲學歷史面貌的重新評價，也可做爲玄學研究的奠基工作。

　　（二）魏晉的美學思想，不只是哲學思想而已，那時已有嚴謹完整的美學著作，樂論、畫論、文論、書論的作品非常豐富，是個美學自覺的時代。往後的中國藝術哲學，便以之爲根源，走上中國藝術的特殊道路，如對魏晉時期的美學，有著正確的認識，那麼就可進一步探討中國美學的特質問題。

（三）「自然觀」與「自然美學」的研究，不只是哲學史、美學史的意義而已，中國人對自然美感意識的早熟與定型，在世界文化史中是個非常特殊的例子，西洋文化遲至浪漫主義時期，自然美感意識才發展成型。〔註1〕所以有這樣的成就，玄學的自然觀是個重要的支柱，因此，深入探索其中所涉的問題，必能對意識哲學有新的觀點，它仍是活的哲學課題。

（四）「名理學」是魏晉時代的主題，在研究玄學、美學的文獻時，如能對其論證形式多加注意，對其思想原則認真把握，對中國人的思維方式，將提供有用的例證與啓示，對中國邏輯學史的認識必有助益。

（五）就學術研究的觀點來看魏晉時期的美學，文學美學的研究成果豐碩，〔註2〕樂論、畫論的注釋與研究工作，卻有待學者努力，雖不能說是一片處女地，但仍留有相當大的研究發展空間，則是事實。至於書論，其研究工作在中文學界，只是起步而已。然就當時學術而言，「聲無哀樂」與「養生」、「言不盡意」同列三大清談主題，其重要性不言而喻。投注心力在此，當較容易有一定的成績。

有鑑於此，筆者在選定主題後，便以樂論和畫論的研究為中心，作為詮釋魏晉自然美學的主題，以期貢獻一愚之得。

在研究的方法上，筆者採用下列三個基本觀念：

（一）強調基礎文獻的相應了解，有時甚至不惜字字分析，再整段通解詮釋出來，〔註3〕畢竟六朝畫論流傳至今，唐人張彥遠即謂：「自

〔註1〕 參見葉維廉〈中國古典詩和英美詩中山水美感意識的演變〉，收入《比較詩學》（臺北：東大圖書公司，1983）。

〔註2〕 有關魏晉文學美學的研究成績，可參考：小尾郊一《中國文學に現われた自然と自然觀——中世文學を中心として》（東京：岩波書局，1972）；林文月《山水與古典》（臺北：純文學出版社，1976）；王鍾陵：《中國中古詩歌史》（南京：江蘇教育出版社，1986）；廖蔚卿：《六朝文論》（臺北：聯經出版公司，1978）；王國瓔《中國山水詩研究》（臺北：大安出版社，1984）；蔡英俊《比較物色與情景交融》（臺北：大安出版社，1976）；葉維廉〈道家美學·山水詩·海德格〉，收入《現象學與文學批評》（臺北：東大圖書公司，1984），並見氏著前揭文。

〔註3〕 在樂論和畫論基本文獻的了解上，筆者曾參閱多種校注本，而以陳傳席：《六朝畫論研究》（臺北：學生書局，1991），和蔡仲德：《中國音樂美學史資料注釋》（北京：人民音樂出版社，1986），兩書較為精審，筆者受益頗多。

古相傳脫錯，未得妙本勘校」，不在文字上下功夫，想談相應的了
解，談何容易。

（二）採用分析哲學的概念分析方法，故強調論證結構的探討，以明文
字脈絡中的宗旨與有效性。

（三）申論時兼採西洋哲學的觀念，以爲比較說明，且儘量比較其基本
立場的同異，以襯托玄學的特色。

在這樣的要求下，本論文從第二章至第四章分別論述玄學的自然觀、音
樂的自然美學和繪畫的自然美學，筆者希望在論述時，達到觀念的發展和觀
念結構的統一，至於能否達成目的，則有待方家指正。

論文另有附錄文章兩篇，雖和本論文並無直接關係，但從當代中國美學
的大家：徐復觀與宗白華先生的學思歷程與美學主張，可以略觀「自然美學」
在當代的面貌與轉化，並可探討傳統與當代的美學課課，故附錄文末，以供
發想參考。

第一章　魏晉玄學的自然觀及其發展

　　道家崇尚自然，這是學界的通識。就「自然」的觀念史來說，我們發現《老子》五千言「自然」一詞僅有五見；〔註1〕《莊子》全書言及「自然」者更只有四處，〔註2〕似乎「自然」二字，在先秦道家尚不是普遍的用法。

　　下至漢代，《淮南子》以造化爲自然，「天地生物」皆爲「自然」之所指涉；王充《論衡》特立〈自然〉篇，反對「天人感應」說，提出寒溫、譴告、變動、招致四種關於「天人感應」說法的懷疑，並各立一篇加以駁斥，明白肯定天道自然無爲，並無意志，也無目的。〔註3〕這是「自然」觀的進一步發展。

　　及至王弼，承續《淮南子》、《論衡》，暢發自然義。其《老子注》用「自然」詞並有二十七條，〔註4〕一時蔚爲「道家思想盛言自然」的思想氛圍，「自然」的論辨至此成爲時代的主題。這又和王弼確立了「以無爲本」的哲學相輔相成，〔註5〕爲魏晉玄學的自然觀拉開了序幕。

〔註1〕　計有：「百姓皆謂我自然」（十七章）；「希言自然」（二十三章）；「道法自然」（二十五章）；「夫莫之命而常自然」（五十一章）；「以輔萬物之自然」（二十四章）等五處。

〔註2〕　計有「常因自然而不益生」〈德充符〉；「順物自然而不爲私益焉」〈應帝王〉；「應以自然」〈天運〉；「無爲而才自然矣」〈田子方〉等四處。

〔註3〕　王充對「天人感應」的批判，其論證的簡要陳述與分析，請參見馮友蘭，《中國哲學史新編》第三冊（臺北：藍燈文化事業公司，1991年12月初版）。

〔註4〕　其詳細條列及分析，請參見錢穆〈郭象莊子注中之自然義〉，該文已收入《莊老通辨》（臺北：東大圖書公司，1991年12月）。

〔註5〕　「無」成爲第一義，是正始玄學的特色，其理論的確立則由王弼竟其功。其思想史脈絡的詳細論述，請參見：村上嘉美，《六朝思想史研究》（京都：平樂寺書店，1974年），頁225～242。

第一節 「自然」的界說

魏晉玄學，可粗略地分爲三宗，即王弼何晏、阮籍嵇康、向秀郭象三大宗。〔註6〕其自然觀亦可相應地區分爲三大類型，但就本文研究的需要，即從自然美感意識的成立基礎去追溯玄學自然觀的內涵及其類型特徵，或從六朝的學術發展來論，晉宋之際玄釋合流，玄學理論發展已至盡頭，佛學取代玄學，躍居學術主流，則慧遠與道生的自然觀就值得我們另立一宗，以縱觀玄學自然的歸結與衍變，並橫觀另一自然類型的義理內涵。

魏晉玄學的自然觀旣可概分爲四大類型（詳論於本章第三至第六節），則「自然」的概念是多元且分歧的，要在裡頭對「自然」做精確的界說，必定是不可能的。因此，這裡所謂的界說，不是要對界定端與被界定端建立相等關係，也就是說，不是 A=df B（唸成「依界說，A 與 B 相等」）的典型用例。我們要做的，是從多義的概念中，找出其寬鬆的共同意涵，以便容許在不同的理論系統中，對它有進一步的限制作用，或在相對概念的對比下，有較爲明晰的解釋功能或允許它做「類比」（Analogy）的運用，以便我們在評價自然觀時，能對此指導性的類比有清晰的認識。換言之，我們在這裡所做的是在維根斯坦（L. Wittgenstein）所謂的「家族類似性」（family resemblance）的意涵下，所做的意義釐清的活動。〔註7〕

「自然」的「然」，助詞，爲形容詞或副詞語尾，以助語意，其用法與「當然」、「固然」、「欣欣然」、「芒芒然」的「然」字同。〔註8〕所以「自然」的意義核心該是「自」。

「自」的本義象「鼻」之全形，惟此本義古罕見用，今所行者爲別義。「自」的別義有二種意義：一爲起源義，例如：《禮記・中庸》：「知風之自，知微之顯，可以入德矣」；《書・仲虺之誥》：「湯一征，自葛始」，此與「由」、「從」

〔註6〕 參見錢穆〈記魏晉玄學三宗〉，收入《莊老通辨》）。所以不採用分期的方法，是爲了避免分期所引生的難題。玄學分期的商榷，請參考莊耀郎，《王弼玄學》（國立臺灣師範大學國文研究所博士論文，1991 年 6 月），第 1 章第 1 節。

〔註7〕 「家族相似性」的意涵，參見 L. Wittgenstein，Trans. G.E.M. Ansombe；*Philosophical Investigations*，（Basil Blackwell，1967），pp.31～36。

〔註8〕 「然」，依許慎《說文解字》，其本義作「燒」解。《孟子・公孫丑》：「若火之始然，泉之始達」，「然」字的用法即屬本義。其引申義則都有肯定的涵意。譬如作指示代名詞時是「如此」的意思，做動詞和形容詞時，則有「是」的意思，作副詞用時，也有「如是」之意，所以做語尾助詞時，也有肯定的意思。

爲相似義。「自」另有躬、親、自己的涵意，如「自暴自棄」、「自足」、「自得」、「自我」的「自」的用法。

　　「自己」的「自」，是否伴隨著意識與自覺地努力呢？如果是，則此「自」有「自主」的意味，如果不是，則此「自」有「自動」的意味，「自」同時具有這二層不同的意義。〔註9〕

　　要清楚地明白「自」的習慣用法，可以通過「在這種語用脈絡中，『自』與什麼詞相對」這個問題來釐清。「自」與「他（或它）」相對，「自」者「非他（它）」也。更進一步地說，「自」是「不借助他者的力量，但憑自身的動力而成爲如此，這是第一義。〔註10〕因此不論意識與努力的有無，只要不借助於他者的力量（無論主動或被動），即是「自」的用例。

　　問題是：他者的具體形式與指涉爲何？他者的指涉不同，「自然」的涵意也就跟著變化。「他者」可以指人類或人爲與人工的一些事物，因人類特具智識，有著無盡的欲求，而與萬物對立，其生產物亦非「自然」原有者，此便強調了「自然」「不伴隨意識與自覺地努力」的側面；人類也可以是自然的一部份，那麼「自然」所考慮的便是人的本性（human nature），在這個界定下，習俗是人外在約定的「它者」。人的生理欲望，一般說來是屬於人的本性，但在哪種程度屬於「自然」，超過哪種程度是非自然，這界限便很模糊；或可以說，凡是基於生理自然本能的追求，都是屬人的本性，但這已預設我們有辦法分辨「生理自然本能」與「識而後感」所鼓動起的無盡追求，這又是有待解決的問題。至於道德本性，是屬於人的先天本性，或是後天的社會道德，經由心理內化，而成爲人的第二天性（非自然），這更是眾論分紜。因此，「自然」之所以多義，是因爲與此對應的他者變動不定，「自」與「他」的界限難以明白判斷的緣故。

　　由「自」的起源義所結合而成的「自然」一詞，則是另一用法。在此，「自然」可以解釋成「由 A 自動產生 B 的某種作用、現象或結果」。A 與 B 的關係，如果有規律、法則可循，其結果不能背離之，則「自然」便含有「必然」的意義。如果 A 與 B 之間，找不出法則或規律，卻自動地發生了，這時「自

〔註9〕　日文的「自」有二種讀法，一爲「みずから」，指伴隨意識與努力的動作，一爲「おのずから」，指不須意識與努力的事情。這有助於我們分辨「自」的二種不同的意義。參見：森三樹三郎：《「無」の思想》（東京：講談社現代新書，1969），第一刷，頁13。

〔註10〕　此定義採用了森三樹三郎的說法。見氏著前揭書，頁13。

然」的「自己」的側面，把一切非自己者都視爲他者，那麼「A 自動產生 B」就要改寫成「A 自動地產生 A」才算是「自然」，這時「自然」便是「自生」。

由起源義所構成的「自然」一詞，也可側重在其所以能生起的「作用」，以及「作用」與「作用」之間所構成的調和系統，並由此推論出，所以必能生起的保證，是因爲作用的系統間必然具有的自我調節功能。這時，「自然」便是由自發秩序所達成的和諧。

由「自然」一詞所可能衍生的多義，我們可以確立一個論點：「自然」是後設語言（meta-language），「自然觀」則屬後設概念，〔註 11〕它並不等同於宇宙論、存有論、或人性論。與自然觀相較，後者乃屬於對象語言，「自然觀」是建立在對它們的後設反省上。也因爲對實質層面有著不同的理論認知，魏晉玄學家在建立他們的自然觀時，發展出互異的哲學系統，豐富了玄學的可能內涵。

這麼說來，魏晉玄學的自然觀，所指的自然不是我們所謂自然世界的自然，亦即並非自然科學所對的自然世界。此自然世界，魏晉人皆以「天地」或「萬物」兩個語詞概括之，如爲了強調此自然界在人的感官所引生的印象，則稱爲「物色」。〔註 12〕「自然」，當它做爲名詞時，可用來指稱「道」，這是爲了彰顯「道」並非「他者」，既非外在的動力因，也非強加於萬物的目的因；同時表明「道」是「自己如此」，不因於他物的自因，「自然」仍是以後設的方法來說明「道」的特徵。「自然」也可用來指稱精神生活上的觀念，就是自由自在，自己如此的意思，這時，「自然」是個實踐概念，它已變成了準則規範，人要經由意識不斷地努力，才能接近（甚至達到）這種自由自在的境界，這種「不受他者的干擾騷動，純任本性，而成爲如此者」的境界。但這並不表示道家的「自然」是以主觀心境爲首出，以主觀修爲綜攝客觀事物。

牟宗三先生在詮釋道家哲學與魏晉玄學時，過於強調沖虛境界所透顯之「自然」，以至於把「自然」與「自然界」打成二關，「自然」的豐富意義頓然失落，成爲孤寂的心靈主體。〔註 13〕這對道家與玄學是不公平的，筆者試略陳一二己見，以說明其論釋所遭遇的難題。

（一）牟先生所說的自然世界，只用中世紀神學的自然觀與近代哲學機

〔註 11〕有關「自然觀」作爲後設概念，其意義規則有待它日進一步的研究。

〔註 12〕劉勰《文心雕龍》特立〈物色〉篇。「物色」即強調大自然所興發的感性印象。

〔註 13〕見牟宗三《才性與玄理》（臺北：學生書局，1989），頁 139～148；《中國哲學十九講》（臺北：學生書局，1983），頁 88～96。

械的自然觀爲參考系，對於現代哲學的自然觀卻隻字未提。〔註 14〕後者已否定了機械的自然觀，建構了以功能（function）代替實體（substance）的思考方式，這是可能給予道家的自然觀新的比較參考系統和會通的基礎。

（二）魏晉南北朝時期的天文學擺脫了天人感應說，有著驚人的進步。所以能有這種成績，玄學的自然觀起了影響，應是個不爭的事實。杜預說：「易所謂『治歷明時』，言當順天以求合，非爲合以驗天者也。」|（晉書·律曆志）：「順天以求合」思想的哲學基礎乃是天道，它是自然觀念在天文曆法領域中的表現。虞喜發現歲差，使天文預測準確許多，他在〈安天論〉中說：「其光曜布列，各自運行，猶江海之有潮汐，萬品之有行藏」《晉書·天文志》，這和玄學家所說「物任其性」的觀念是相通的。〔註 15〕由此可見，「自然」和「自然界」的觀念並非二極。

（三）王弼云：「天地任自然，無爲無造，萬物自相治理，故不仁也。」牟先生疏解時，把「萬物自相治理」一筆帶過。〔註 16〕「萬物自相治理」表現了王弼對自然的信賴與依靠，萬物之間所具有的自我調節功能與「任自然」是互爲因果的，而就「自然」是個後設（或用牟先生的話「第二序」）語言來說，必先有實質的原則，才有後設的反省與主體沖虛境界的修爲。以境界形態來解釋「自然」，實有不安之處。

經由以上的討論，我們對「自然」的語意與本文所處理的主題有初步的說明，接著我們就可以討論由實質原則和後設原則所交織的層次結構。

第二節　「自然觀」的層次結構

老莊哲學基本的傾向是揚天而抑人，他們的自然觀主要是天之自然，即對天的自發秩序所達成的整體和諧與系統調節功能的信賴，因此，以「自然」做爲「道」的後設原則的形式規定。「道法自然」。就人因意識作用所行的種

〔註 14〕西洋哲學所言的自然觀也是多義而紛歧的，隨著不同時期哲學的發展與科學研究成果，而有不同的科學觀。請參見 R.G.Collingwood: *The Idea of Nature*,（Oxford University Press, Great Britain, 1945）；簡要的敘述，請參見 Ronald W. Heplurn: Philosophical ideas of Nature，in Paul Edwards cd.：*The Encyclopedia of philosophy*（The Macmillan Company，New York）Nature 條。

〔註 15〕參見任繼愈主編：《中國哲學發展史》，魏晉南北朝卷（北京：人民出版社，1988 年第一版），頁 727。

〔註 16〕見牟宗三：《才性與玄理》，頁 145。

種追求與作為，老莊都加以懷疑，甚至否定，深怕人有限的知識被虛妄地擴大成絕對的知識，維持身軀性命的有限需求被人的權力意志無限膨脹，以至於充滿著宰制的意志，而忘了其中所包含的盲目性。任意妄為，破壞了天的自發秩序的結果，人也就因而異化成主奴意識下的存有者。〔註 17〕莊子主張「天而不人」，主張「與天為徒」，都是強調任天之自然，而對於人的有為，抱持著否定性的思考，因此未見任人之自然的觀念。

　　莊子後學，尤其是無君派，開始轉變了這種思考模式，反覆強調「安其性命之情」，也就是順任人性自然的命題。「性命之情」即「性命之真」即「性命的本然」，也就是人的自然本性。人的本性不再是「自然」的「他者」，而是「自然」的核心，人的自然本成為衡量一切的尺度，一切傷生害性的作為，都是違反自然，都是不可欲的。一切不以自己本性作主的行為，都是外有所求，適人之適、得人之得，這都受到外在的牽制拘束。人該拋棄這些枷鎖，追求自得其得、自適其適的自然狀態。〔註 18〕

　　魏晉玄學的自然觀同時接受天之自然與人之自然的兩個側面，並立「聖人觀」以統合之。聖人的理想人格，以其主體精神境界的成就，為「自然」的準則（Norm）義、實踐義奠立具體的指標，且經由「主體立客體」的方式，為自然找到一個認識論的基礎。

　　「聖人觀」所以能作為天人的中介與統合，和當時名士的自覺有很大的關係。荀粲云：

> 蓋理之微者，非物象之所舉也。今稱立象以盡意，此非通於意外者也，繫辭焉以盡言，此非言乎繫表者也；斯則象外之意，繫表之言，固蘊而不出矣。〔註 19〕

王葆玹先生認為此段話的論點有二個：（一）荀粲堅持「象不盡意」，是為了證明「聖人之意」不是通俗平凡之意，而是「象外之意」，是物象不能標舉的「理之微者」，是「不可得聞」的「性與天道」。（二）他斷言「象不盡意」，不是為說明「聖人之意」不可表達，而是要說明「聖人之意」應通過「象」和「繫辭」之外的手段去表達，這手段即是「繫表之言」，即「微言」。〔註 20〕漢人一般認

〔註 17〕從這個觀點來研究探索，筆者以為老莊哲學乃是中國最早的生態哲學。
〔註 18〕對於無君派的研究，請參見劉笑敢，《莊子哲學及其演變》（北京：中國社會科學出版社，1988），頁 281～298。
〔註 19〕見《三國志·魏書·荀彧傳注》（北京：中華書局點校本），頁 320。
〔註 20〕見王葆玹：《正始玄學》（濟南：齊魯書社，1987），頁 356～326。

爲「微言」只能出自聖人，荀粲所以敢論及「微言」，可見當時士風的轉變。漢末至魏晉時期，「名士」已被推尊爲「大賢」之位，「大賢」和「聖人」之差只在實踐境界上的及與不及，在認知層面上，二者的體會是一致的。〔註21〕「名士」既能體會聖人之道，那麼經典的依傍已屬末節，直說己意，採用新方法，創立新解，不只被容許，甚至被尊崇。在這樣的學術風氣下，「言意之辨」的論述建立了玄學的認識論和方法論，〔註22〕適應玄學自然觀的新的聖人觀，便成爲時代的課題，聖人理想人格的論述，與天之自然（天道）、人之自然（性）的探討，構成了玄學自然觀的三個最重要的層次結構。

　　許多學者都注意到玄學與現實政治密切相關。漢魏之間，可說是中國古代傳統政治發生巨變之始，魏晉之際，政治社會衝突尖銳集中，在這險惡多難的時代環境裡，政治舞台上殺戮慘烈，《晉書·阮籍傳》中所謂：「魏晉之際，天下多故，名士少有全者」，正是這一時代最眞實的寫照，思想上大膽自由，被輿論譽爲「大賢」的名士，在理想與現實的極端衝突中，無論選擇什麼生活態度，都不能避免矛盾與不安，這給他們的自然觀帶來了嚴酷的考驗，因此，個體與整體之間的關係問題，乃是不能逃避的理論與現實的問題，它總是以其時代的殘酷面貌，敲擊著士人的心靈，或使其自然觀呈現了理論與實際的緊張與分裂，或使其自然觀更爲封閉與自足，或使其自然觀帶有政治謀略思想的味道，總之，「自然與名教」的問題，成爲當時迫切需要解決的難題，這無疑地在原來自然觀的三個面向中，加入了現實的面向，玄學自然觀也因而擴展了它應用的範圍，成爲討論魏晉時期的社會哲學、政治哲學不可或缺的一環。〔註23〕

第三節　王弼的無爲自然觀

　　「無爲」和「自然」有著相同的意涵，並以「無爲」來表示「自然」的特徵，這在老莊的書已經存在。如上所述，「自然」的第一義是：「不借助於

〔註21〕 這種觀點，可以從王弼對老子的評價與郭象對莊子的評價，明白地表示出來。
〔註22〕 言意之辨的討論，參見湯用彤，《魏晉玄學論稿》，收入《魏晉思想》甲編五種（臺北：里仁書局，1984），頁23～45；王葆玹前揭書，頁316～362。
〔註23〕 「名教」是多義，其詞義的變遷，請參見張蓓蓓，《中古學術論衡》（臺北：大安出版社，1991），〈「名教」探義〉章（1～48）。又陳寅恪以爲自然與名教二者同異問題，至東晉已淪爲不可須臾離之點綴品。張蓓蓓已加以說明名教在當時仍有實質內容，非只是裝飾門面語。

他者力量，但自身內在動力，而成爲如此者」，若把「他者」解釋成人爲或有意識的作用，那麼便產生無爲自然的思想。在此，無爲比有爲具有更高的價值。但是，人的本性要任其自行發展，不去干擾它，那並非易事。人類往往以自己的意識與理性，標舉自己在宇宙中獨特的地位，當考慮人的本性時，他的規則是：「不遵循它而是改進它」。〔註24〕人對於道德的尊嚴，也是經由克服人的本能而建立的。以這種思考的模式，自然常被當做只是未完成自身形式的材料，需要一定的手段去完成和改善它，以完成它己身的形式與價值。那麼把「無爲自然」做爲客觀實相與準則，是有待證成的主張。

　　首先，「無爲自然」的說法需要客觀的基礎，否則，人類以其優異的智慧，宰制自然，並以己之識，建立人爲的社會秩序，並無不可，且更合乎人性的「自然」。在王弼的著作中，對這個問題是有所建樹的。他說：

> （一）夫燕有匹，鳩鴿有仇，寒鄉之民，必知㵖裘，自然已足，益之則憂，故續鳧之足，何異截鶴之脛。（《老子》二十章注）

〔註25〕

> （二）萬物以自然爲性，故可因而不可爲也，可通而不可執也，物有常性，而造爲之，故必敗也，物有往來，而執之，故必失矣。（《老子》二十九章注）

> （三）自然之質，各定其分，短者不爲不足，長者不爲有餘，損益將何加焉？（《周易・損卦・象注》）

> （四）居中得正，極於地質，任其自然而物自生，不假脩營而功自成，故不習焉而无不利。（《周易・坤卦》〈六二〉「直方大不習無不利」注）

以上四則引文，（一）條說明自然的自發秩序與自我調節的功能，「自然已足」，它本身就是個不假外求，可以自己證成自己的存在，其所形成規律，有它的常性，不可任意加以改造，否則必遭致自然的反撲，走至失則的絕境；（二）條對人類有意的造爲，提出深沉的警告。（三）條和（一）條字義上無差別，所根據的理論層次則有不同。（一）條是就一般總體原則的概說，（三）條則是貫穿在每一卦義的總體性的思想，在理論層次上歸屬於（低於）一般總體

〔註24〕此規則爲穆勒（J.S.Mill）的主張，參見 R.W.Hepburn 前揭文所引。
〔註25〕王弼著，樓宇烈校釋：《老子周易王弼注校釋》（臺北：華正書局，1983），頁47，以下所引文皆根據該書，不再一一註明。

原則。王弼在《周易略例・明象》對象的原理有一綱要性的說明：

> 物無妄然，必由其理，統之有宗，會之有元，故繁而不亂，眾而不惑。故六爻相錯，可舉一以明也；剛柔相乘，可立主以定也。

「理」字成為思想上重要之一觀念，錢穆以為「其事當始於魏晉間之王弼與郭象」。〔註26〕王弼喜用理字，是為了闡明現象存在的理據以及現象與現象之間的秩序結構，「物無妄然，必由其理」這一命題，可用萊布尼茲「充足理由律」來做詮釋：「凡事必有理據」（Nothing is without ground），「統之有宗，會之有元」則說明了現象間有個統一的結構，而不是無秩序的狀態。因此，王弼的自然觀是層次井然的，總的原則與具體的法則之間有著連貫性。再看（四）條，也是表達物的自足，而在理論層次上，則屬更下層的結構。如果說宇宙之間的總原則六十四卦足以概括，那麼，就卦的層次來說，「自然」的原理是不應是用至每一卦義呢？並非如此。有些卦義，王弼明言其為有為之時：

> 咸失其時，物願所附，豈非知者有為之時？（《周易・旅卦，象注》）

> 蠱者，有事而待能之時也。可以有為，其在此時矣。（《周易・蠱卦，象注》）

> 凡物，窮則思變，困則謀通，處至困之地，用謀之時也。（《周易・困卦，上六注》）

以上所引條例，明文主張「有為」、「用謀」，不就和「無為自然」相衝突？我們對無為自然的成立基礎，還需要提出理由來辯護。

　　裴徽與管輅論易學，曾說到何晏「自言不解易九事，必當以相問」。〔註27〕在何晏關心的「九事」當中，「諸卦人所有時義，是其一也」，〔註28〕何晏主張「天地萬物皆以無為本」，〔註29〕又言「自然者，道也」，〔註30〕那麼他所不解的應當是如何把「無」、「自然」的原理應用到卦義的解釋上，何晏在方法上並沒有突破這個困難。王弼注《易》，特別著重在卦之「時義」，想必是為了解決何晏的難題，王弼認為「（某卦）之時義大矣哉」，是強調這卦所代表的時間、情境非常重要，是個關鍵性的要素，因「時」之不同，所運用的方法和處理原

〔註26〕見錢穆：〈王弼郭象注象老莊用理字條錄〉，本文已收入《莊老通辨》（臺北：三民書局，1983），頁372。

〔註27〕《三國志・魏書》，前揭書，頁819。

〔註28〕見《南齊書・張緒傳》（北京：中華書局點校本），頁601。

〔註29〕《晉書王衍傳》（北京：中華書局點校本），頁1236。

〔註30〕見張湛注《列子・仲尼》（臺灣：中華書局）。

則就會有所不同。〔註 31〕「時義」的提出，使得六十四卦的卦義與所代表的不同情境原則，有了統一的基礎。

在王弼的系統內，所使用的是兩層邏輯思維，一爲思維的直覺層，一爲思維的批判層。〔註 32〕思維的直覺層以「以無爲本」、「因循隨任自然」爲根本原則，思維的批判層則對具體的情境加以批判性的思考，找出具體情境的可適用法則，以達到「無爲自然的目的。當情境處於困頓之時，或社會混亂失序時，以人爲的努力，恢復秩序，這種手段是被允許的。但在建立秩序後，仍得回復到「無爲自然」的狀態，不得再有過分作爲，以至於捨本逐末，一去不返。

問題是：人一旦有爲之後，又如何返回無爲自發秩序的認可？如果不行的話，是否只能有原始和諧的企慕，而不能落實到現實世界來？這就需要從兩個層面來探討，一從客觀存在的進路，一從主觀境界的進路。

客觀存在之進路，重視發揮系統自身固有的調節作用與自發秩序，肯定物的自足與常性，如上文的分析，那麼在這個系統內，萬物都有它存在的充足理由，它是自足的，也就不需要「他者」做爲目的因。王弼云：

　　地不爲獸生芻而獸食芻，不爲人生狗而人食狗，無爲於萬物，而萬
　　物各適其所，用則莫不瞻矣。(《老子》第五章注)

這便排除了目的因，不只因爲它破壞了自然的自發秩序，也因爲目的因的設定，本身便是一限定，使得物的諸多可能性，只能在一貧乏的單一系列中來定位，這是一種「質點式的」或「撞球式的」思考模式──認爲某物撞擊某物，乃是此物運動的唯一因。〔註 33〕而自發的秩序，則是多層次、多方向的發生觀，它著重於物的可能性、存在性，而反對從物的已有性、佔有性來觀

〔註31〕有關「時義」的解釋與及王弼注易所運用的方法的研究，請參見朱伯昆：《易學哲學史》修訂本第一卷（臺北：葬燈文化事業公司，1991），頁 280～313；林麗眞，《王弼》（臺北：東大圖書公司，1988），頁 91～114。

〔註32〕「兩層思維」的概念，乃借用自黑爾，(R.M.Hare) 的哲學，見 R.M.Hare, *Moral Thinking* (Clarendon Press，1981)，並請參見拙著：《黑格爾道德語言概念之研究》（國立臺灣大學哲學研究所碩士論文，1985）。

〔註33〕李約瑟（Joseph Needham）認爲中國人的因果觀相近於研究腔腸動物之神經網或研究哺乳動物之內分泌系統，而非單向的，「質點式」的因果觀，這個說法，頗有參考價值。見氏著，陳舜政譯，〈中國科學之基本觀念〉。收在《中國之科學與文明》第三冊（臺北：臺灣商務印書館，1985 年修訂四版），第十三章。

物。〔註34〕也因此，王弼雖依據尋本的思考模式，把「道」、「無」、「自然」視爲同一，但「無」、「自然」不可視爲實體概念，而應視爲「作用」概念，甚至應該把它當做由狀詞進一步演化成的狀態性名詞概念。〔註35〕「以無爲本」即「以無爲萬物之所由」之意，進一步引申，即肯定沒有任何高於萬物本身自生自存的目的，固亦反對任何之設施執割。萬物各自生，此便是道，便是自然。之所以仍保留「無」的本體論，除了受王弼「統之有宗，會之有元」的名理思辨邏輯的影響之外，也是爲了在名法之法的現實政治環境中，「用其子而棄其母」、「捨本而攻末」（《老子指略》）的錯誤認識與作爲下，保留一復歸自然的可能性與指標，以「崇本息末」的方法，〔註36〕導致社會政治生活的協調與發展。〔註37〕

「自然」的主觀境界進路，王弼是以聖人的境界來挺立之。王弼說：

（一）聖人不以形名以檢於物，不造進向（尚）以殊棄不肖。輔萬物之自然而不爲始，故曰「無棄人」（《老子》二十七章注）

（二）聖人達自然之性，暢萬物之情，故因而不爲，順而不施。（《老子》二十九章注）

（三）不塞其源，則物自生，何功之有？不禁其性，則物自濟，何

〔註34〕「佔有」式信仰和「存有」式信仰，詳見弗洛姆（E. Framm）著，陳鋼林譯，〈日常生活的兩種生存方式：佔有與存在〉，刊於《人的潛能與價值》（北京：華夏出版社，1987）。

〔註35〕依據王葆玹的研究，「體用」的概念，在王弼以前和以後，有著不同的意涵，王弼以前「用」字與「本」略同，與「末」不同；王弼哲學中「用」指「末」對「體」的運用，介乎「本」、「末」之間，王弼以後，「用」與「末」同，「本用」猶如「本末」，亦如「體用」。所謂「不能捨無以爲體」（《老子》三十八章注），是說「捨棄無便不能保持形體的完整」，其中的「體」字指形體而言。王弼老學「以有爲體」、「以無爲用」，王氏的解釋對我們把「無」理解成爲作用意，有很有的幫助。見氏著前揭書，頁268～277。

〔註36〕「崇本息末」乃是王弼哲學的根本原則，「息」可作「生、存、全」解，見林麗眞前揭書，頁55，則「崇本息末」與「崇本舉末」可相通：「息」做「抑」解，亦可通，但較爲曲折，這時「形」、「名」爲末，「無形」、「無名」爲本，「崇本舉末」即「用夫無形」以成其「形名」，亦即用「無末」或「息末」的方式以成其「末」，這有如「外其身」才能「身存」，「不德」才能「成德」，「無爲」才能「無不爲」等命題的思維方法。「崇本舉末」即「息末以舉末」，這便把「息末」與「舉末」的對立命題統一起來。（見王葆玹前揭書，頁268～273）。

〔註37〕「以無爲本」、「崇本息末」的命題，它的歷史的動因和社會功能是有著實際的政治爲基礎的。請參見任繼愈主編：《中國哲學發展史》（上海：人民出版社，1998），頁88～109。

爲之恃？物自長足，不吾宰成，有德無主，非玄而何？（《老子》十章注）

（四）道不違自然，仍得其性。法自然者，在方而法方，在圓而法圓，於自然無所也。（《老子》二十五章注）

（一）條是針對當時名法之治的政治現實而發，形（通刑）名制度是人爲制定的，其剛性的律法正扼殺了人類自發秩序的機能，在其規定之下，簡化了人類社會的複雜關係，以致對人立下各種外在的評價標準，以簡擇人的可用與否，人成爲不自足的被篩撿的東西，故有棄人，有不肖，社會的不安與騷動永遠消除不了。此種作爲的弊病，唯有聖人能克服之，而達到「無棄人」的和諧境界。

（二）條的論域涵蓋自然萬物，是比（一）條更爲廣泛地論述聖人的境界。「達」、「暢」表示聖人不破壞萬物的自足性，而成全之。聖人如何做到這種境界呢？他是通過不執不爲之無爲心境而遮顯。〔註38〕所謂「因而不爲，順而不施」，乃是任物如其自己而生而成，所以自然之義必須透過聖人的沖虛心境，才能證成自己客觀的自在自爲義。（三）條則說明沖虛心境的作用在於「不塞」、「不禁」，即不以自己主觀的造作，杜絕了自然萬物的生機，那麼萬物即能自生自主。（四）條則給「自然」的形上義一個例證說明。「道法自然」並非在道之上另一個「自然」的實體爲其所法，此「自然」是做爲「道」的後設原則來彰顯「道」的特性，「在方而法方，在圓而法圓」，如其實而自生自存，此即「法自然」之「道」。如以聖人境界來立論，也唯有聖人能如實知其爲，一般人則以識心執物一端，不能當下肯定其爲方圓，必加以人爲的修整，合乎己之偏見，而始謂其爲方、圓。這麼說來，「自然」的眞意有賴主觀境界的進路來證成。

自從牟宗三先生標舉王弼老學主觀境界的進路後，學者多宗之，但牟先生進一步主張道家是「境界形態的形上學」，客觀面的自然義要收攝於第一義沖虛無爲之玄冥境界的觀照中，此自然仍不離主觀的心境說，是以主觀修爲綜攝客觀事物而言自然。〔註39〕這時我們就要分辨其說是否切當，不能視爲已證成的通說。

〔註38〕這樣來理解王弼的老子注，是根據牟宗三的說法，參見牟宗三：《才性與玄理》第五章。

〔註39〕牟宗三這樣的主張，於《才性與玄理》第五章有完整的論述。承繼他的說法的頗眾，最近的專著，莊耀郎的《王弼玄學》使完全接受他的說法。

筆者以爲牟先生的說法，有幾點難題，是不容易解釋的：

（一）如果自然的客觀義是第二義，那麼於沖虛無爲的主觀境界下，如何確立「物自生」、「物自濟」、「物自長足」能夠有效證成？

（二）以主觀境界爲第一義來詮釋王弼的自然觀，有把「眞理認知的優先性」混淆爲「眞理存有的優先性」之嫌。

（三）六朝蓬勃發展的自然科學，其理論典範的改易，有賴自然觀之助；六朝文學藝術的發達，「自然」的客觀義是個激發的力量，在牟先生的解釋下，自然觀似乎和當時的文化發展無甚關係。

因此，筆者對牟先生的說法採居保留的態度。〔註40〕筆者寧認爲如果沒有對自然自發秩序與自我調節功能的信賴，無爲自然是不可能成立的。

第四節　嵇康的神氣自然觀

王弼的自然觀，要讓事物的內部機制發揮其固有的平衡和調節的作用，這有得於其方法論的創新，能夠解決本體與現象的關係，並建構事項間多元的情境結構關係，相形之下，同時代的阮籍、嵇康，在天之自然的側面仍然沿續著傳統的進路，而把焦點集中在人之自然的探討上。

阮籍、嵇康繼承漢代以來氣的傳統，天人關係在氣的概念中確立。阮籍自一氣之化言「天地生於自然，萬物生於天地」，由此推論出天地一體，〔註41〕嵇康從元氣論的角度，確立人與萬物皆由元氣陶鑠而成。〔註42〕李豐楙先生以爲「二子實非不知究論宇宙本體，而因仍舊義，乃由其清談玄理之外，兼受道教方術之影響，故不從王弼新義；而其行爲，樂交道士，服食養生，則魏晉文士方士化，其學術亦方術化矣」，〔註43〕這該是當時學術現象的恰當描述。

〔註40〕牟宗三以主體境界爲第一義的自然說，其切當性的研究，有待它日另文詳細論述。

〔註41〕見阮籍〈達莊論〉。（以下論述，皆根據陳伯君校注，《阮籍集校注》，北京：中華書局，1987年），黃錦宏以爲「嵇康阮籍同爲魏晉莊學開創期之主要人物，而阮籍悟莊子之神聖，嵇康則僅得其形似。」〈魏晉之莊學〉，收入氏著《莊子及其文學》（臺北：東大圖書公司，1984），這樣地推崇阮籍，實對他的學術思想有誤解。

〔註42〕見嵇康〈明膽論〉與〈太師箴〉，以下引述，皆根據戴明揚校注《嵇康集校注》（臺北：河洛圖書出版社，1978），有關嵇康元氣論的研究，參見許杭生《魏晉玄學史》（陝西：陝西師範大學，1989），頁194～199。

〔註43〕李豐楙：〈嵇康養生思想之研究〉，《靜宜文理學院學報》（1979年6月第二期）。

　　阮、嵇的元氣自然論並未雜糅漢代人的天人感應思想，也不具有漢代人對社會政治的信念，他們二人是將它看成純粹的宇宙生成論的。至於本體論的思想所肯定的自發秩序，阮嵇雖心嚮往之，但對於如何復歸於此和諧的境界，都抱著懷疑的態度，這可從三個側面來說。

　　首先，他們的歷史哲學認為「自然」漸漸隱退，人為造作愈發成為宰制人類社會的基本動力，其弊端也愈發嚴重。〔註44〕在這麼一條主軸上，他們所企盼的和諧，是在人類歷史意識未發展前的原始和諧，人類建立了他們自己的歷史後，再也找不回這原始的自發秩序了。因此，他們只好把復歸的可能性寄託在音樂的本質上，企圖以美學來挽救「自然」。

　　再者，阮嵇二人的聖人，已愈來愈脫離現實世界，對政治社會的重建，更抱著鄙視的態度。相較之下，王弼以「自然」來限制「名教」，使「名教」回歸到自然和諧狀態的企圖，其聖人乃貼著現實世界來發言的。阮籍、嵇康的理想人格，終以神仙的面貌出現。阮籍所描述的神仙，是要形容一個遠不能及的虛構天地，以象徵式地表達精神自由擴大了的境界，其對神仙或精神暢達的大人推尊愈高，愈益反映了其主觀投射的彌補心理。〔註45〕嵇康的神仙與阮籍稍大差異，他把焦點集中在個體投射的彌補心理。〔註46〕但對羣體復歸自然的可能性，仍然避免論及。他們不是沒有感受其迫切性，而是對其時代的絕望表現吧！

　　第三，阮籍與嵇康都是從自我出發，有著鮮明的個性特徵，但他們的自我是無法安息焦慮的心靈，是割裂與異化的自我意識。在他們的詩中，飛鳥的形象具有重要的象徵意義，飛鳥一方面要飛往理想的境界，一方面卻深感自己的孤獨與人類的惡意，在意欲超俗的鸞周圍，滿佈著「羅網」，一不小心，便是墜地不起。〔註47〕這樣深沉的憂懼感，使得詩人不得不懷疑，甚至否定，超越現世意願是否可能，因而在自己的理想面前，逡巡遲疑。〔註48〕

〔註44〕阮嵇二人的歷史哲學，具體表達在他們的音樂美學的理論上。請參見阮籍〈樂論〉與嵇康〈聲無哀樂論〉。

〔註45〕阮氏〈大人傳〉中大人形象的虛構性，即可做為例證。

〔註46〕蜂屋邦夫便認為嵇康的學說在身體方面有著特色，見氏：〈儒家思想中的氣與佛教〉，小野澤精一，福永光司，山井湧編，李慶譯《氣的思想》（上海：人民出版社，1990）。

〔註47〕飛鳥形象的研究，請參見興膳宏著，彭恩華譯〈嵇康的飛翔〉《六朝文學理論篇》（湖南：岳麓書社，1986）。

〔註48〕此種憂懼演變成無端的情緒，以阮籍「詠懷詩」表現得最為突出，參見呂興

阮籍《詠懷詩》四十六首云:「豈不識宏大,羽翼不相宜」,他並非不慕鵬之逍遙遊,在他的文章中更極力誇大逍遙的境界,但終乏逍遙遊的條件,不如學燕雀之棲於一枝,這不是郭象的自足,而是在懼禍的心理陰影下,不得不的退屈吧!〔註49〕

在這樣矛盾衝突的情境中,阮、稽二人要在現實生活中做出不得已的選擇,其所激發的自我認識的深度,就遠非不通物情的王弼所可相比。也因此,其自然觀的核心課題便集中在:「在不具有善意的環境中,人的自然情性如何自我保全?又如何達到自足自適的人之自然的境界?」

人的自然本質的論辨,原是魏晉玄學的主要課題。何邵〈王弼傳〉記載何晏與王弼聖人無情與有情的主張,何晏的說法,史未詳載,〔註50〕王弼的論點則是:

> 聖人茂於人者神明也,同於人者五情也。神明茂,故能體沖和以通
> 無;五情同,故不能無哀樂以應物。然則聖人之情,應物而無累於
> 物者也。今以其無累,便謂聖人不復應物,失之多矣。〔註51〕

王弼肯定聖人有情,則「情」當屬自然之情,聖人何以能「應物無累」,是因其能「體無」,表現於身心的特徵,則是「神明茂」。〔註52〕換句話說,聖人「體無」的驗證標準不在於言說的體會,(這是「知無」而非「體無」),而在於「神明」的狀態與作用。由此進一步推論,便可得到「神氣自然」的宗旨與「養神」的實踐論,這便是阮、稽承續王弼,創造發展的重心所在。

所謂「神氣自然」乃筆者自撰之詞。「神氣」即神明心氣或精神血氣,「神氣自然」是說:「精神血氣(或神明心氣)具有內在的律動機能,具有自我調節與自我生發的作用,『神氣』不借助他者的力量,但憑自身內的動力,而成

昌〈阮籍詠懷詩析論〉,《中外文學》,第六卷七期。

〔註49〕阮籍的人生態度的特殊表現,與其懼禍退屈的心理分析,詳見羅宗強:《玄學與魏晉人士心態》(浙江:人民出版社,1991),頁126～151。

〔註50〕何晏聖人無情的觀點,湯用彤以為是「聖人法天故無情」的主張(〈王弼聖人有情義釋〉),馮友蘭的推測是:「其大意,大概是先秦道家所持『以理化情』或「以情從理」之說。」,《新原道》(臺北:明倫出版社),頁133～134。王葆玹則以為是「性善情惡」說,《正始玄學》,頁372～375。以上諸家論點皆可參考,但實難斷言何者為是。

〔註51〕見於《魏書·鍾會傳注》引何邵〈王弼傳〉,《三國志》,頁759。

〔註52〕王弼性情之說的分析,參見林麗真《王弼》頁33～36;王葆玹則詳細論證王弼對「情」的主張可劃分為《老子注》和《周易注》二個時期,他在這個觀點上是有發展演進的,此說值得重視。參見氏著《正始玄學》頁375～389。

為如此者」，這是莊子後學人之自然觀的進一步發展與規定。

　　嵇康「越名教而任自然」的命題，已成為「竹林玄學」的重要表徵，這個命題語出〈釋私論〉：

> 夫氣靜神虛者，心不存於（乎）矜尚；體亮心達者，情不繫於所欲。
> 矜尚不存乎心，故能越名教而任自然；情不繫於所欲，故能審貴賤而通物情。〔註53〕

學者都認定這段論述的重要性，但在解釋時卻常不看重整個論證過程，孤懸此命題，而另找旁證來補充說明。馮友蘭先生舉〈與山巨源絕交書〉為證，認為這封信就是闡述「任自然」的思想。因而得出這樣的結論：

> 在這封信裡，他毫無顧忌地說出了他想說的話，說出了他的自然之
> 性和生活習慣，斷然拒絕了山濤的推薦，這就是「越名教而任自然」，
> 「心無措乎是非」，也就是「顯情」。〔註54〕

「自然之性」在馮氏的解說中，成為嵇康的個性，「任自然」的哲學命題成為普通的一般命題，哲學意味盡失。考察這段論述，明顯地應用了三段論法：

> 氣靜神虛者，則心不存於矜尚
> 矜尚不存乎心，則能越名教而任自然
>
> ―――――――――――――
>
> ∴氣靜神虛者，則能越名教而任自然

「氣靜神虛」為所以能越名教而任自然的前提，也就是說，「氣靜神虛」是「任自然」的工夫論、實踐論。嵇康激烈地主張越名教，是因不越名教，則不能氣靜神虛，亦即越名教是以「氣靜神虛」為依據，名教，作為羣體人為秩序的總體象徵，與人之自然遂成為不能調和的二極。嵇康在名教中看到了「自然」的毀滅。

　　「氣靜神虛」就是筆者自撰「神氣自然」說的根源。那麼何謂「氣」？何謂「神」？需要解釋清楚，「任自然」涵義才能說明。

　　人之自然的「氣」在嵇康的學說中，有二種義涵，一為血氣，一為和氣。「血氣」是指決定人的健康狀態和壽命長短的重要因素，〔註55〕也可以說是「原

〔註53〕　《嵇康集校注》（臺北：河洛圖書出版社，1978），頁234。
〔註54〕　馮友蘭：《中國哲學史新編》第四冊（臺北：藍燈文化事業公司，1991），頁87。
〔註55〕　《國語·魯語上》記載展禽的答話：「未可知也。若血氣強固，將壽寵得沒，雖壽而沒，不為無殃」《國語》（上海：古籍出版社校點本，1978）這是「血氣」一詞首次見於史籍，其涵義使有決定人的壽命長短的意思。

始的生命力」，這是嵇康「養形」說的重要依據。〔註56〕「和氣」是比意識的心更根源之物，它具有自發的和諧力量，使身心得到適當的平衡與內在的延續與更新。〔註57〕「和氣」與「神」相通，故又可稱爲「神氣」。〔註58〕

「神」即精神。嵇康養生論兼重形神，而以神爲主，形爲從，但不可偏廢，須養神保形，養形怡神，不因神害形，不因形傷神，此即「形神相親」。「神」是和「形」相對而顯其能動性，此能動性是種自發的能力，故爲自然。

將「氣靜神虛」視爲自然，顯然接受了老莊學說的基本觀念，嵇康在這傳統上，就其內在理路有進一步的分析：

> 夫不慮而欲，性之勤（動）也；識而後感，智之用也。性動者，遇物而當，足則無餘。知用者，從感而求，倦而不已。故世之所患，禍之所由，常在於智用，不在於性動。今使聾者遇室，則西施與嫫母同情。瞆者忘味，則糟糠與精粹同甘，豈識賢、愚、好、醜，以愛憎亂心哉！〔註59〕

生理的需求是人血氣生命的基本需求，也是養形之所需，並不足以爲患。然而，人在累積了種種後天經驗後，心「知」對感覺經驗予以識別且形成好惡的情感、成見與固執。於是，在「愛憎亂心」下，嵇康認爲人世間的禍患常肇因於由「心」所燃起的無休止的諸般欲望。〔註60〕心識智用的亂源，在於不能自得自足，故恆向外有所需求，鼓動著血氣形體，使其不能起著自然的調節知止的作用（此即因神害形），血氣因而起爭心，〔註61〕反而作用於心（此即因形傷神），如此不斷地循環往復，終至傷心害性。

爲了克服這種惡性循環，嵇康提出了他的主張：

> 故智用則收之以恬，欲動則糾之以和，使智止於恬，性足於和，然後神以默醇，體以和成。〔註62〕

〔註56〕參見李豐楙前揭文，頁59～61。

〔註57〕「和氣」與音樂的關係，參見本書第二章。

〔註58〕〈聲無哀樂論〉云：「和心足於內，和氣見於外，……感之以太和，導其神氣，養而就之」，可見「和氣」與「神氣」可相通。

〔註59〕〈答難養生論〉，《嵇康集校注》，前揭書，頁174～175。

〔註60〕這一段的解釋，引用了曾春海的見解。見氏著〈嵇康的人性觀〉《中國人性論》（臺北：東大圖書公司，1990），頁201。

〔註61〕《左傳・昭公十年》晏子說：「凡有血氣，皆有爭心」，《春秋左傳》藝文印書館十三經注疏本，在嵇康看來「爭心」乃後起，不是「血氣」的自然因素。

〔註62〕同註59，頁175。

「欲動則糾之以和」，即血氣發用時，以和氣來主導，任其自發的節制機能起著自然的作用，此即「氣靜」；「智用則收之以恬」，即心識發揮其能動性時，使它依止於恬淡虛無的「神」，不妄自作爲，知所止，以返回自足的狀態，此即「神虛」。〈養生論〉云：「神氣以醇自獨著」，精神因虛空無爲，而特別顯著，有如白光獨生，這正意味著精神自生自發的機能的本質，也是「神虛」所以爲「自然」之意。

總結前論，「氣靜神虛」便是自然，簡稱「神氣自然」，嵇康是在這個層次來說「任自然」，以普通的常識來理解它，並非嵇康的本義。

嵇康在〈難自然好學論〉中說：「六經以抑引爲主，人性以從欲爲歡，抑引則違其願，從欲則得自然」，〔註63〕這裡的「自然」似乎和我們所說的「神氣自然」有互相矛盾之處。馮友蘭以《世說新語·簡傲》所載嵇康怠慢鍾會的故事，做這樣的解釋：「他（嵇康）可能是因爲打鐵的興致正濃，欲罷不能。他不能因爲禮節上的應酬，而打斷了他的興致。這就是『以從欲爲歡』」。〔註64〕這便把嵇康的自然觀等同於當時的「自適主義」者。可是嵇康提出養生應「清虛靜泰，少私寡」，怎麼又是個從欲者呢？湯一介先生發現了其中的問題，試圖以「自然之性」作爲中介概念，解消其矛盾。他以爲「從欲」是要求任自然之性，「少私寡欲」也是說要任自然之性，因此二者可以會通，都表示對外在的東西應採取「無爲自得」的態度。〔註65〕經由湯先生的解說，非但未解決問題，反而把「任自然之性」的語意，弄得含混不清。

馮、湯二人所以把〈難自然好學論〉這段文字做這樣的解釋，都犯了脫離脈絡語義的毛病。這裡所說的「從欲」是指何意呢？該文開宗明義說：「夫民之性，好安而惡危，好逸而惡勞，故不擾；則其願得，不逼則其志從」，顯然「從欲」是在上者不擾不逼任民自爲之意，也就是「無爲而民自得」之意，「好逸而惡勞」，「逸」即精神的自足。「勞」便是〈養生論〉所說「思慮銷其精神，哀樂殃其平粹」的精神狀態。如果斷章取義，把從欲解釋成向秀的意思：「且夫嗜欲、好榮、惡辱、好逸、惡勞，皆生於自然」〔註66〕那麼當然有不能解決的矛盾。

〔註63〕 《嵇康集校注》，前揭書，頁261。
〔註64〕 前揭書，頁87～88。
〔註65〕 湯一介，〈論魏晉玄學中的內在性與超越性的問題〉《魏晉南北朝文學與思想研討會論文集》（臺南：成功大學中國文學系，1990），頁88。
〔註66〕 〈黃門郎向子期難養生論〉，《嵇康集校注》，頁162。

　　總之，「神氣自然」論是嵇康的核心思想，貫穿其所有理論文章，「元氣宇宙論」乃繼承傳統，非其哲學特徵所在。至於以嵇康的行事來解釋其玄學思想，都嚴重忽視了性格剛直峻急的嵇康，他的感情性格與玄學人生理想之間的距離與衝突，嵇康是個努力以玄學的恬淡自然的理想來約束自己的情性，而未能完全成功的人。〔註67〕

第五節　郭象的獨化自然觀

　　郭象的自然觀，錢穆先生曾為之寫下精要的定義：

> 就字義言，獨即自也，化即然也。自然之體，惟是獨化。……惟其獨生獨化，乃始謂之自然。自者，超彼我而為自。然者兼生化而成然。〔註68〕

筆者將順此定義，做進一步的解說。「自者，超彼我而為自」，「彼」即「他者」，在此，郭象取最廣義的「他者」的涵意，與「自」相對照，此「彼」即「一般他者」。〔註69〕「彼」非僅指外在的原因與干擾自發秩序的各種物事，甚至王弼「以無為本」的「無」，也是「彼」，郭象亦反對之：

> 無即無矣，則不能生有，有之未生，又不能為生，然則生生者誰哉？塊然而自生耳。自生耳，非我生也。即不能生物，物亦不能生我，則我自然矣。自己而然，則謂之天然。天然耳，非為也，故以天言之，所以明其自然也。……故物各自生而無所出焉，此天道也。〔註70〕

郭象明白主張「無不能生有」，他將「無」等同於「不存在」（non-being）〔註71〕把「否定的無」歸屬於實體範疇，並以之為根據，這是郭象所不取的。〔註72〕

〔註67〕嵇康在他的性格表現與玄學思想的衝突，請參考羅宗強的研究。見氏著前揭書，頁97～126。

〔註68〕錢穆〈郭象莊子注中之自然義〉《莊老通辨》（臺北：三民書局，1991），頁423。

〔註69〕「一般他者」採用自森三樹三郎的說法，見前揭書，頁15。

〔註70〕〈齊物論〉「天籟吹萬不同而使其自己」注，見郭慶藩編《莊子集釋》（臺北：河洛圖書出版社，1974），以下所引「莊子注」文獻，以此書為根據，不再重覆註明。

〔註71〕郭象說：「非唯不得化而為有也，有亦不得化為無矣」（〈知北遊〉「無古無今，無始無終」注），郭象顯然受到裴頠〈崇有論〉的影響。

〔註72〕郭象對「無」的了解並非王弼之本義，王弼的「無」不可視為實體概念。如以「無不可生有」的主張來批評王弼，並非切中要點，有犯了「攻擊稻草人之謬誤」（Strawman-attack fallacy）之嫌。

那麼莊老為何經常稱述「無」呢？郭象以為他們的目的是要「明生物者無物，而物自生耳」，〔註73〕換句話說，「無」的作用是要人的思維不再往前追求所以存在的來源與根據，直下以現象的個體物為觀照點，視其種種生發的現象與能力，皆是本身所固有，不用借助於他者的存在，這就是「物自生」的道理。

「超彼我」的「我」是主宰義，主宰者可以是天，也可以是人，天人二者的主宰，都是郭象所反對的。

首先，郭象否定「造物主」的存在：

> 夫造物者，有耶？無耶？無也！則胡能造物哉！有也，則不足以物眾形。故明眾形之自物而後始可與言造物耳。……造物者無主，而物各自造；物各自造，而無所待焉，此天地之正也。〔註74〕

郭象採用了「兩刀論法」來否定「造物主」的存在。造物主要是「有」，要麼就是「無」；「無」是「非存在」，那麼它不可能創造「存在」；「有」是個限定的有，那麼它不可能造出萬事萬物來，因此，造物無主。他的「造物主」的觀念和基督宗教是不同的，郭象是在「有無」的論域中來討論「造物主」，他的理由是：如果造物有主，那麼便有一高於一切存在的「他者」，這就違背了他的「自然」（和「一般他者」相對比）的涵義了。

再者，郭象否定人的主宰。否定天的主宰，所以把天解釋成：「凡所謂天，皆明不為而自然」，〔註75〕這是就客觀現象義立論，但否定人的主宰，則是就「應然」價值義來立論。郭象說：

> 人在天地之中，最能以靈知喜怒擾群生，而振蕩陰陽也。故得失之間，喜怒集乎百姓之懷，則寒暑之和敗，四時之節差，百度昏亡，萬事失落也。〔註76〕

人的有為，妄想宰制群生，破壞了天地之間和諧的狀態，導致了「自然懲罰」，郭象對此深深的憂懼。尤其以政治力量，集眾人之力，將個人有限的能力，放大千倍萬倍，以己之喜怒，宰制人民，以示有為，是玄學家深刻感受到的時代病痛。因此，郭象的聖人無為論，是「率性而動」之義，而理想人格的

〔註73〕〈在宥〉「至道之精，窈窈冥冥；至道之極，昏昏默默」注。
〔註74〕〈齊物論〉「惡識所以然！惡識所以不然！」注。
〔註75〕〈山水〉「有人天也，有天亦天也」注。
〔註76〕〈布宥〉「思慮不自得，中道不成章」注。

率性，便是順任百姓之自然。〔註77〕他說：

> 夫聖人無安無不安，順百姓之心也。〔註78〕

> 夫無其能者，惟聖人耳！過此以下，至於昆蟲，未有自忘其能而任
> 眾人者也。〔註79〕

聖人所自以能自忘其能，是因為他「無心」，〔註80〕「無心」者，無羨欲之心，
無愛尚之心，無是非之心也，唯有「無心」，才能順任萬物之自性，對於一切物
事，當下肯定其本性自足，不假外求，而任萬物自適自得。雖有小大之差，個
性之別，聖賢凡愚之分，亦皆可各當其分。如果以「自得其性」為判斷標準，
郭象認為每個個體都是一個不多不少的存在，都可滿足其本性，既使就常情來
說，「駢拇」被人視為「不足」，「枝指」被人視為「有餘」，郭象仍要說：

> 夫長者不為有餘，短者不為不足，此則駢贅皆出於形性，非假物也。

> 然則駢與不駢，其性各足。〔註81〕

郭象為什麼要巧為曲說，以維護「自足」的說法呢？那是因為不自足正是一
切人為宰制力量合理化的根據。物各自足，不存有羨欲之心，則在上者也無
由施其矜能尚愛之心，以致於殘生害性。「自足」正是解除「人的主宰」的理
論依據。

「然者，兼生化而成然」，「生」者「自生」，其意有如上述，「化」者「自
化」，「自化」指一切日新之化，皆由自然，郭象云：

> 天地萬物，變化日新，與時俱往，何物萌之哉？自然而然耳！〔註82〕

> 夫無力之力，莫大於變化者也。故乃揭天地以趨新，負山岳以舍故，
> 故不暫停，已涉新，則天地萬物無時而不移也。〔註83〕

> 不知與化為體，而思藏之使不化，則雖至深至固，各得其所宜，而

〔註77〕「無為」的理論，有三個不同的層面去實踐：（一）因臣以治，而君無為，（二）
　　　　不為煩苛之政，（三）放任。郭象的「無為」仍然重視君主制度本身的價值，
　　　　並非激進的無言派。請參見鄔昆如〈魏晉社會哲學之研究〉，《哲學評論》第
　　　　十期（臺北：國立臺灣大學哲學系，1987）。
〔註78〕〈列禦寇〉「聖人安其所安，不安其所不安」注。
〔註79〕〈列禦寇〉「無能者無所求」注。
〔註80〕「無心」在郭象聖人觀中的意義的分析，參見福永光司〈郭象と僧肇〉，塚本
　　　　善隆編《肇論研究》（京都：法藏館，1995）。
〔註81〕〈駢拇〉「附贅縣疣，出乎形哉，而侈於性」注。
〔註82〕〈齊物論〉「日夜相代乎前，而莫知其所萌」注。
〔註83〕〈大宗師〉「然而夜半有力者負之而走，昧者不知也」注。

無以禁其日變也。〔註84〕

「化」，是天地萬物自身的作用，也是天地間永恆的規律，凡屬時間之物，必有變化，執著不化，既使是過去完善的典型，也將失效。效法聖人的作為，而不能把握「化」的要素，郭象譏之為「法其跡」。〔註85〕「跡」就是一事物活動留下來的痕跡，「化」乃指向未來，它充滿著可能性，屬「作用」的領域。「法聖人」而不能發揮其在時間中的作用，結果也只是以舊的標準，套在日新的事物上，忽視了事物自行向前發展變化的自發功能與可能性：「遂攖天下之心，使奔馳而不可止」，〔註86〕成為擾民的工具，使不能自為罷了。

人性又何嘗不「自化」呢？郭象以為：

夫仁義者，人之性也。人之性有變，古今不同也。〔註87〕

夫仁義自是人情也。而三代以下，橫共囂囂，棄情逐跡，如將不及，

不亦多憂乎！〔註88〕

仁義是人性，凡是人性必屬於時間中的存有，並非一成不變。不善察仁義的作用性（作用即體），只執著舊有的既成痕跡，憂心忡忡，以為不足，便是天下皆尚有為的原因。郭象主張「人性有變」，又對「人性」把抱著非常樂觀的態度，在人性論上，誠屬新創。

「自然之體，惟是獨化」，「獨化」的概念是否更能有效表達郭象的自然觀呢？筆者以為從語意上「獨化」二字的確更能夠表達郭象思想的內涵。有二個理由可說：

（一）「獨」更能夠強調郭象重個體、重性分的思想，王弼的「道」有超越個體的本體義，郭象的「道」就是個體中的道，或說「道的個體化」，用「獨」字更能強調其個體與空無依傍的意義。

（二）「化」有動詞義可凸顯其非拘限於一定規則下的作用義、活動義，也可防止將「自然」實體化為一「造物主」的效果。〔註89〕

「獨化」最重要的意義脈絡，出現底下二段文字：

〔註84〕〈大宗師〉「藏小大有宜，猶有所遯」注。

〔註85〕〈胠篋〉「然而田成子一旦殺齊君而盜其國」注。

〔註86〕〈在宥〉「自三代脊脊大亂，罪在攖人心」注。

〔註87〕〈天運〉「止可以一宿，而不可久處，覯而多責」注。

〔註88〕〈駢指〉「自三代以下者，天下何其囂囂也」注。

〔註89〕這一點參考了陳榮灼的見解。見氏著〈王弼與郭象玄學思想之異同〉《鵝湖學術討論會》（臺北：1991 年 12 月）。

言天機自爾，坐起無待。無待而獨得者，孰知其故，而責其所以哉？若責其所待而尋其所由，則尋責無極，卒至於無待，而獨化之理明矣。〔註90〕

是涉有物之域，雖復罔兩，未有不獨化於玄冥者也。〔註91〕

這裡涉及四個重要的概念：「無待」、「故」、「理」、「玄冥」，在詮釋「獨化」時，若沒有充分注意它們之間所結成的意義之網，是不容易把握到「獨化」的意義的。

湯一介先生界定「無待」的意義是：「『無待』是說事物的存在是無條件的，它的生生化化不需要任何外在的力量，不要等得任何條件而自己存在著，變化著」，但接著他又說：「此事物的存在並不是為了另一物而存在，它的存在就是如此的存在了，所以它不能作為別的事物而存在的條件」。〔註92〕前者的界定和後者的界定是不相同的，由前者可導出後者，由後者卻導不出前者，也就是說前者為真，後者必真；但後者為真，前者可為假。就前者的界定來說，吉藏的《三論玄義》就是以這個觀點來理解，他把莊子歸類為「無因有果」，他說：

無因，據其因無；自然，明乎果有，約義不同，猶是一執，……夫論自者，謂非他為義，必是因他，則非自也。〔註93〕

吉藏認為講自然就不是依原因，一旦依其原因，就不是自然，所以莊子的「無待」，是無因說，違背佛教的因果論。

問題是：「無待」真的是「因無果自然」的說法嗎？當我們研究「故」與「理」二個概念後，將會改觀。

「故」是「由果溯因」的方法，在「果既有」的情況下，溯因的過程中總會有簡化，「因」本身其他方面的可能性，而只考慮出現在「既有之果」所發揮的作用，由此步步往上推，其結果就是找到「第一因」為整個因果系列的最後保證，以滿足理性的要求。在郭象的「自生」說中，已否定了「造物主」，第一因是找不到的，那麼整個因果系列就此中斷，並改變了我們原先過分簡化的因果關係，郭象說：

〔註90〕〈齊物論〉「吾有待而然者邪？吾所待又有待而然者邪？」注。
〔註91〕〈齊物論〉「惡識所以然！惡識所以不然！」注。
〔註92〕見氏著，前揭書，頁270～271。
〔註93〕吉藏著，韓廷傑校釋《三論玄義校釋》（臺北：文津出版社，1988），頁19～20。

夫物事之近，或知其故，然尋其原以至乎極，則無故而自爾。自爾，
則無所稍問其故也，但當順之。〔註94〕

「無故而自爾」的「無故」，並不等於「沒有任何條件」，而是由「不知其故」
而來的推論，「無所稍問其故」便是思考的轉向，不再追問「爲什麼」，也就
是離開和超越出「充足理由律」的模式，承認萬物當下的自足（「尋本」就是
一種意義未滿足時的活動），讓萬物「各任其性」、「各適其適」。〔註95〕

「孰知其故」在郭象的學說中，並非意義的貧乏，恰恰相反，是意義的
滿盈。人只能認識意義理路中很少很少的部份，物本身存在所必然具有的豐
富意義，是沒辦法窮盡的，郭象說：

天地萬物，凡所有者，不可一日而相無也。一物不具，則生者無由
得生。一理不至，則天年無緣得終。然身之所有者，知或不知也，
理之所存者，爲或不爲也。故知之所以者寡，而身之所有者眾。爲
之所有者少，而理之所存者博。〔註96〕

「理」字，依錢穆先生統計，莊子內七篇注共七十條，外雜篇注共七十六條，
所構成的語詞有「至理」、「自然之理」、「理自生」、「理自爾」、「獨化之理」、
「和理」、「無爲之理」、「正理」、「任理」等等，〔註97〕幾乎郭象的哲學觀念
都可加上「理」字，不重視郭象「理」的地位，只看到「無故」二字，那麼
必將扭曲了他的哲學學說。

「獨化於玄冥」，「玄」是玄妙、微妙之意；「冥」是黑暗，看不清楚，難
以分辨，融合，有深遠莫測或難言之意，「玄冥」在此有融合爲一，相互依存，
不獨自標高，不爲主的意思，「獨化於玄冥」或「獨化於玄冥之境」，形景之
間的關係是在這種意義脈絡的，「相因之功，莫若獨化之至」〔註98〕時，並非
另立一命題，而是「獨化」本身之所涵。

總結前述，如果把郭象理解成無因論者，或說「因無果自然」，那是一種誤
解，我們可以說郭象是主張「因無盡而果自然」，「因無盡」，因爲意義的滿盈難
爲人所盡知，郭象不採取單向式的因果關係，拋棄了「充足理由律」的思考方
式，把它存而不論，讓物成爲自己的主角，向我們呈顯其意義的自足性和豐富

〔註94〕〈天運〉「天有六極五常」注。
〔註95〕有關「自然」故「無本」的積極意涵，請參考陳榮灼前揭文。
〔註96〕〈大宗師〉「知人之所爲者……是知之盛也」注。
〔註97〕氏著，前揭文。
〔註98〕〈大宗師〉「彼特以天爲父，而身猶愛之，而況其卓乎」注。

性，因此有些學者用海德格學說來詮釋郭象，〔註99〕也就不無道理了。

第六節　慧遠的感應自然觀

慧遠的自然觀，象徵著玄學自然觀的結束，另一新的自然觀的到來。

慧遠時代，以「自然」來翻譯小乘部派「自性」（svabhâva），也用「自然」來翻譯般若經的「無自性」（svabhâva）的觀念。在〈阿毗曇心序〉中，慧遠云：

> 發中之道，要有三焉：一謂顯法相以明本；二謂定已性於自然；三謂心法之生，必俱遊而同感。〔註100〕

「定已性於自然」，即把個體（自我）存在分析爲多種純粹自性的存在範疇，〔註101〕「自然」在此作「自性」解。

《道行經》〈泥犁品〉說：「般若波羅蜜，於一切法，悉皆自然」〔註102〕（sarva-dharma-svabhâva-vidarśani），此處的「自然」即「無自性」的意思。

「自然」同時被用來翻譯「自性」與「無自性」，有三個理由：（一）當時的佛學，並未意識到部派佛教與般若經之間的不同性格，「自性」與「無自性」同爲佛教緣起觀的開展，故同用一詞來理解之。（二）「自性」與「無自性」同有起源義，在它們之外，再有另一「他者」存在，故稱「自然」。（三）「自性」與「無自性」的論理，都有遣執的作用，此與「自然無爲」的作用相通。

「自然」雖可與「自性」、「無自性」相通，但隨著般若空觀的發展，「自然」的「自」的自足義終究妨礙對般若經「無自性」＝「空」的思想的精確理解，往後的翻譯放棄了這種譯法。

「自性」的自然觀，慧遠承續自當時的學術，並非其自然觀的特色，其所關心的焦點及其獨創的新義毋寧是感應自然觀。慧遠說：

> 本以情感，而應自來，豈有幽司？由御失其道也。然則罪福之應，

〔註99〕如陳榮灼（見前揭文）、葉維廉（見前揭文）皆是。

〔註100〕見木村英一編《慧遠研究》（遺文編）（東京：創文社，1937），頁 62。以下引慧遠文獻，皆依據之。

〔註101〕見區結成《慧遠》（臺北：東大圖書公司，1987），頁92。

〔註102〕《大正藏》第八冊，440，中。有關「自然」的譯語的研究，參見福永光司、松村巧，〈六朝的般若思想〉，梶三雄一等著，許詳主譯《般若思想》（臺北：法爾出版社，1989），頁 262～263。

唯其所感，感之而然，故謂之自然。自然者，即我之影響耳。〔註103〕

慧遠以爲感應隨情欲而來，這就是「自然」，罪福的報應，就像形之與影、音之與響一樣，必然緊隨。這時「自然」的意義與「必然」、「當然」、「故然」的意思相近，是由形容詞副詞而來的名詞用法，表明某種條件，產生某種作用，出現某種結果或現象，其間的關係是「自自然然地如此」。因此，慧遠談到感應時，要先否定幽司（主宰）的存在。

佛教業報的觀念，最根本的前提是要人爲自己的行爲負責，甚至要在多生之後承受從前各種行爲的果報，一切承擔皆在我，因此慧遠的報應自然觀，在語義上頗爲順當。但業報是以「十二因緣」爲根本法則，其根源乃是無明，因無明，貪愛生死流轉，執取世俗的生命，於是脫離不了生死輪迴。慧遠的宗旨是要滅掉這個因果鏈，「求宗不順化」。〔註104〕「宗」者根本，也就是涅盤，「化」者，人的生死流轉，慧遠要追求涅盤境界，不會因無明貪愛，參與生死流轉，以致於「神」失去了本性，智慧昏暗，「神」受到拘限成就不了自己。這麼說來，「報應自然」的「自然」是俗義，是第二義，是劣義，原來玄學的自然觀所具有的準則性，第一義性，與超越性，至此完全喪盡，玄學的自然觀也就結束了其時代的使命。

慧遠所謂的「感應」，除了業報之外，還「有法身感應」的側面。「法身」的探索，在慧遠來說，他是誠懇地要爲自己「求宗不順化」的價值論建立理論基礎。雖然其「法身」觀有著內在理論的困難，〔註105〕在與鳩摩羅什的書信問答，羅什指斥慧遠的提問爲「戲論」，〔註106〕但慧遠並不爲所動，仍然堅持自己的主張，可見法身觀爲其終極關懷之所在。

「法身感應」即佛與眾生交接，救度眾生的問題。竺道生建立了「應有緣論」的命題。他說：

> 無不形者，唯感是應。佛，無爲也，至於形之巨細，壽之脩短，皆是眾生之影跡，非佛實也。〔註107〕

佛之所以「無不形」而示現，目的全在於「唯感是應」，佛以其慈悲之本懷，

〔註103〕〈明報應論〉，前揭書，頁77。

〔註104〕「求宗不順化」是慧遠《沙門不敬王者論》的第三篇文章，是他的佛學的宗旨。其詳細內容見《慧遠文集》，頁86。

〔註105〕請參見區結成的分析。前揭書，第十章，〈慧遠思想的內在困難〉。

〔註106〕見《大乘大義章》，《慧遠研究》，頁5～25。

〔註107〕《維摩結經義疏》，現存於《大正藏》第三十八冊，《注維摩結經》，頁343。

「佛以應悟爲事」，〔註108〕「普現色身以通佛道爲跡也」，〔註109〕在佛的本懷中，眾生以其因緣，與佛感應，其感應唯由眾生自取，在這種意義下，佛也可說是「無爲」。〔註110〕慧遠的「法身感應」論與道生的「應有緣」論是相通的，〈佛影銘〉云：

> 法身之運物也，不物物而兆其端，不圖終而會其成。理玄於萬化之
> 表，數絕乎無形無名者也。若乃語其筌寄，則道無不在。……或獨
> 發於莫尋之境，或相待於既有之場。獨發類乎形，相待類乎影。推
> 夫冥寄，爲有待耶？爲無待耶？〔註111〕

在慧遠看來，無形無名的法身可寄託在各種有形有名的事物之中，無所不在。或從法身自發志呈現出來，或憑藉已有的事物來顯示自身，這有如形影之間的關係，互相依存緊隨。因此，法身之運物，「不物物」、「不圖終」亦即「無爲」，「兆其端」、「會其成」亦即「無不爲」。由此推進一步，則世界萬物皆包含在佛的感應範圍，山河大地都是佛的影跡，由此，成就了慧遠僧團獨特的美學觀。〔註112〕

「感應自然」以佛法身的感應爲第一義，至此，玄學的自然觀已讓位給新的佛教的自然觀了。

《世說新語・文學》曾記載慧遠主張易以感爲體的主張：

> 殷荊州曾問遠公：「易以何爲體？」答曰：「易以感爲體」，殷曰：「銅
> 山西崩，靈鍾東應，便是易耶？」遠公笑而不答。〔註113〕

殷仲堪的陰陽氣類相感來解釋「以感爲體」的內容，慧遠心中所想的該是佛教「感應自然」之意吧！慧遠一時沒辦法解釋，故笑而不答。也可以說，這次對話慧遠以佛學義理來解釋易經，在理論上出現了難題，他自己又不能解決，這是一次失敗的嘗試，但從此主客易位，佛學躍居主流，其與中國傳統文化的匯通，已漸失其重要性，佛學內部義理的建樹，已成爲一代學風。

〔註108〕同上，頁404。
〔註109〕同上，頁393。
〔註110〕道生「應有緣論」的詳細分析，參見陳沛然《道生》（臺北：東大圖書公司，
　　　　1988），頁81～89。
〔註111〕見前揭書，頁103。
〔註112〕慧遠僧團的美學觀，以宗炳爲代表，詳細論述見本書第三章。
〔註113〕見徐震堮《世說新語校箋》（臺北：文史哲出版社，1989年），頁132。

第二章　音樂的情感特徵與審美理想

第一節　前　言

　　阮籍與嵇康的自然觀，繼承了兩漢以來的元氣論學說，阮籍以元氣論闡述了「自然一體」、「萬物一體」的思想；嵇康以身心性的「氣」爲基礎，主張形神相親的養生論而其指趣則在「神氣自然」觀。〔註1〕這種自然觀，對他們的音樂美學有何主導作用？這是本章所要研究的第一個問題。

　　再者，西方音樂美學可區分爲他律美學（Heteronomie-aesthetik）與自律美學（Autonomie-aesthetik）兩個主要流派。〔註2〕他律美學認爲音樂總是標誌著純粹音響現象之外的某種東西，這種東西主要是人類感情，這就是音樂的內容。正是這個內容的性質決定音樂作品的音響結溝，整體發展，決定著音樂的「形式」。自律美學則認爲制約著音樂的法則和規律不是來自音樂之外，而是音樂自身當中；音樂的本質只能在音響結構自身中去理解，只能從音樂的自身去把握音樂。音樂是一種完全不取決、不依賴於音樂之外的現象的藝術，音樂的內容只能是音樂自身。這二種學說的爭論，餘波盪漾，仍是二十世紀音樂美學的課題〔註3〕。而早在西元三世紀，嵇康的〈聲無哀樂論〉，

〔註1〕 其詳細論述，請參見本論文第一章。

〔註2〕 這個概念，由德國音樂學家費利克思・卡茨（Felix. M. Gatz）于 1929 年在自己編寫的《音樂美學的主要流派》中第一次使用。請參見于潤洋〈對一種自律論音樂美學的剖析〉，《音樂研究》第四期，1981 年。

〔註3〕 當代討論音樂美學或一般美學的讀本，都會選讀二派學說的代表性文章，由此可見自律、他律的爭論仍是鮮活的課題。

已展開了自律論者與他律論者的對話，不可不說是中國文化的光輝成就。其中，「自然」的概念深化了討論的主題，也凸顯了〈聲無哀樂論〉與西方自律美學家不同的焦點所在，這是本章想要研究的第二個問題。

阮籍的〈樂論〉，嵇康的〈聲無哀樂論〉，都以「移風易俗，莫善于樂」做為設問焦點，他們所關懷的問題是〈樂記〉代表的儒家音樂美學顯有相通之處，阮、嵇的音樂美學是儒、是道、還是具有獨特的觀念思想？這是本章想要研究的第三個問題。

對音樂特微的認識，並不等於對音樂的評價標準，也就是說，由於音樂的事實知識推論不出音樂的審美理想，審美理想是高於事實知識的價值判斷，本文將從事實和評價的區分，檢討阮、嵇二人的審美理想，這是本章想要研究的第四個問題。

因為〈樂記〉是阮籍、嵇康音樂美學的出發點，我們必需對〈樂記〉的主題有一正確判斷，才有一參考體系，以做為評價阮、嵇學說的基礎，所以筆者將先討論〈樂記〉的主旨，再進入到魏晉的音樂美學。

第二節　〈樂記〉思想辨析

一、音樂的「表情」說

音樂對人的情感有影響，是人所共認的事實，和其它藝術相比，音樂對人心情的影響不僅是更快，而且更直接、更強烈。這是自律美學者也不能不承認的現象。〔註4〕音樂是通過感官與音響的接觸，形成感覺，以此感覺為前因，才有種種喜怒哀樂情感的表現。那麼，音樂感覺通過什麼樣的神經作用轉變成情感，變化成內心情調？換句話說，「感覺怎樣成為情感？」這就成為音樂美學的重要問題，在這個問題上，理論解釋的不同構成了他律美學與自律美學的分流。〈樂記〉對這個問題已有深刻理解，主張音樂藝術是情感的表現。〈樂本篇〉云：

> 樂者，音之所由生也，其本在人心之感於物也。是故其哀心感者，
> 其聲噍以殺；其樂心感者，其聲嘽以緩；其喜心感者，其聲發以散；

〔註4〕　見漢斯立克著，楊業治譯《論音樂的美》（北京：人民音樂出版社，1980），增訂版，頁74。

其怒心感者，其聲粗以厲；其敬心感者，其聲直以廉；其愛心感者，
其聲和以柔。六者，非性也，感於物而後動。〔註5〕

這段文字常被引用來說明〈樂記〉所主張的音樂的本質，可惜這一段話並不
是明確而無歧義的。周來祥先生把「六者，非性也，感於物而後動」解釋成：
「非性也」即不是天賦原來就有的意思，喜、怒、哀、樂、敬、愛，不是憑
空而來的，而是受到客觀「物」的影響才產生的，〔註6〕李澤厚先生所編的
《中國美學史》也說：「好惡喜怒哀樂等情則是人對外物發生感應的結果，
並非性原來所具有的，應該說，就人的情感從何產生這一點來看，這是一種
素樸的物質主義觀。」〔註7〕他們都認為「六者」乃指「喜、怒、哀、樂、
敬、愛」六情，這麼一來，討論的論域就從音樂的本源轉移至情感的本源的
探討，模糊了問題的焦點。

通觀〈樂本篇〉這段文字的脈絡，「樂者，音之所由生也」是說「樂是由
音構成的」，「其本在人心之感於物也」是說「音樂的根源在心感應外物」，因
此，是在討論音樂的根源問題，以下接著討論六種心聲相感的狀況，哀、樂
等六種心（情），是做為「噍以殺」等六聲的條件句，也就是說，「其甲者，
其乙」的句法，甲是條件子句，乙才是主要子句，「六者」是指涉六聲，而不
是六心（情），「六者非性也，感於物而後動」應翻譯成「這六種聲不是人的
本性所固有的，而是人心感應外物，使內在感情激動起來的結果」。〔註8〕

再者，〈樂本篇〉所說的不是「哀心生」、「樂心生」，而是「哀心感」、「樂
心感」。所謂「感」，是指內心固有的悲哀或快樂的感情受到感染激動，表現
出來，而不是由外物形成吾人悲哀快樂的情感。〔註9〕因此音樂是激發情感的
媒介物，它和我們的心（情）有著某種對應的關係，這種聲心之間的關係，
正是〈樂記〉所認識到的音樂是情感表現的前提。

〔註5〕 本文所引〈樂記〉的文字及分篇，皆引自蔡仲德注：《中國音樂美學史資料注
　　　　譯》卷上（上海：人民音樂出版社，1986），並參考藝文印書館十三經注疏本。
　　　　此外，〈樂記〉作者及時代問題至今眾說紛紜，未有定論，筆者暫且採用蔡仲
　　　　德的說法，認為它是西漢初期的作品，其詳請參見《〈樂記〉作者問題辨證》，
　　　　收入《〈樂記〉論辯》（北京：人民音樂出版社，1983）。
〔註6〕 見周來祥《論中國古典美學》（濟南：齊魯書社，1987），頁274。
〔註7〕 見李澤原，劉紀綱主編：《中國美學史第一卷》（臺北：里仁書局出版，1986），
　　　　頁372。
〔註8〕 本譯文依照蔡仲德的翻譯，見氏著，前揭書，頁227。
〔註9〕 參見蔡仲德：〈《樂記》哲學思想辨析〉，《樂記論辯》，頁308。

〈樂本篇〉另一段文字，敘述了〈樂記〉的人性論，學者對它也有不同的理解，同時影響到我們對其音樂美學的認識：

> 人生而靜，天之性也；感於物而動，性之欲也。物至知知，然後好惡形焉。〔註10〕

周來祥先生把「靜」解釋成「淨」，因此認為：「這就是說，人天賦的本性原是淨的，像一張白紙，雖不能說善，但也絕非惡。後天受到客觀事物的影響，才產生一定的情感意欲。」〔註11〕這個說法有悖於漢代學術思想的脈絡。漢代思想在討論人性論時，有三個基本的範疇：善惡、陰陽、動靜，性靜情動是當時的通說。〔註12〕「人生而靜」應如清朝李光地《古樂經傳》所云：

> 「人生而靜」，古注以人初生未有情欲時言之，非也。乃泛論人之有生，其靜而未發，則天性具焉爾。〔註13〕

「靜」指未發，即人心不感受外物時是平靜的，這是天賦的本性，這天賦的本性並非沒有內容，〈樂象篇〉云：「德者，性之端也」，說明〈樂記〉所說的「天之性」具有道德屬性，是上天所賦予的。〈樂言篇〉又云：

> 夫民有血氣心知之性，而無哀、樂、喜、怒之常，應感起物而動，然後心術形焉。〔註14〕

「血氣」乃在春秋時期形成的氣論思想，可把它看作是生命有機體的基礎和本質，血氣亦可指決定人健康狀況和壽命長短的重要因素，在這裡可把「血氣」作為決定人和動物的生理物質欲望的重要因素，〔註15〕再進一步引申，即泛指感情，「心知」指智力。因人生來就有感情，但感情的外現沒有常態，（「無哀、樂、喜、怒之常」並非「無哀、樂、喜、怒」），哀、樂、喜、怒須隨外物所感而定。

　　總結以上所述，「天之性」具有感情、智力與道德屬性，並非一張白紙。「物」只是引發其外現的機緣罷了，並不是由「物」來形成人性的內容。

　　那麼音樂又如何使心感應，使內在感情激動起來呢？〈樂象篇〉云：

〔註10〕　前揭書，書233。
〔註11〕　見氏著前揭書，頁281。
〔註12〕　參見其書第九章第一節：性情之辨。王葆玹《正始玄學》（濟南：齊魯書社，1987）
〔註13〕　轉引自蔡仲德前揭書，頁233。
〔註14〕　前揭書，頁242。
〔註15〕　春秋時期的氣論思想，其詳論請參考李存山《中國氣論探源與發微》（北京：中國社會科學出版社，1990），第二章。

> 樂者，心之動也；聲，樂之象也。〔註16〕

音樂是內心活動的表現，聲是音樂的表現手段，這就認識到音樂的主體性問題。音樂的「象」是以聲之動表現心之動，所以不是一般的意象，而是音樂特有之象：動象。此動象可經由對聲進行組織加工，而形成一完整的時間藝術，以表現心之動，因此，〈樂記〉已注重「聲」、「音」、「樂」的分辨。〈樂本篇〉云：

> 感於物而動，啟形於聲；聲相應，故生變，變成方，謂之音；比音而樂之，及干、戚、羽、旄，謂之樂。〔註17〕

翻譯成白話是：

> 人心感受外物，使內在感情激動起來，作出反應，就外現於聲；各種聲互相應和，就發生種種變化，既有變化，又有規律、有組織，就成為「音」；眾音組合，構成曲調，用樂器演奏出來，再配上舞蹈，就成為樂。〔註18〕

「聲」、「音」、「樂」三者密切相關，前者是後者的基礎，後者是前者的提高，情感的表現，也隨著更為具象化、激烈化，而成為表達一確定情感的藝術了。

二、音樂的「象德」說

音樂激發人內在的情感，不論是感物而形於聲，或聽音而興情交感，音樂皆是有效的媒介，這屬事實的認識層次，至於由此而外現的情感是善是惡，是否由於「奸聲」、「淫聲」而使得人民性情流蕩不安、人欲橫流，這就進入到價值判斷的層次。在價值判斷的層次，〈樂論〉主張兩個命題：（一）致樂以治心，（二）樂通倫理。

〈樂化篇〉云：

> 致樂以治心，則易、直、子、諒之心油然生矣。〔註19〕

「心」需「治」，可見此心非指道德本心，而是指血氣之心。《國語・周語》云：

〔註16〕前揭書，頁239。
〔註17〕前揭書，頁235。
〔註18〕本譯文引自蔡仲德前揭書，頁226。
〔註19〕前揭書，頁246。

夫戎、狄冒沒輕儳，貪而不讓，其血氣不治，若禽獸焉。〔註20〕
如前所述，這裡是把血氣作為決定人和動物的生理物質欲望的重要因素，不治血氣，即放縱由血氣所感發的種種生理物質欲望。人和禽獸之分，也就在血氣之治與不治，「治」，則人的血氣所統的各種複雜矛盾的心緒，將獲得溶解疏導，得到安頓，轉化成道德情感，人便以能順此情感的要求而活動，內心因而感到快樂。「易、直、子、諒」，朱熹認為應作「易、直、慈、良」〔註21〕就是平易、正直、慈祥、善良的心情，這是一種道德情感，〔註22〕而不是道德的德目，在道德情感與人的血氣心的融合中，樂與心有著更為直接的聯繫。

「致樂」，鄭玄註解「致」為「深審」，蔡仲德依據鄭注把「致樂」翻譯成「研究樂」，〔註23〕這就失去了它原有的深意。「致」該是推廣樂的功能之意。〔註24〕「致樂」如何有「治心」的功效呢？這就是從〈樂記〉的審美理想：「和」來理解。

〈樂本篇〉云：「樂以和其性」，〈樂化篇〉云：「樂極和」，樂因其「和」的本質，才能影響內心世界，使血氣中和。「和」在春秋已有基本的界定。其特徵有二：

一、「和」不等於「同」。「同」使事物不能繁衍生殖，「以同裨同」，則滅絕生機。不同的事物互相交合稱為和，所以就樂來說，並不是以單一的聲來構成，而是和諧六律以使雙耳聰敏，以使萬物充滿生氣。〔註25〕

二、「和」的聲音，大不能超過宮音，小不能超過羽音，五音以宮為主音，音階由宮起，依次到達羽音，在此音階範圍內，樂互相響應協調叫做「和」，大小之聲互不踰越叫做「平」。〔註26〕「和」在旋律

〔註20〕見《國語‧周語》（上海：上海古籍出版社點校本，1978）。

〔註21〕宋陳澔《禮記集說》引自朱熹云：「『易、直、子、諒之心』一句，從來說得無理會，卻因見《韓詩外傳》『子、諒』作『慈、良』字，則無疑矣。」

〔註22〕參見徐復觀《中國藝術精神》（臺北：學生書局，1983），頁28。

〔註23〕前揭書，頁247。

〔註24〕參見徐復觀前揭書，頁28。

〔註25〕《國語‧鄭語》云：「夫和實生物，同則不繼。以他平他謂之和，故能豐長而物歸之；若以同裨同，盡乃棄矣。……和六律以聰耳……單一無聽……」。

〔註26〕《國語‧周語》伶州鳩論樂云：「……琴瑟尚宮……大不踰宮，細不過羽。夫宮，音之主也，第以及羽……聲應相保曰和，細大不踰曰平……」，此外，

　　曲調上，還要求短長、疾徐、哀樂、剛柔、遲速的相反相成。
超過了以上的規定，就是過度的音調：「淫聲」。五聲既降，中聲止息，便不
得再彈，再彈就是過多的彈奏、繁複的手法：「煩手」。〔註 27〕「煩手淫聲」
會使人忘失了平和的本性，隨此煩複的樂音，過分地激盪人的心志血氣，驚
擾精神，震動耳目，動搖人的心性。〔註 28〕這樣的音樂已改變了原來雅樂應
有的平和特性，此即鄭衛之聲。〈樂記〉稱鄭衛之音的特徵是「慢」，〔註 29〕
即五音的規律無所節制，極端放縱，因此不只無法平和人的心志，反而激發
人潛在的欲望，使各趨極端，違反了它的審美理想，是應該禁止的。

　　〈樂記〉對鄭衛之音豐富的表現力，巨大的感染力是有清楚認識的，但它
不認為這是音樂的特徵。音樂雖是直接表現情感，此情感的表現內容必須有節
制，此節制的力量，就聲音本身來說，就在於其音聲曲調的「平」、「和」特徵，
破壞了它，雖可極盡聲音之美，但並不是所以作樂的目的。〈樂本篇〉云：

　　　是故樂之隆，非極音也。……清廟之瑟，朱弦而疏越，壹倡而三嘆，
　　　有遺音者矣。……〔註30〕

清廟中用的瑟，彈奏時發出舒緩的音調，歌唱一人唱，應和的人不多，並不
壯觀，卻有不絕的遺音。此不絕的遺音是要由人的心志與此舒緩的音調相應，
使心沈靜下來，讓音樂本身佔據了整個心靈，和諧的樂音感染了人的道德情
感，轉化了血氣心志的內容，在此忘我的欣賞過程中，所遺留下來的內在聲
音。這麼說來，最理想的音樂並不是最動聽、美妙的音樂，遺音不絕，表示
了音樂不只是當下此刻聲音的刺激與美感，而是有著精神感應的生動性和持
久性，此「遺音」的精神根源乃在於「德」。

　　「樂者，所以象德也」、「且夫樂者，象成者也」，〔註31〕這是〈樂記〉最

　　　《左傳・昭公二十年》所載晏子的音樂思想，也與此相合，晏子以羹作類比
　　　來解釋「和」，並對音調的特性已有論述。晏子云：「聲亦如味，一氣、二體、
　　　三類、四物、五聲、六律、七音、八風、九歌，以相成也，清濁、大小、短
　　　長、疾徐、哀樂、剛柔、遲速、高下、出入、周疏，以相濟也。」
〔註27〕《左傳・昭公元年》云：「中聲以降，五降之後不容彈矣，於是有煩手淫聲，
　　　慆堙心耳，乃忘平和，君子弗聽也……」
〔註28〕《呂氏春秋・侈樂》云：「亂世之樂……以此駭心氣、動耳目，搖蕩生則可矣，
　　　以此為樂則不樂。」
〔註29〕〈樂本篇〉云：「……五者皆亂，迭相陵，謂之慢……鄭衛之音，亂世之音也，
　　　比於慢矣。」
〔註30〕前揭書，頁 230。
〔註31〕以上二句分別見於〈樂施篇〉及〈賓牟賈篇〉。

強的主張。「象」是表現、象徵的意思,「成」者已成之事功,包含著在事功中人所表現的精神氣質與道德心境。「德」不只是道德原則,更重要的是聖人的理想人格、道德人格。由此理想人格規範了音樂的終極意義與審美過程的完成。《孔子世家》在「孔子學鼓琴於師襄子」下,詳細說明孔子學音樂的進程,由得其數,至得其志,進而得其人,而知是文王之樂,具體說明了「象德」之意義與理想的追求。〈樂記・賓牟賈篇〉更是具體說明「武」樂的具體象徵內涵,配合著舞者的演出,使「樂」得到完整的表現功能。

「象德說」是儒家音樂美學的完成,同時也是其理論學說最為脆弱的一環。一者,表現已成的事功,不依賴於舞蹈的表演、是很難成事的,這時純音樂所能發揮的效果已被舞蹈所取代。再者,「象德說」所以有效,必需要求創作者與欣賞者共同分享道德的信念與道德的情感,並具有共同的文化象徵物,否則,音樂的意義是無法呈現的。音樂美學家邁爾(L.B.Meyer)認為,就音樂的內涵來說,內涵是聯想的結果,是在音樂組織的某些方面與音樂以外的經驗之間造成的。同一文化社羣的人共同分享著「聯想」,其聯想的過程,分類的概念等都具有共通性,因此在某種程度上是標準化的,從而對某些事物的表徵採取了相同的態度。以「死亡」為例,西方人常把死亡描寫成慢拍子和低沉的音域;而在某些非洲部落,則被表現在瘋狂的音樂活動中,這種結果是來自對死亡的態度不同,那種在音樂中被認識或被描繪的內涵,離開了該文化的信念和態度是無法理解的。〔註32〕

象德說對音樂的要求,不只是音樂的律動形式本身,它更要求欣賞者與作曲者同享藝術精神所能上透到的最高層次,一旦此義流失,藝術精神沒落時,則儒家所標榜的音樂藝術將盡失其優點,缺乏原始的生命活力。此所以〈樂記・魏文侯篇〉記載,魏文侯聽古樂,唯恐打瞌睡,聽鄭衛之音,就不知疲倦的道理,因為古樂已經淪為遠古理想,不能分享今人的精神狀態了。

「樂者,通於倫理者也」這個命題的重要性在現代學者中被過分強調。周來祥先生甚至從〈樂本篇〉的原文脈絡,推論出這段文字表現了〈樂記〉階級的、政治的偏見。〔註33〕周先生認為儒家過於重視音樂移風俗的教化作

〔註32〕 參見何乾三譯:《音樂的情感與意義》(L.B.Meyer: *Emotion and Meaning in Music*)(北京:大學出版社,1991),第八章。
〔註33〕 見氏著前揭書,頁285。

用，比起樂來，「儒家更重視禮，更強調道，往往把文藝作爲簡單的教化工具，這未免過於偏狹」，〔註34〕事實是這樣嗎？恐怕不盡然。

「樂通倫理」，「通」乃相通之意，即樂的本質與倫理道德有可相融通浹洽之處，此即「和」的本質。「和」的本質義應是「致樂以治心」，其意涵如上所述，因此，〈樂言篇〉說：「使親疏、貴賤、長幼、男女之理，皆形見於樂」，或是〈樂化篇〉所說君子和敬、長幼和順、父子兄弟和親之道，皆需落實在樂本身的聲音來表現，即「審一以定和」。「一」即一個中和之聲，樂的創作，就是審察並選擇一個中和之聲作爲基礎（即確定宮音）用於組織眾音，確定樂曲的和諧發展。在春秋時代，令州鳩已提出：「夫政像樂，樂從和，和從平」〔註35〕的呼籲。「政象樂」，政治應效法音樂，像音樂一樣「和」、「平」，音樂不只不是簡單的教化工具，而且是政治的指導原理。〈樂記〉雖未明文接受這個想法，但相通之道，總不能缺少這個層面的精神。

「樂通倫理」另有二個次要的引申義。一者配合禮制的實施而形成樂制，此有如〈樂施篇〉所言：「故天子之爲樂也，以賞諸侯之德者也。」這時的「樂」，應以「禮」爲主導原則，一者以氣類感應的宇宙觀，將音聲本身作類比的應用，「宮爲君、商爲臣、角爲民、徵爲事、羽爲物」（〈樂本篇〉），再由五聲和諧的節奏規定，以表徵人間倫理秩序。以上二義，皆爲〈樂記〉所涵，但不應視爲主要原則，否則即失本義。

三、音樂的天人感應說

上古音樂觀經常離不開神話、巫術、宗教思想的文化背景。音樂原本和宗教的儀式合而爲一，所以脫離不了「祭上帝」、「合神人」，或者「來陰陽」、「遂八風」等等宗教性論調。再加上戰國末期之後，陰陽五行思想廣泛流行，音聲的自然來源爲「風」和「氣」，五聲的徵驗技術也和測候技術雷同，以氣類感應爲基調的陰陽五行學說爲基礎，將五聲和五行搭配類比，可說是自然的發展。《呂氏春秋》更把音樂的功效作了推廣，認爲音樂本身有調和陰陽的功效。它舉例說，從前遠古朱襄氏治理天下的五弦的瑟，用它引來陰氣，用它安定民生。〔註36〕在這種學術氣氛下，〈樂記〉中有關「天人相應」說的文

〔註34〕同右。
〔註35〕《國語・周語》，見前揭書頁7。
〔註36〕《呂氏春秋・古樂》云：「昔古朱襄氏之治天下也，多風而陽氣畜積，萬物解

字佔有極大比重，不是無足輕重可有可無的成份，這是可以理解的。

〈樂記〉「天人感應」說的特色在於：它不僅吸收了傳統的陰陽感應思想，更以儒家天賦善性學說為主軸來闡釋它。〈樂本篇〉云：

> 夫物之感人無窮，而人之好惡無節，則是物至而人化物也。人化物也者，滅天理而窮人欲者也。〔註37〕

「人生而靜」的「天之性」，如前所述，包含著道德屬性，這就是「天理」，人對血氣所引發的情感，有著自制能力，這也是上天所賦給我們的「好惡之節」，〔註38〕因此，「平好惡」、「節人欲」的能力是「天之性」。人對人欲的態度不是滅絕它，更不是放縱它，而是調節與轉化。「反躬」即恢復自己的天賦善性，這樣，即不隨外物的激盪感發，逐物不返。「人化物」，即人被物同化，失去了人道德的自主性，這就如同禽獸。而音樂的效能：「平和心志」特顯其由內心出發的調節轉化機能。因此，〈樂論篇〉云：「樂由天作」，即創作音樂必須遵循天理，〈樂禮篇〉云：「聖人作樂以應天」，即明確地表達創作音樂的目的是為了順應天的意志，音樂體現了天理的作用。

總結上述，音樂的天人感應說，在〈樂記〉中有二個主要脈絡：一者從氣類感應的陰陽元氣說出發，認為音樂可以使天地交感，陰陽會合，使四時風調雨順，星辰運行有序，萬物生長繁茂〔註39〕這乃是上古音樂思想的繼承與陰陽學說的滲入融合，可表現其時代性。

一者從「天理」立論，音樂表現天賦情性，即表現了神明的德性，那麼由此「德」而與天相通，使人返回天性，保存先天固有的天理，便是天人相感之道。這及是〈樂記〉學說的本質。〔註40〕

綜合這二者的思想，才可看出〈樂記〉完整的面貌，要為魏晉的音樂美學尋找根源與比較的參考學說，也要同時掌握這二個側面，才不至於切斷了玄學與傳統的連接點，片面的誇大其本質性徵。

散，果實不成，故士達作為五弦之瑟，以來陰氣，以定羣生。」見陳奇猷校釋《呂氏春秋校釋》（臺北：學林出版社，1990），頁284。
〔註37〕前揭書，頁233。
〔註38〕朱熹《《樂記》動靜說》云：「好惡之節，天之所以與我也」，王夫之《《禮記・樂記》章句》云：「吾性固有當然之節」，即說明好惡之節乃人固有的能力，屬「天之性」。
〔註39〕詳見《樂記・師乙篇》。
〔註40〕〈樂性篇〉云：「禮樂偵天地之情，達神明之德，降興上下之神，而凝是精粗之體，領父子君臣之節」可為《樂記》天人相感說的總結。

第三節　〈樂論〉思想辨析

一、對〈樂記〉的繼承與轉化

阮籍〈樂論〉是藉劉子提出「移風易俗莫善于樂乎」的疑問，展開相關的回應與論說，其問題意識開宗明義，毫無隱曲。況且阮籍重申、引用儒家音樂思想（以〈樂記〉爲主）的文字甚多，注釋家在解釋〈樂論〉時，必得引〈樂記〉等相關資料以爲箋注。〔註41〕所以有些學者認爲，〈樂論〉和〈樂記〉的美學思想，在一系列基本的原則問題上，是完全相同的，很少新意。〔註42〕

歸納學者的意見，〈樂論〉和〈樂記〉思想相承者有底下數端：

一、關於音樂的來源。「夫樂者，天地之體，萬物之性也。合其體，失其性，則和；離其性，失其體，則乖」的說法，在〈樂記〉「大樂與天地同和，……和，故百物不失」；「陰陽相摩，天地相蕩，……樂者天地之和也」等的思想中已經具備。〔註43〕此即本文所謂的音樂的天人感應說。（從陰陽元氣面立論）

二、在音樂的社會功用問題上，〈樂論〉主張「刑教一體，禮樂外內也」等思想，與〈樂記〉同一個意思。〔註44〕

三、在重雅貶鄭問題上，「正樂」與「淫聲」的對立上，也是繼承了〈樂記〉觀點，無實質性的新見解。〔註45〕

由於他們對〈樂記〉思想理解與筆者有所不同，〈樂記〉「致樂以治心」的音樂觀對阮籍的影響，未見詳細討論，有些研究者甚至認爲阮籍「入于心，淪於氣，心氣和洽，則風俗齊一」的說法是起源於道家，〔註46〕不知這也正是〈樂記〉的思想。

但從「象德說」的角度來觀察，我們將發現〈樂記〉和〈樂論〉有很大

〔註41〕 參見陳伯君校注《阮籍集校注》（臺北：中華書局，1987）。本文以下所引〈樂論〉文字即依此注本，並參考蔡仲德《中國音樂美學史資料注釋》（下）〈樂論〉。

〔註42〕 敏澤，丁冠之等人都持這種看法。見敏澤《中國美學思想史》卷一（臺北：齊魯書社，1987年）頁 674～676。丁冠之〈阮籍〉，收錄於《中國古代著名哲學家評傳》續編二（臺北：齊魯書社，1987年）。

〔註43〕 見敏澤前揭書，頁 673～674。

〔註44〕 同註 42。

〔註45〕 同上。

〔註46〕 見李建興《阮籍「樂論」研究》（臺北：中國文化大學哲學研究所碩士論文，1990），頁 74。

的差異。道德情感和道德人格在〈樂論〉裡頭是沒有地位的，也未見文字討論。其所說的「和」直下指向天地之和來立論，是企慕原始的和諧，〔註47〕其所說「樂」的境界：「平淡無味」、「易簡不煩」又接近於道家思想，因此，有些研究者經過詳細的析論之後，認為〈樂論〉有兩大思想特徵，一者為以自然為基礎的形上思想，一者為禮外樂內的道德教化觀念。將這兩個分別起源於道、儒二家的理論並列結合在一起，導致〈樂論〉的思想不一致，甚至互相矛盾。〔註48〕

為了解決這個困難，我們得回到〈樂論〉文本的結構。

〈樂論〉論題之進行，大致是依循歷史流變，以「自然之道」為界，分為前後兩大階段，而每一階段又有好壞對應的兩部分構成。〔註49〕

首先從「夫樂，天地之體」至「失其性，則乖」為全文總綱，〈樂論〉第一原理的陳述。

從「昔者聖人之作樂也」至「此自然之道，樂之所始也」為止，為音樂原始和諧的階段。音樂乃內合於天地萬物本身的氣機律動，並鼓勵宇宙運行變化的遍存本體，它以平淡無味、易簡不煩的「自然之道」為依據。

從「其後聖人不作」至「音異氣別，曲節不齊」為止，為原始和諧的破壞。由於道德荒廢，政治不立，智慧亂物，教化廢棄，渾一、遍存、自然的音樂精神已不存在，隨之而起的音樂表現了各地風土民情的特殊性，隨其特殊性的偏勝、極端化，而凸顯衝突抗爭或耽溺慷慨激奮的情態，搖蕩人的心意，以至於倫理風俗的失序，人與人心志不能互相溝通。

從「故聖人立調適之音」至「上下不爭而忠義成」為止，為第二階段立音制樂的產生。在原始和諧分裂為萬殊之情志後，後代聖人於是開始模象天地，擬則先王，建立各種導引、陶冶的制度，並立下樂制的規模。為使樂器都調和、淳樸、勻稱、發聲適中，樂器的材料要有一定的產地，阮籍採用儒家的音樂美學內容，以使音樂返歸於二度的和諧。

從「夫正樂者，所以屏淫聲也」至「是以君子惡大陵之歌，憎北里之舞

〔註47〕見牟宗三《才性與玄理》（臺北：學生書局，1980），頁309。
〔註48〕見李建興揭書第四章。
〔註49〕本文的結構分析，頗參考鄭毓瑜：〈阮籍的音樂審美觀〉淡江大學中國文學研究所主編《文學與美學》第一集，（臺北：文史哲出版社印行，1990）。但鄭文以作樂制禮劃分前後兩大階段的特性，與樂論文本不合，因第一階段，聖人並非不作樂。

也。」為止，為二度和諧的破壞。其緣由有二：一者禮樂廢毀不修；一者踰越過分，扭曲造奇，以至於人們隨著萎靡哀傷的音調，懷有縱欲奢侈的心意、自私自利的念頭。

從「昔先王制樂」至「此先王造樂之意也」為止，為音樂的救贖之道與再度的回歸。音樂的中和之節所以被改造轉換，乃由於人心好變，故樂也要應時變才可符合人心之要求。阮籍呼應《樂記‧樂禮篇》時變的觀念，〔註50〕提出具體的時變主張：「改其名目，變造歌詠，至于樂聲，平和自若」，以不同的歌辭名稱，歌詠先王不同的事功對象，以符合時代的具體內容；至於音樂的平和聲調，則不變動，以此保證其和諧的本質。以下接著談論音樂使人「心澄氣清」，「心平氣定」，即調節人心的作用，以保證再度回歸的可能性。

從「自後衰末之為樂也」至「君子可不鑒之哉」全文結束止，為批判當時人以哀為樂，以悲為美的觀點。此為其時代課題，也是〈樂論〉新意之一，其詳容後再述。

由〈樂論〉文本結構的分析，我們得知整個詮釋系統的決定要素在於第一階段和諧觀的確立與定性。第二階段和諧觀的內容雖與儒家音樂美學相通，但它是依變數，並非自變數，隨著自變數（原始和諧觀）理論內涵解釋的差異，它也要轉化成不同的詮釋體系。

〈樂論〉與〈樂記〉之間的異同，其判準在於「象德說」的有無。我們要問：〈樂論〉談到「心澄氣清」、「心氣和洽」時，是否涉及心志血氣的轉化？是否涉及其轉化成道德情感之後，身心和諧所顯發的快樂中所流露出的善的意涵？〈樂論〉並不是往這方向立論的，它另有形上理論基礎。

〈樂論〉云：

> 孔子在齊聞韶，三月不知肉味，言至樂使人無欲，心平氣定，不以
> 肉為滋味也。〔註51〕

阮籍將孔子聞韶的心境往無欲與心平氣定的方向詮釋，顯然曲解了孔子聞韶的根本意義。《論語‧八佾篇》中孔子贊美韶樂盡善又盡美。所謂盡善，乃指仁的精神而言。孔子所要求於樂的，是美與仁的統一，仁、善是樂不可或缺

〔註50〕〈樂禮篇〉云：「五帝殊時，不相沿樂；三王異世，不相襲禮」，由於《樂記》
　　　　在「時變」的內容上，未加以明確界定，和其崇雅樂的思想表面上有些距離。
〔註51〕見《阮籍集校注》，頁95。該書把三月不知「肉味」，寫成「肉好」，乃手民誤
　　　　植。

的內在實質根據。孔子說韶的又盡善，「正因爲堯舜的仁的精神，融透到韶樂中間去，以形成了與樂的形式完全融合統一的內容」，〔註52〕阮籍略去了仁善的意涵，只說「無欲」和「心平氣定」，顯露出其學說另有所本，此即其自然觀。

二、自然形上美學的重新評價

阮籍主張「樂」的本體是「天地之體，萬物之性」。有的學者標此爲宗，從二個面向來論證此命題的重要性與主導性。〔註53〕

第一個論證是從「八音有本體，五聲有自然」立論。八音、五聲均有出於「自然」的「本體」，有「常處」與「常數」，不可任意改易。阮籍從「樂」來自「自然」的「本體」，論證「樂」的和諧。並明確講到「數」的問題，以之作爲「樂」的「本體」與「自然」的統一性。〔註54〕可是詳細考察，「八音有本體」指各種樂器都有一定的形制，「本體」指金、石、木、革、絲、木、匏、竹諸樂器；「五音有自然」，指各種樂音都有一定的高音，〔註55〕「自然」是存在義、律則義，而不是價值義，形上本體義。所提的「數」，是定音的技巧，爲當時人所共知，也不是阮籍特有的發現，其意應當如《周禮‧春官‧大司樂》注所說：

> 六律，合陽聲者也。六同，合陰聲者也。此十二者，以銅爲管，轉而相生。黃鍾爲首，其長九寸，各因而三分之，上生者益一分，下生者去一焉。〔註56〕

這就是所謂的常數。這個論證由於對「本體」、「自然」的字義認識不清，利用二個語詞所涵的歧義，所展開的論證，應是無效的。因它並未講到形上美學的問題。

第二個論證是從〈達莊論〉找文證，引「自然一體」、「萬物一體」的觀念爲補充前提，認爲這是阮籍全部樂論的哲學基礎，也是理解阮籍樂論的關鍵所在。阮籍由於以「自然」爲「樂」的「本體」的實際涵義，（即一體觀），與先

〔註52〕見徐復觀前揭書，頁15。
〔註53〕見李澤厚、劉紀綱《中國美學史》第二卷（臺北：谷風出版社，1987），頁190～199。
〔註54〕同上，頁193。
〔註55〕參見《阮籍集校注》，頁86，蔡仲德前揭書，頁366。
〔註56〕轉引自《阮籍集校注》，頁87。

秦以來儒家樂論區別開來，他不只是從政治倫理道德來講「和」，而且更進一止把它提升爲人類所應達到的一種「自然一體」、「萬物一體」的境界。〔註57〕

這個論證也是不周全的。〈達莊論〉是從一氣之化言萬物一體，是以氣化哲學、元氣說爲基礎的一體觀，〔註58〕這和〈樂論〉的論點是相通。可是這個面向也爲傳統儒家所保留，〈樂記〉所闡釋的天人感應可爲明證。而且把「和」放在這個理論脈絡來理解，顯得寬泛疏鬆，無法表現其明切的意涵。

有的學者爲了把握〈樂論〉的價值意義，另闢蹊徑，以爲音樂之所以能做爲天地萬物之體性，乃是通過人與意義的參與而成立，也就是以人與意義的角度完成其形上美學。「和」根本是對人而發，人是由音樂中得到和的陶冶。更直接地說，更是由音樂之和見人心之和，由人心之和見天地萬物之和。由天地萬物之和證成音樂之形上美學義。〔註59〕這個觀點混淆了形上美學的認識層次與存在層次。認識層必有人的認識主體或感性主體的作用，以顯發其認知（感知）價值；存在層次則是事物的實相與客觀的所以然之理。〈樂論〉由天地之體、萬物之性來立說，以其客觀義（或天地之絕對義）爲首出，是不容抹煞的。

讓我們回到〈樂論〉的文本。文本所描述的第一階段的和諧，也和〈樂記〉一樣，有二個主要論述脈絡，一爲「順天地之體、成萬物之性」的言說系統，此即其氣化的感應調和論，與〈樂記〉是相通的。一爲「乾坤易簡，道德平淡」的言說系統，此乃其「自然之道」的核心意義，與〈樂記〉的天理觀有著絕大的不同。〈樂論〉云：

> 乾坤易簡，故雅樂不煩；道德平淡，故五聲無味。不煩則陰陽自通，
> 無味則百物自樂，日遷善成化而不自知，風俗移易而同于是樂。此
> 自然之道，樂之所始也。〔註60〕

所謂「乾坤易簡」，出自《易・繫辭》上「乾以易知，坤以簡能」一句，《周易正義》曰：

> 易謂易略，無所造爲，以此爲知，故曰乾以易知也。……簡謂簡省

〔註57〕同註53，頁197～198。
〔註58〕其詳論請參見本文第一章。
〔註59〕見高柏園〈阮籍《樂論》的美學意義〉《第三屆「文學與美學」研討會，論文集》（臺北：淡江大學中國文學系所，1991），頁164～167。
〔註60〕見註51，頁81。

凝靜，不須繁勞，以此爲能，故曰坤以簡能也。〔註61〕

「易簡」即表示其無所造爲，簡省凝靜的精神，因此雅樂並不繁複，不以其美妙聲調來取勝。

所謂「道德平淡」，「道德」指的是「天地之體，萬物之性」，天地順應自然之道所化成的體性，以道家哲學界定之，即是自然無爲的精神及其賦予萬物的恬淡平和的自然本性。〔註62〕因道德平淡的特質，所以五聲淡而無味，不顯其特殊相。

「無味」也是玄學對道或自然的描述語。老子二十三章王弼注曰：

然則無味不足聽之言，乃是自然之至言也。〔註63〕

又三十五章注曰：

樂與餌則能令過客止，而道出之言淡然無味。〔註64〕

由此可知，〈樂論〉援用道家固有的思想，作爲其原始和諧觀的境界：平淡無味，自然無爲。

這麼一來，〈樂論〉所說的「和」、「平和」、「中和」和〈樂記〉的意義的差異就彰顯出來。「和」不是五味調和，不是血氣心志的道德轉化，不是去偏蔽持中庸之道，而是「損」道。使心志血氣在「損之又損」的過程中，去除其執持私欲，去除其盲動的特殊相，使心志澄靜、血氣淡漠，而回歸到渾一、遍在的道（自然）的體驗與審美的享樂。

阮籍的〈樂論〉是以道家的思想來消化儒家的音樂美學，其依循歷史流變，區。區分二階段和諧觀的融攝方法，不也和王弼「以無爲本」、「以無爲用」的本末體用觀相通嗎？〈樂論〉象徵著玄學音樂美學的到來，但也在音樂如何體現玄學的審美理想的相關論題上，未有充分的認識，其體系結構的完成，有待於嵇康。

三、「以悲爲樂」說的批判

宗白華先生認爲中國美學史上有著兩種不同的美感或美的理想，一爲錯采鏤金的美，一爲芙蓉出水的美。魏晉南北朝是一個轉變的關鍵，劃分了兩

〔註61〕見《周易注疏》，頁586。

〔註62〕這個解釋乃參考蔡仲德前揭書，頁360。

〔註63〕見樓宇烈校釋《老子周易王弼注校釋》（臺北：華正書局，1983），頁57。

〔註64〕同上，頁88。

個階段。從這個時候起，「初發芙蓉，自然可愛」新的審美理想高居於「錯采鏤金」之上。〔註65〕宗先生的判斷是正確的，但從「錯采鏤金」轉變到對「自然可愛」的崇尚，有一個蘊育和漸變的過程，這就是「以悲為美」的審美觀。「自然可愛」的審美理想同時克服了二者，才得到最後的勝利。

漢魏時期，奏樂以生悲為美奏，聽樂以能悲為知音，是相當普遍的審美意識。錢鍾書《管錐編》「好音以悲哀為主」條說之甚詳，〔註66〕容不贅述。所謂「悲」，這時已不專指令人流涕感動，如泣如訴的音樂，「悲」的內涵已拓展到與「美」、「好」同義，因此，「悲樂」是泛指一切聲音和好的音樂。當時人以為美好的音樂必能令人產生悲感，這已成為一時審美風尚。

建安文學的特徵是「雅好慷慨」，〔註67〕其時作品，如曹操等人的詩，多入於樂，詩人由「慷慨悲心」興發而成詩，匹以管弦，自然也是「慷慨有餘音，要妙悲且清」。〔註68〕這時的悲音，有著更多慷慨激昂的成分，對於「以悲為美」的時尚，更有推波助瀾之功。〔註69〕至正始時期，阮籍始以其自然形上美學，反省其所衍生的流弊，提出明確的反對意見。

悲樂，在〈樂論〉的脈絡中，有二種指涉：一者隨著各地的風上民情，各自歌唱自己的所好，各自歌詠自己的所為，重視自己感情氣勢發洩的音樂；一指以悲為美，使人流涕感動的音樂。阮籍所以反對悲樂的理據有三：（一）悲樂使人沉溺其中，不能自拔，以至於性情無所節制，破壞國家社會倫理；（二）悲樂破壞了宇宙的秩序，使陰陽不協調；（三）悲樂使人感慨傷氣，有損身心健康。〔註70〕這三點理據，顯示了阮籍對古典傳統樂教的融會，也是在個別問題上，針對時代課題所提出的清省之聲。

批判「以悲為樂」，其目的無非是為了崇尚雅樂。阮籍所理解的雅樂的特徵是：

> 夫雅樂周通則萬物和，質靜則聽不淫，易簡則節制全神，靜重則服

〔註65〕見宗白華《美從何處尋》，頁 4〜5。

〔註66〕參見錢鍾書《管錐篇》第三冊，蘭馨室書齊，頁 946〜950。

〔註67〕《文心雕龍・時序》篇說建安文學的特徵是：「觀其時文，雅好慷慨，良由世積亂離，風衰俗怨，並志深而筆長，故梗概而多氣也。」，見周振甫注：《文心雕龍注釋》（臺北：里仁書局，1984），頁 814。

〔註68〕見趙幼文校注：《曹植集校注》（臺北：明文書局，1985），頁 34。

〔註69〕其詳細分析，見蕭華榮：〈從「雅好慷慨」到「雅好清省」〉，發表於《中國思想史論叢（三）》(北京：大學出版社，1988)，頁 74。

〔註70〕參見前揭書，頁 82〜99。

人心，此先王造樂之意也。〔註71〕

這就是把其自然的形上美學落實於雅樂，以雅樂爲回歸到原始和諧的必要和充分的條件，雅樂成爲阮籍音樂美學的唯一、最後的歸宿。

第四節　〈聲無哀樂論〉辨析

一、序　言

　　阮籍〈樂論〉爲玄學的審美理想立下了標竿，但對整個音樂美學的認識卻無推進之功。這有三個理由可說：

　　首先，阮籍在「音樂是情感的表現」的論題上，著墨不多，並無深入探討。就其所言：「滿堂而飲酒，樂奏而流涕，此非皆有憂者也，則此樂非樂也。」與「各歌其所好，各詠其所爲。歌之者流涕，聞之嘆息，背而去之，無不慨慷」二段文字來判斷，他是主張音樂能夠喚醒哀樂的情感。這和他「易簡不煩、平淡無味」的審美理想，有著內在緊張的關係。爲了一致地堅持其論點，他只能把雅樂當成唯一的出路，而忽略了在每個時代音樂曲調形式本身必有的進展（不只是歌辭而已）及其所具有的意義的內涵，這就限制他理論的應用範圍，並阻礙了音樂的創新。

　　再者，阮籍〈樂論〉在內容上也不能反應當時音樂的認識水平。缺乏樂曲內部結構的分析與「聲」、「音」、「樂」之間不同的特徵的考察，這就使得〈樂論〉只重形上的思辨，理論內部建構工作顯然不足。

　　第三，依循其歷史流變，劃分原始和諧與二度和諧的兩大階段，誠有其融通儒道的慧識，但「禮治其外，樂化其內」，此「外，內」又如何相應相和而不失其平淡自然？如依照封建禮制，使「下不思上之聲，君不欲臣之色」，〔註72〕君臣上下，各有聲色，互不侵奪，「樂」是否只成就其工具義，失去了其協和陰陽的普遍義？這在〈樂論〉並未有進一步的論述，因而影響了其理論的一致性。

　　嵇康〈聲無哀樂論〉（以下簡稱〈聲論〉）就是在這種問題意識下，建立了新的音樂美學典範，拓展了音樂美學的論題，並爲實際的音樂審美提出指

〔註71〕見前揭書，頁 97～98。
〔註72〕見前揭書，頁 99。

導原則。

〈聲論〉是以問題為核心的論辯文章，它以杜撰的秦客做為正方，力主「聲有哀樂」；以東野主人為反方，力陳「聲無哀樂」，它的行文結構在第一大段雙方標明宗旨後，展開七大精采的問題答辯。其論證的嚴密表現了嵇康名理思辨的卓越能力，實可視為珍貴的邏輯史料。難得的是嵇康盡力做到陳述敵論最強有力的觀點，秦客的論辯可視為自〈樂記〉以來，焦點最集中，論點最為嚴格的儒家美學代表作，也可視為情感美學（或他律美學）強有力的觀點的陳述。也難怪有學者以為嵇康應站在秦客的立場，〔註73〕更有許多學者於評論中屢為秦客辯護。〔註74〕此乃嵇康哲學心靈的積極表現，以其寫作形式，把握論辯過程的理論高度，不使對話雙方陷入「攻擊稻草人的謬誤」，從對話的思辯中，享受論辯的樂趣，逐步逼顯自己的主張。

順著〈聲論〉的行文結構，逐段檢討它的論辯內容，這是很恰當的疏解方法。本文為了凸出其對話的意義，採取另一種方式討論問題，即只就音樂美學所涉及的三大問題：音樂的本質問題；音樂的審美感受問題；音樂的功能問題重構秦客與東野主人的立論。〔註75〕並與西方音樂美學做對比研究，以確立〈聲論〉的地位。

二、秦客「聲有哀樂」的論據

（一）關於音樂的本質

秦客肯定了以下三個命題：

（一）音樂是情感的表現：音樂是動於中的「心」表現於外的結果，而這種表現與情感相應，自然而然，不可隱藏，哀愁悲傷的情感流露於金石，安詳快樂的情感也將表現於管弦。〔註76〕

〔註73〕茅原即主張秦客的思想才是嵇康的真實思想。見〈試論嵇康的音樂思想〉，載《南藝學報》1980年，第二期。

〔註74〕為秦客辯護最為有力者，首推牟宗三，見氏著「嵇康之名理」，收入《才性與玄理》，曾春海亦有精彩論述，見氏著〈從儒道樂論析論嵇康的『聲無哀樂論』〉《輔仁學誌》。

〔註75〕此論述結構參考了蔡仲德的分析方法。見氏著〈越名教而任自然─試論嵇康及其「聲無哀樂」的音樂美學思想〉，《美學文獻》第一輯（臺北：書目文獻出版社，1984）。

〔註76〕參見〈聲論〉總論：「哀思之情表於金石，安樂之象形於管絃也。」第一難：「夫心動於中而聲出於心……情悲者則聲為之哀，此自然相應，不可得逃」。

（二）音樂表現了人對政治社會的治亂與風氣：音樂不僅給人以美的感受，它並不孤立在政治、社會之外，表現了政治、社會的內容。
〔註77〕

（三）音樂表現創作者的精神人格主體：創作者可貫徹其精神人格於音樂中，欣賞者再透過音樂的媒介，訴諸追體驗的方式，以一己之精神整體向創作者人格沉浸、融合、以至再現創作者的具體人格精神。此即主體哲學的完成。孔子對音樂的學習便是如此。〔註78〕他是由技術上的問題（「曲」、「數」）入手，以深入到技術背後樂章的精神（「志」），更進而把握到此精神具有者的具體人格（文王）。〔註79〕

以上三個命題，系列相關，但層級不同，就「聲有哀樂」的論點說，第一命題最切要，但就音樂的目的或功用來說，又需有第二、三命題才成系統。

（二）關於音樂的審美感受

在這一問題上，秦客堅持兩個論點：1.音樂喚起人的相應情感；2.能夠只憑著音樂本身了解作曲者的心情。

1. 音樂能喚起人的相應情感

主張音樂是情感表現的人，並不一定就要主張音樂能喚起人的相應情感，其中還牽涉到媒介物本身的自律性及人情感的複雜性。有一派學說認為情感和感覺與意義和思想一樣是可以存在於藝術品之中。根據這種觀點，如果我說：「這音樂是愉快的」，我說的就可能不是自己的感覺，而是我聽到的音樂本身的「現象上的客觀性質」，這是音樂本身所具有的情感特質。

換句話說，音樂有它自己的現象過程，欣賞者所體驗到的情感並不必要

以下〈聲論〉引文皆引自戴明揚校注：《嵇康集校注》（臺北：河洛圖書出版社，1978）。

〔註77〕 見〈聲論〉總論：「治世之音安以樂，亡國之音哀以思……季札聽弦，試眾國之風……」。

〔註78〕 〈聲論〉云：「師襄奏樂，仲尼睹文王之容。」事見《韓詩外傳》：「孔子學鼓琴不師襄而不進，師襄子曰：『夫子可以進矣。』孔子曰：『丘已得其曲矣，未得其數也。』……曰：『丘已得其數矣，未得其意也。』……曰：『丘已得其意矣，未得其人也。』……曰：『丘已得其人矣，未得其類也。』……逌然遠望曰：『洋洋乎，翼翼乎，必作此樂也，黯然黑，幾然而長，以王天下，以朝諸侯者，其惟文王乎？』」《孔子世家》也有記載這件事，文句大皆相同。

〔註79〕 參見徐復觀前揭書，頁6。

與其一一對應。赫伯恩（R.W.Hepburn）就持這樣的看法：

> 我在判斷一支曲子是否愉快時也完全可能僅僅根據在其中發現的愉
> 快的情感特徵，無需根據我或任何人感到的由該曲所引起的快樂。

〔註80〕

他把這種情感特徵，稱為「第三性」（Tertiary qualtities）。〔註81〕〈聲論〉並未考慮這層次的問題，因此音樂的審美感受（哀、樂）就必需完全依賴經驗的效果來判定。如果我們把論點（一）形式化的表達，則可寫成：「這一樂章包含有情感 E（哀樂）」便意味著「如果……則聽到這一樂章的人會體驗到、表現出情感 E（哀樂）」。顯然，秦客認為這個條件句是可以完成的。可是究竟怎麼完成？前件如何滿足？情感的刺激反應解釋模式可以做為依據嗎？秦客受到主人很大的挑戰。

　　秦客與主人都共同承認：「八方異俗，歌哭萬殊」的現象，既然各地風俗不同，歌唱和哭泣的表現也就千差萬別，那麼單憑肉體動作、肢體語言的表現來判斷人們的內心情感也會有牛頭不對馬嘴的時候。〔註82〕況且情感並不只是感覺而已，它通常包含有人對某種情事作出解釋的方式，亦即包含詮釋、評價的行動。那情況就更為複雜難定了！赫作恩曾舉一例子來分析，他說：

> 「C 為自己不該受到這種待遇而感到悲傷」這句話包含著這樣一種
> 意義：「C 認為自己不該受到這種待遇」，「C 認為自己受到了無情
> 的待遇」，這說明感到悲傷不僅僅是產生某種活動，懷有某種情感，
> 它還包括了某些評價。」〔註83〕

可見「喚起說」的判準有其內在的難題。秦客堅持「喚起說」，所受到的責難，是一普遍的難題，適用於所有主張情感喚起說（表情說）者。由此可知嵇康對此問題的識見。

　　東野主人主張聲音之體只是一「和」（「和」之意義詳見下節），而音樂可使人體態躁動、安靜，這躁動安靜與情感的哀傷喜樂的分野何在呢？秦客在

〔註80〕R.W.Hepburn: Tertiary Qualities and Their Identification, in M.Lipman cd. *Contemporary Aesthetics*，引文於該書頁 301。

〔註81〕當代美學家，受完形心理學（Gestalt Psychology）影響者，多生此說。

〔註82〕邁爾（L.B.Meyer）指出：我們對於審美客體的反應，由於審美性質的信念，我們往往抑制明顯的行為，而聽眾的精神狀態，也促成他的預期，帶向以某一種情感方式去響應，因此，對聽眾的反應，要客觀地進行觀察和研究，將出現許多的難題。見前揭書，頁 23～27。

〔註83〕前揭書，頁 303。

第四難中提出這樣的質疑，以回應自己的主張：

> ……心爲聲變，若此其眾。苟躁靜由聲，則何爲限其哀樂？而但云至和之聲無所不感，託大同於聲音，歸眾變於人情，得無知彼不明此哉？

由於這段文字頗多異解，筆者以蔡仲德先生的語譯爲準，附引於下：

> 心情隨音樂而變化，有如此眾多的表現。如果躁動與安靜確是由音樂引起的，那又爲什麼偏不承認音樂有哀樂，而只說至和的音樂沒有什麼不能感化，將感化萬物的作用歸於音樂，將受感後的變化歸於人情，這豈不是只知其一不知其二嗎？〔註84〕

既然躁靜與哀樂都是受感後的現象，其一承認爲音樂所引起，另一則不是，其界限何在？這確是一有力的反擊。頗多學者認爲這是定論，主人的答辨是不能成立的。牟宗三先生即指出：

> 和之通性即在具體色澤中表現，具體色澤亦總附離於具體之聲而與和之通性爲一。如高亢、低沈、急疾、舒緩、繁雜、簡單、和平、激越等，皆具體色澤也。此亦可謂和聲之內容。……如聲音有具體之色澤，則所謂哀樂因感和聲而發，哀樂之情與和聲之色澤間亦必有相當之關係。〔註85〕

「躁靜說」是〈聲論〉最有貢獻的論點，秦客的思辨已達到「表情說」最精確的形式。嵇康是從這裡更番上一層，將躁靜與哀樂之情劃分爲二層，建立起他的自律美學，（其詳容後討論），如果這個論點不成立，那「聲無哀樂」的主張將全盤動搖，但如果可做二層區分，有如我們可以精確地區分感覺與感情，那麼，〈聲論〉已超越所有傳統的觀點，建立新的美學典範，牟宗三先生的論點與批評，就不能成立了。

2. 能夠只憑藉音樂本身了解作曲者的心情

如果前面所說的命題及論點成立，則此論點可由推論得之。秦客則採用了「分類證法規則」（rule of separation of cases）證明。我們可加以型構如下：

(1) 音樂要麼有固定的聲調與結構，要麼就是隨興曲無固定的聲調與結構。

(2) 如果有固定的聲調與結構（如〈韶〉樂），則有人（仲尼）可以了解作曲的心情。

〔註84〕見蔡仲德《中國音樂美學史資料注譯》下冊，頁413。
〔註85〕見氏著前揭書，頁349～350。

（3）如果無固定的聲調與結構（如伯牙彈琴），則有人（鍾子期）
　　可以了解作曲者的心情。

這是一個有效論證。很奇怪的是〈聲論〉把前題（2）和前題（3）理解爲矛盾句。〔註86〕以致於在第二難答就結束了討論。

　　論證有效，不一定表示結論爲眞，這還得前提全部爲眞才行。前題（2）、（3）的眞假判定，又得回到前頭所述的論題的證成，因我們可以不斷懷疑：「了解作曲者的心情，眞的是純粹由音樂本身得知？」所以這個論題是個衍生問題，可回溯到上述前題的論辯。

（三）關於音樂的功能

　　〈聲論〉圍繞著移風易俗問題討論音樂的功能。音樂可以移風易俗在第七難七答中並沒有異意，所不同的只是手段與結果問題。秦客說：「凡百哀樂皆不在聲，則移風易俗果以何物？」，就是認爲音樂是靠它所表現的合乎道德感情的哀樂之情，移風易俗，感化人心，這與〈樂記〉「反情以和其志」相通。所謂「反情」，就是藉著音樂淨化人的感情欲望，使不爲各種邪惡的事物引誘，恢復天賦善性；所謂「和志」是與創作者的精神意志相融和，用以平和自己的志向，以此平息種種非理性衝動所帶來的騷亂與痛苦，消除個體的情感欲望同社會倫理道德的衝突。這正是秦客力主「聲有哀樂」的理由。而主人對移風易俗的手段效果的另一詮釋，也正凸顯其系統的特徵及關注點。

三、東野主人「聲無哀樂」的論據

　　東野主人的論點代表嵇康本人的主張。本節先從其所主張的命題，所使用的方法，及「聲」的定義條例其內容，再檢討其論據的強弱，回應秦客的系統，彼此對話。

　　命題1：音聲無常。指聲音的表現變化無常，同一聲音可引起不同的情感，同一情感可發出不同的聲音，因此聲音與情感沒有一定的關聯。

　　命題2：和聲無象，〔註87〕而哀心有主。〔註88〕指和諧的樂聲沒有表現的

〔註86〕〈聲論〉云：「若此果然也，則文王之操有常度，韶武之音有定數，不可雜以他變，操以餘聲也。則向所謂之聲音無常，鍾子之觸類，於是乎躓矣。」顯然把前提（2）、（3）理解爲矛盾句。

〔註87〕「象」：表現的意思，而不是形象。〈樂記〉：「樂者所以象德也」，「聲者，樂之象也」象字同此意。象字的正確解釋可免去許多無謂的說法。參見蔡仲德

對象、內容，不表現任何情感，悲哀的情感先已存在人的內心，接觸到和諧的聲音以後就流露出來。〈聲論〉借用莊子齊物論「吹萬不同，而使其自己」的句子，以說明聽音樂後出現的情感是聽者自己從內心發出而不是音樂所引起、所賦予。

命題 3：心聲二物。〔註89〕聲是樂器所發出的自然聲響，和心情是二回事，因此，揣度心意不必聽辨聲音，否則將徒勞無功。另一相似的命題，可做為輔助命題。

輔助命題：外內殊用，彼我異名。指外界和內心有不同的作用，客觀和主觀有不同的名稱，彼此無定然的關係。

方法 1：名實之別：「名」即指名稱、概念；「實」即指名稱、概念所指謂的對象。尹文子有「名、分不可相亂」之論，〔註90〕「名」指從於彼的客觀性質，「分」指從屬於己的主觀情感，嵇康因有內外、彼我二界各有其相應之名實，即主觀情感可有名實之分，客觀性質也有名實之分，與尹文子用法不同。名實之分是為了防止濫於名實弊端。在〈聲論〉中，「實」指音樂與情感，「名」指善惡與哀樂。嵇康認為哀樂之名屬於情感，善惡之名才屬於音樂，以為音樂有哀樂便是「濫於名實」。

方法 2：以無為本。此為王弼思想的特點，在〈聲論〉中則成為推論方法。王弼《老子指略》說：「若溫也則不能涼，宮也則不能商，形也必有分，聲必有屬」，因此，只有「無形」才可以成就何形，「無聲」方可以做成任何聲，也只有「無」（不是什麼，不表現什麼）才可以成就「有」。〈聲論〉以此方法，於第四答中說明音樂的特性是「和」，〔註91〕因假若音樂並不平和，包含著一

前揭書，頁 269。

〔註88〕「主」，敏澤解釋為「恃也，即悲哀的情感是有所依恃而發，並非無緣無故產生的。」這說法並不貼切，哀心有主並不在說明情感變化的客觀物質基礎，而是預存於人內心的哀樂感情。

〔註89〕楊陰瀏認為「聲」字在這裡，並不能全面代表嵇康之所謂「聲」，應該說，它不是很重要。嵇康「聲」字頗多歧義，但並不代表它不重要。見《中國古代音樂史稿》第一冊（臺灣：丹青出版社，1985），頁 185。

〔註90〕《尹文子‧大道上》：「名宜屬彼，分宜屬我。我愛白而憎黑，韻商而舍徵，好膻而惡焦，嗜甘而逆苦。白、黑、商、徵、膻、焦、甘、苦，彼之名也；愛、憎、韻、舍、好、惡、嗜、逆，我之分也。」

〔註91〕〈聲論〉第四答云：「夫唯無主於喜怒，亦應主於哀樂，故歡感俱見。若資偏因之音，含一致之聲，其所發明，各當其分，則焉能兼御群理，總發眾情邪？」前揭書，頁 217。

定的情感，從人身上啓發出來的情感又與它本身所包含的相一致，那它就不能夠啓發感動的人的情感。同理，和聲並不表現什麼（無象），所以才可以喚起各種不同的情感。

「聲」的定義：聲是自然物，以和爲自體，有善惡之別。

「聲」是自然物。它與「言」有很有的不同。「夫言非自然一定之物。」〔註92〕「言」是人爲符號，它是概念的負荷者，不論是主觀或客觀之「實」，皆可有約定俗成的「名」來指涉它。「名」與「實」有一定的關聯，因它是「人爲的」，人的情感也唯有藉著「言」的表達，才有明確的傳達感染效果，「情感於苦言」，情緒被悲苦的歌詞所感動，是歌詞而不是聲音在起著情緒傳達的作用。因此，聲音不當符徵任何聲音以外的「意」，它只表現它自己。

「聲」以和爲自體。「聲」是自然物，其根源則是天地陰陽之陽之氣的會合交融：

> 夫天地合德，萬物資生，寒暑代往，五行以成。章爲五色，發爲五音。音聲之作，其猶臭味在於天地之間，其善與不善，雖遭遇濁亂，其體自若而無變也。〔註93〕

> 浩浩太素，陽曜陰凝，二儀陶化，人倫肇興。〔註94〕

> 元氣陶鑠，眾生稟焉。〔註95〕

「太素」即指「元氣」，「天地合德」的陰陽二氣，也是由「元氣」而來。因陰陽之氣的作用，四時運行，五行成就。五行又表現爲五色、五音。因此，「聲」及萬物共同的本源皆可歸於「元氣」。〔註96〕那麼「聲」便是客觀的存在物，其特徵顯現了「元氣」、「和」的特性。「和」可以是形式義，表示聲律的和諧，「和」也可指「元氣」的殊相：「和氣」，所以它具有存有義。

〈聲論〉除認爲「聲音以和爲體」，也主張「聲音以平和爲體」，聲音以「舒疾單複高埤」爲體，三個不同命題當如何疏通？「聲音以平和爲體」，「平和」是指「哀樂正等」，沒有或哀或樂的傾向，即「平和之心」，「體」則是根

〔註92〕見〈聲論〉第三答，前揭書，頁211。

〔註93〕見〈聲論〉總論，前揭書，頁197。

〔註94〕「太師箴」，前揭書，頁309。

〔註95〕「明膽論」，前揭書，頁249。

〔註96〕湯一介認爲嵇康、阮籍乃繼承了兩漢以來的元氣論學說，而所謂「自然」者，就是無名無形的元氣。見氏著《郭象與魏晉玄學》（臺北：谷風出版社，1982），頁76。

本的意思。〔註97〕此意在結論第七答時有進一步發揮：

> 和心足於內，和氣見於外，……然樂之為體，以心為主，故無聲之
> 樂，民之父母也。

此「和心」不指涉「情」，「和心」是自然，是政教簡易無為，無哀樂之情藏
於其中，如此才能「心」、「氣」暢通，達到「純氣之守」的境界。而「無聲
之樂」即指「和心」。

至於聲音以「舒疾單複高埤」為「體」，「體」是分，區分、區別的意思。
《周禮》天官：「體國經野。」鄭司農注：「體，猶分也。」〔註98〕這句話的
意思是說：「（各種音樂無論多麼不同），卻是以繁簡、高低、好壞為區別，（而
人的情緒則以躁動、安靜、專注、分散作為反應）」，「體」並不是「自體」、「本
體」意思。〔註99〕

聲有善惡之別。善惡指好聽不好聽之異。嵇康認為這也是聲的自然屬性，
此屬性當了解成洛克所謂的「次性」，而人們對它的相應態度，也只在接觸之
後才有愛與不愛、喜與不喜的不同，而與情感哀樂的具體內容不相干。

略述嵇康主張的命題、方法，聲之定義後，我們可以在音樂美學的三大
問題上與代表儒家的秦客展開對話。

（一）關於音樂本質

嵇康主張音樂的本質是「和」，它並不表現任何情感，所以會喚起情感的反
應，是因為內藏於心中的哀樂之感，遇和聲而起的「聯想」罷了。如果依他對
「聲」的定義，我們發現嵇康所說的「聲無哀樂」，並不等於「音樂並不表現任
合哀樂情感」的意思。「聲」有二義，一指聲音本身，即音色或音質；一指曲調，
即音樂的形式結構。嵇康在〈聲論〉中，側重於聲音本身的層面，所以在論證
時，把「聲」同生理現象的汗、淚類比，就汗、淚的生理特性來說，無論出汗
流淚的原因為何，汗、淚本身並不包含哀、樂的情感；同理「聲」也不包含哀
樂。又把「聲」同酒相比，酒使人生起喜怒的情感，但喜怒並不是酒的性質，「聲」

〔註97〕 牟宗三認為「平和」與「和聲」之「和」不同，「平和」是「和」之殊義，即
特殊色澤，包含在「和」裡頭，此解亦通，但和第七答的內容不能連貫。（見
氏著前揭書，頁355）。

〔註98〕 間接引自蔡仲德的研究。見氏著前揭文，頁295。

〔註99〕 〈聲論〉第七答結論所說：「淫之與正同乎心，雅鄭之體亦足以觀矣。」「此
體」字也是做「區別、區分」的意思。如果理解不當，將對全文的立場有很
大誤解。

之使人興發哀樂情緒，其理亦同。這些論證容易誤導讀者對〈聲論〉的認識。〔註100〕如果只停留這個層次，秦客與主人論辨的焦點是有距離的。嵇康所以強調「聲」是自然物，要和語言做對比，才能彰顯他所說的意思：

> 請問聖人卒入胡域，當知其所言否乎？……或當與關接，識其言耶？將吹律鳴管，校其音邪？觀氣採色，知其心邪？此為知心，自由氣色；雖自不言，猶將知之，知之之道，可不待言也。若吹律校音，以知其心。假令心志於馬而誤言鹿，察者故當由鹿以知馬也，此為心不係於所言，言或不足以證心也。若當關接而知言，此為孺子學言於所師，然後知之……夫言非自然一定之物，五方殊俗，同事異號，趣舉一名，以為標識耳。夫聖人窮理，謂自然可尋，無微不照。
> 苟理蔽，則雖近不見，故異域之言，不得強道。〔註101〕

這個論證的重要性常被忽視或被誤解。蔡仲德就以為「心志於馬而誤言鹿」是用來說明言論不一定傳達心聲，同樣，音樂與情感的關係也不一致，音樂不能表現情感。他又認為生活中「心志於馬而誤言鹿」之類說假話的現象，「不可為偽」的音樂創作不能相提並論，因此，這樣的類比也無助於說明問題。〔註102〕蔡先生把假言命題（假令心志於馬）當做定言命題（心志於馬），又抽離出論證的脈胳，因此看不出這個論證的重要性。

　　這個論證，事實上是前面幾個論證的總結。意思是不難明白的。它假設聖人突然進入異域，那麼以聖人的聰慧，能夠聽懂那裡的語言嗎？如果說聽得懂，那有三種可能：

（一）通過外表的氣色了解心意。那麼即使胡人不說話也能了解。這和語言本身無關。

（二）用吹動律管考察聲音的方法來了解他們的心意。那麼，對方不論講什麼話，只要分析聲音的特性，就能了解心意，因不牽涉語意與語法，即使把「馬」說成「鹿」，單憑「聲」本身也能明白他人真正的意思。所謂「此為心不係於所言，言或不足以證心也」，是個補充說明，即這種考察方法，與語言的意義無關。但是事實上，「言非自然一定之物」，所用的語言符號系統乃是人為的約定，「以名指實」是

〔註100〕曾春海即批評嵇康類比的不當，見氏著前揭文，頁20～23。
〔註101〕見〈聲論〉前揭書，頁211。
〔註102〕見前揭文，頁228。

透過語意結構彰顯出來的，不能僅從自然之理（聲）的考察而得知。

（三）通過接觸而理解語言，這有如小孩向成人學說話的過程一樣，和聽覺的靈敏無關。

結論：異域的語言是不能勉強懂得的，以聖人的聰明才智，突然進入異域，也沒辦法通曉該地語言。

「言非自然一定之物」，與「聲是自然物」正構成對比關係。「聲」是客觀的，「夫聖人窮理，謂自然可尋」，所以聖人知音。至於人主觀所加給「聲」的感情色彩，聖人也有所不知。

由於聲是自然物，「和」有著存有論的基礎，嵇康談音樂，首出「和聲當身」。在〈琴賦〉中，嵇康對琴的材質（梧桐），產地的殊勝加以華麗地描寫，並得配合遁世之士的領悟，雅琴才能制成，這便形象化地描繪出「聲」（音色）本身乃音樂之最重要要素。

「和」的另一樣，指曲調的和諧。樂曲本身的和諧，〈聲論〉著墨不多，只是原則性的說明，其具體的例證，存在〈琴賦〉中。〈琴賦〉是〈聲論〉的重要補充，它對指法等技術問題有清楚的交代，對正聲與間聲的交錯運用有所說明，對各種樂曲排列起來的適當次序，有所提示，並已運用了「承間篹乏」的手法。〔註103〕「承間」承接空白，謂以俗樂承繼古樂的空白，「篹乏」以副品質填補空缺。這麼一來，俗樂就有著正統的生存空間，「和」的音樂本質的強調，對實際音樂的發展，就有著積極的意義。

（二）關於音樂的審美感受

在這一問題上，涉及三種審美態度：（一）聯想；（二）心距；（三）氣聲相應

（一）聯想：主人認為聽音樂會有情感反應，但並不是由音聲曲調本身所引起，而是聽者的聯想，在論辯中他舉出三個理由：（1）內心平和之人，聽音樂後而不出現哀樂，內心藏有哀樂的人，聽音樂後，才有哀樂的反應。〔註104〕（2）聽同一樂曲，有的人哀，有的人樂，依「以無為本」的方法原則，可知音樂本身不哀不樂，才能使哀者自哀，樂者自樂。（3）依「聲」的定義，聲是自然物，只能給人以感官的和諧感受，喚起人相應情感的是歌詞，因為歌詞是語言，能表現情感，也能喚起情感。

〔註103〕參見《嵇康集校注》，頁97～105。
〔註104〕〈琴賦〉也有相同的論述，見前揭書，頁107。

（二）心距：「心距說」是秦客所提出的，爲了答辯聯想說的第二個理由，秦客於第五難中觸及心距的問題。同一曲調所以使得歡樂和悲哀同時作出反應，是因音樂對人的感化遲緩，不能立即見效，欣賞者內心懷有固定的情感，沒辦法和音樂保持適當心距的緣故。〔註105〕此一說法，在主人答辯中，失去了焦點，卻引生另一問題，即「音樂的感情聯想如何可能？」悲哀的人見死者生前用過之物（坐几和手杖）而哭泣，是因爲痛感人已亡去而用物尚存，人聽音樂所喚起的情感是否也是如此？例如，某首歌曲是友人常喜歡聽的，但是現在他已在交通意外中死亡了，當我再聽到這首歌時，我會因聯想到亡友而感到哀傷。那麼我們如何肯定和聲本身能直接引發人的「聯想」？主人答辯時肯定之，但僅把和聲視同機杖之物，未加解釋，這並不令人滿意。

（三）氣聲相應：意指「聲」回歸其本質的「和」時，可以與人本身的「和」相應、相通。《聲論》第七答云：

> 和心足于內，和氣見於外……導其神氣，養而就之；迎其情性，致
>
> 而明之；使心與理相順，氣與聲相應；合乎會通以濟其美。〔註106〕

「道」的特性（即所謂「理」）是清靜無爲，人的本性得之於「道」，也就平和而無哀樂，人「心」依順道「理」，充實其心，自然向外表現爲「和」氣，這「和」氣得培養成就它，音樂的美就在人「心」、「理」、「氣」、「聲」會合變通時成就的。

氣聲相應說凸顯「氣」爲審美感受的獨音範疇，「氣」可通人我，向上提則與「道」、「理」相順，往外顯則與「聲」相應相和，爲「情」所隱，則表現爲成就各種樣態的情感的基調。（「無」情故能成就「有」情）。這麼一來，所以要分辨「躁靜」與「哀樂」的不同，因前者仍屬「氣」，（猛靜各有一和），後者則屬「情」。「氣」、「情」乃不同範疇，而不是普遍與特殊的關係。

經由以上討論，我們再來檢討「躁靜說」的內涵，就可以解決其中的疑難。其原文如下：

〔註105〕「心距說」的內涵，請參見 Edward Bullough: "Psychical Distance as a factor in art and an aesthetic principle"in Morris Weitz, ed. *Problems in Aesthetics*.又該篇文章許多美學讀本都有收入。

〔註106〕前揭書，頁 222。

齊楚之曲多重，故情一；變少，故思尋。姣弄之音，挹眾聲之美，
會五音之和，其體贍而用博，故心侈於眾理。五音會，故歡放而欲
惬。然皆以單、複、高、埤、善、惡爲體，而人情以躁靜專散爲應。……
此爲聲音之體，盡於舒疾；情之應聲，亦止於躁靜耳。……若言平
和哀樂正等，則無所先發，故終得躁靜。……躁靜者，聲之功也；
哀樂者，情之主也；不可見聲有躁靜之應，因謂哀樂皆由聲音也。
〔註107〕

「躁靜」即抽掉了情感內容的運動，也就是「氣」。它可以用來說明情感的
屬性，但並非情感本身。而音樂的屬性，只能以繁簡、高低、善惡爲區別，
音樂以這些屬性，組合成時間中的和諧形式、和諧運動，而人也以氣的運動
方式，與之相應合。至於哀樂的情感，是人的內心已有了一定傾向、態度，
通過氣機的律動，使得我們的心靈狀態處於高揚或抑鬱中，因而產生的舒適
或不舒適感。「氣聲相應」解決了「躁靜說」的難題，建立了審美經驗新的
典範。

（三）關於音樂的功能

　　嵇康既主張「聲無哀樂」，那麼音樂靠什麼去移風易俗？如何移風易俗？
嵇康音樂思想的邏輯是：

　　　　「道」的特性寂寞無爲，人的本性就恬淡平和，音樂順乎人的本性，
　　　　也平和而無哀樂；能以其平和精神使人心更加平和，天下更加太平。
〔註108〕

可見在音樂的功能問題上，嵇康強調對個人的作用，而不是對社會的功用。
〈琴賦序〉說「（音聲）可以導養神氣，宣和情志」〔註109〕就是這個意思。
換句話說，音樂的功用表現在養生的效用上。〔註110〕

　　養生論是嵇康自然觀的特色，〈聲論〉依據「氣聲相應」，認爲音樂可有
「導神養氣迎情明性」之功。那麼分析音樂與養生的關聯，便解釋了音樂的
功能問題。

〔註107〕前揭書，頁216～217。
〔註108〕見蔡仲德前揭文，頁250～251。
〔註109〕前揭書，頁82。
〔註110〕見小野澤一、福永光司編著，李慶譯：《氣的思想》(臺北：上海人民出版社，
　　　　1980)，頁242。

四、「聲無哀樂」與養生

　　嵇康論養生，兼養形神，而以養神為主。養生有三個命題，皆與〈聲論〉相關：

　　（1）愛憎不棲於情，憂喜不留於意，泊然無感而體氣和平。
　　　　　〔註111〕

　　（2）清虛靜泰，少私寡欲，外物以累心不存，神氣以醇白獨
　　　　　著，……又守之以一，養之以和，和理日濟，同於大順。〔註112〕

　　（3）性氣自和則無所困於防閑，情志自平則無鬱而不通。〔註113〕

這三個命題不正是「聲無哀樂」「平和之心」的理論建構嗎？馮友蘭先生以為
〈聲論〉講「禮樂之情」、講「移風易俗」乃畫蛇添足之論。〔註114〕這樣的論
述實對〈聲論〉的認識不足。

　　養生論的養形說，在引導服食法方面，嵇康主張「蒸以靈芝，潤以醴泉，
晞以朝陽，緩以五絃」的導養之法。此四者所以同列一起，因皆屬「氣」的
範疇。而「凡所食之氣，蒸性染身，莫不相應」〔註115〕養形亦即養氣，氣通
形神。音樂的「氣聲相應」說亦通形神之養也。

　　氣通形神，是以「天地一氣」、「天地有大和」的思想為背景，它在中國
古代的人體科學上得到發揮，此即經絡氣化論：

　　　　在經絡氣化論的認識中，不僅虛和無領域中非絕對的虛、無，為氣
　　　　所貫穿，有和實的領域中，有、實與無、虛之間，也為氣所貫穿，
　　　　宇宙中，一切物象、天人之間、主客體之間因氣所貫穿而成為一個
　　　　有區別又因氣而連繫的一個整體。就連主體內部的感官與思維器官
　　　　也為氣所貫穿，感官賴氣以明以聰，心賴氣以知以慮，感官與心之
　　　　間亦賴氣以通。氣之生化使感覺和心成為有生命的東西，並使二者
　　　　成為一個整體系統。〔註116〕

〔註111〕見前揭書，頁146。
〔註112〕同上，頁156。
〔註113〕同上，頁176。
〔註114〕見馮友蘭：《中國哲學史新編》第四冊（北京：人民出版社，1986年），頁92
　　　　～93。
〔註115〕見前揭書，頁150。
〔註116〕于民〈中國審美認識與神秘的人體科學〉《中國審美意識的探討》（北京：中
　　　　國戲劇出版社，1989），頁20。

道家把經絡氣化論提高至宇宙論的高度，成就了系統的哲學，無論是素樸之美的復歸，淡漠無爲的實現，或至人眞人的追求，都離不開以天合天，氣化諧和的境界。莊子的〈人間世〉所討論的「心齋」，也是以此爲背景：

> 一若志，無聽之以耳而聽之以心，無聽之以心而聽之以氣。聽止於耳，心止於符。氣也者，虛而待物者也。唯道集虛，虛者，心齋也。

這裡可以思索二個與〈聲論〉〈養生論〉相關的問題：

（1）爲何獨宗「聽之以氣」？

（2）爲何此處要使用帶有感性意義的「聽」字？

成玄英疏提供一理解線索：

> 心有知覺，猶有攀緣，氣無情慮，虛柔任性。……如氣柔弱虛空，其心寂泊忘懷，方能應物，此解而聽之以氣也。〔註117〕

由此看來嵇康〈聲論〉所持的氣聲相應說，應由莊子「心齋」轉化而來。〔註118〕

至於第二個問題，楊儒賓先生最近提出一合理的詮釋。他認爲從陸西星解釋眞人的看法，可歸納二點結論，這可移用來解釋心齋的文意：

（1）人軀體最精微的運動可以和人的最深層意識合一，所謂心息相依，神氣相守，載營魄抱一，所指的不外此意。

（2）人達到氣息相依的境界時，感官也會全爲氣所滲透，因此，感官失去它的定性作用，而與人深層的意識趨於一致。〔註119〕

而所以耳、心、氣，皆可共用「聽」字，是因人除了五官之外，可設想一種統一諸感官的，而且也是根源性的感覺能力，這就是「共通感覺」〔註120〕楊先生所說與前面所提經絡氣化論是一致的，也很可能是莊子本義。而如果把這問題移到〈聲論〉的脈胳，「聽」字用得精確切當，秦客是聽之以耳，聽之以心，東野主人則要求聽之以氣。

再從莊子「恬」的概念的角度來考察，我們得知音樂與養生密切相關的另一條線索。《莊子・繕性》云：

〔註117〕見郭慶藩前揭書，頁147。

〔註118〕參見《中國藝術精神》。書中，徐復觀並不認爲「氣」是獨立範疇，他說：「此處之氣，是對心齋的一種比擬的說法。心齋只有「待物」的知覺活動，而沒有主動地去作分解性、概念性的活動，所以他以氣作比擬。」這與莊子的原意有距離。（見前揭書，頁74～75）。

〔註119〕參見楊儒賓〈從「以體合心」到「遊乎一氣」——論莊子眞人境界的形體基礎〉，《第一屆中國思想史研討會論文集》（臺中：：東海大學，1989），頁191。

〔註120〕同上，頁193。

　　古以治道者，以恬養知；知生而無以知爲也，謂之以知養恬。知與

　　恬交相養，而和理出其性。……中純實而反乎情，樂也。〔註121〕

內心純樸，能保持平和恬淡的本性，就會感到和適而自得，這就是樂（音樂）。
嵇康繼承莊學音樂精神，認爲心性平和的人欣賞音樂，將有「恬虛樂古」的
效果，〔註122〕並以竇公鼓琴和心，壽命百八十歲爲例，證明音樂有養神之
效。〔註123〕就嵇康養神說而論，養神旨在保持恬淡無欲、自然清淨的心靈
狀態。嵇康並區分「性動」與「智用」的不同。「性動」屬於自然生理本能
的衝動，滿足後就無所求，「智用」係對經驗事物予以分辨和分化後所產生
的經驗之知，且執迷相對之知而生貪得之念，一旦偏執於此，則盲目追求，
永不停止，〔註124〕因此禍患之端在於「智用」，「恬」乃對制之方。「恬」者，
靜也，淡也，不用心機也。這正是嵇康所追求的音樂境界，也是音樂的功用
之一端。

第五節　餘　論

　　學者們認爲奧地利美學家漢斯立克（E. Hanslick, 1825～1904）是嵇康的
知音。〈聲論〉則是中國唯一帶有自律論色彩的音樂美學論者。這判斷是很有
根據的。以下我們引用幾則《論音樂之美》的文字，可發現其和〈聲論〉的
類同性，幾可移作〈聲論〉之注釋：

　　　表現確定的情感或激情完全不是音樂藝術的職能。我們說音樂不可

　　　能表現情感，我們更堅決反對下列意見，即認爲情感的表現提供音

　　　樂的美學原則。〔註125〕

　　　假如音樂不能表現情感的內容，那麼它能表現情感的那一方面呢？

　　　「力度」（des Dynamische）音樂能模依運動的下列方面：快、慢、

　　　強、弱、昇、降。音樂的原始材料，如調性、和弦、音色本身各具

〔註121〕同註117，頁548。

〔註122〕見前揭書，頁107。

〔註123〕參見〈難養生論〉，前揭書，頁179。

〔註124〕「智用」的解釋，引用曾春海的見解。見氏著〈探嵇康的〈養生論〉及其人
　　　　生價值觀〉，《魏晉南北朝文學與思想研討會論文集》（臺南：國立成功大學主
　　　　辦，1990），頁211。

〔註125〕同註4，頁28。

有自己的特性。……可是這些要素（樂音、色澤）在應用到藝術上時，完全遵照別的規律，而不是看它們孤立出現時的效果。……在美感的園地裡，這種原始的獨立性在更高的法則共同性下中和化了。〔註126〕

以上文字，和〈聲論〉所說「和聲無象」、「聲音之體盡於舒疾」、「以單複高埤善惡爲體」、「聲音雖有躁靜，各有一和」幾乎一致。但仔細分辨，其基本精神仍有極大差異。

〈聲論〉云：「若夫鄭聲，是音聲之至妙」，〔註127〕明文承認鄭聲是最美妙的音調，若依漢斯立克形式主義的說法：「嚴格地講來，美沒有任何目的，因爲它不外乎是形式而已，而形式……除它本身之外，是沒有任何目的。」〔註128〕那麼鄭聲應受到推崇。楊蔭瀏先生也從這個觀點入手，他以爲：

講到被歷代統治者同聲排斥的鄭聲，他（指嵇康）獨從藝術的角度，認爲它是最美妙的音樂；他以爲，鄭聲之所以能使人迷戀，正是由於它是特別的美妙。〔註129〕

馮友蘭更進一步引申說：「嵇康認爲，從藝術標準看，鄭聲比雅樂高得了。」〔註130〕

可是，嵇康是堅持主張「別雅鄭之淫正」的，這並不是自相矛盾，也不是退回傳統觀念的窠臼，而是進路不同。上節已說明，〈聲調〉的理論基礎是「養生」，是「心齋」，是「經絡氣化論」，在氣聲相應的審美經驗中，是要養氣養神，不是要耗氣費神，「氣」、「神」需重「嗇」道，因此「和」的意義是要消解融化「有」（包括感情、形式）而返歸「和」聲當身，「和」氣當身，「和」本身混化了形式，而成就「氣」、「道」自體，是一種消融的作用，因而不極形式曲調之美。鄭聲無當於養生，有損於平和之心，故當排斥。反之，形式主義者的「中和」，與完形心理學的完形概念相應，是要完成形式本身，獨成一可供欣賞的純粹形式美，是種「完形」的作用表現，故當盡形式曲調之美，當贊賞鄭聲。漢斯立克和嵇康二人的音樂精神是同形異軌，不可相混。

再者，漢斯立克認爲音樂的原始要素是和諧的聲音，它的本質是節奏。

〔註126〕同上，頁30。
〔註127〕前揭書，頁224。
〔註128〕見前揭書，頁40～42。
〔註129〕同註89，頁190。
〔註130〕前揭書，頁92。

在他討論音樂的精神內涵時，以旋律、和聲和節奏來說明它們之間的整體表現，對音色並不重視，他所重視的音樂感覺在於：層出不窮的新的對稱形式。相形之下，〈聲論〉獨重音色，和聲當身即是音樂的本質，而對於音樂形式本身雖有涵攝融合民俗曲樂之論，但對於創新形式的價值意識薄弱，這不僅代表二者的重大分歧點，也可視爲兩種文化的差異。

　　嵇康和漢斯立克二人都重視器樂音樂，並以之爲音樂唯一的代表，二人對音樂欣賞都著重在靜觀的聽法，但對演奏者的要求卻不相同。漢斯立克認爲演奏者能夠通過他的樂器把當時正控制著自己的情感直接表露出來，在演奏中注入他內心熾熱的渴望，活潑的力量和歡樂的情調，因此把樂曲和演奏一分爲二。嵇康在〈琴賦〉中對琴雖有各種情緒的描寫，但都針對琴的表現功能本身，就演奏者的心靈狀態而言，嵇康是不會贊成激情的演出的。

　　以上的差異點，加強了我們的信念，嵇康〈聲論〉是玄學的音樂美學，是在莊子學影響下的自律美學、形式美學，只是以形式美學、自律美學來涵括它，是不夠精確的。

第三章　傳神、暢神與降神

第一節　前　言

　　人物與山水的審美情趣，是魏晉繪畫美學的先聲，人物鑒識之學，與後漢選舉制度關係密切，也與士大夫求名之風不可分，至其發展為專門之學，個體自覺已漸臻成熟，容貌與談論同為「人倫鑒識」之重要表徵。〔註1〕正始清談，已尚容止，至西晉清談，審美趣味的品賞成為一時士風。士人於清談中注重修辭的簡約，聲調的泠然悅耳，清談時「悟」的趣味與才情更重於所悟的義理本身的是非爭辨，這些現象，反映了西晉玄談對「人」本身的重視與美感姿態的捕捉。〔註2〕南渡之後，偏安江左，任誕之風已漸消退，代之而起的是追求一種寧靜的精神天地，漢魏以來士大夫怡情山水之意識，至此開花結果，士人們對於山水之美有著敏感的感受力，或忘情山水而懷抱蕭散，或見山川景色而感情不可已已，山水詩也在玄言詩的揚棄下，找到了它的表現方法，並奠立其獨特的地位。山水，不只是世俗生活的點綴，也不再是石崇金谷宴集中的人生歡樂的陪襯，世族豪門對於他們身份的一種體認。山水審美情趣是東晉士人感情的流注，也是精神境界的追求，也因此成就了謝靈

〔註1〕　人物評論與個體自覺密切相關，思想史的隨波探源的研究工作，詳見余英時〈漢晉之際士之新自覺與新思潮〉《中國知識階層史論》（臺北：聯經出版公司，1984）。

〔註2〕　西晉的士人心態與審美的轉向，請參見羅宗強《玄學與魏晉士人心態》（浙江：浙江人民出版社，1991），頁234～246。

運等人的山水詩，宗炳、王微山水畫論也隨著繪畫實踐的要求，奠立了自然美學的地位。

晉宋之際，畫論是以形神問題爲核心。形神論乃魏晉自然觀的重要面向，〔註 3〕它如何轉化成繪畫美學的課題？又如何影響其物與山水的審美價值的評斷？是本章所要研究的主題。再者，由於形神問題的哲學探究，顧愷之的「傳神」說、宗炳的「暢神」說、王微的「明神」說，才目繼成熟，這也使得他們反省了繪畫媒材本身的特徵，並總結那時的創作經驗，寫下了中國最早的完整畫論，其實質的理論內容與歷史貢獻又如何？這是本章所要研究的另一個主題。第三，此時的畫論已經不只局限在對繪畫本身技巧、風格與美感經驗的討論，並進一步追問美感經驗的形上基礎，也就是進入到藝術之「道」的討論，這是本章嘗試去探討的另一重要課題。

藝術不是孤立的個人，不能脫離時代所提供的歷史文化資源與經驗限制，但並不表示可以由繪畫所表現的題材來判斷藝術家的思想。同樣的題材，可能有著非常相異的思想內涵。就以描繪衰老、乾癟、污穢的老婦人來說，弗羅倫斯的洗禮堂裡，有一座唐那太羅（Donatello）所塑造的聖瑪格達拉雕像，羅丹（A.Rodin）也有一座「老妓女」的青銅塑像，但這兩個作品的感情思想是很不同的。聖瑪格達拉，決心棄絕塵世，看見自己越是形穢，好像越是覺得有光輝的喜悅；至於年老的歐米哀爾，則因發現自己活像一具屍體而感到恐怖。〔註 4〕有些學者依據藝術家所表現的題材，便就他們的思想是儒釋道下判斷，這在方法上是有很大的危險的。顧愷之、宗炳、王微三人都是畫家兼畫論家，如果依據他們的繪畫創作的題作，先入爲主地認爲他們的思想是如何如何，再來套在他們的畫論主張，這在方法上也有同樣的毛病，較爲妥當的辦法是將作品與理論分開處理，它們可互相參照，探索其中的密合與距離，但不可素樸地把它們視爲同一，或者認爲畫論家本人就是其理論的最好實踐者。因此，本章所討論的材料只限於他們的畫論本身，他們所遺留下來的作品史料，只作爲旁證參考，不列入研究的主要範圍。〔註 5〕

〔註 3〕 形神論在魏晉自然觀的地位及其內容涵義的流變，詳見本書第一章。

〔註 4〕 參見羅丹口述，葛賽爾筆記《羅丹論藝術》（臺北：雄獅圖書，1981），頁 36。

〔註 5〕 畫家本人的史料，陳傳席已作了完善的整理工作，可參考。見氏編：《六朝畫家史料》（臺北：文物出版社，1990 年）。

第二節 顧愷之「傳神」說析論

一、「以形寫神」釋疑

顧愷之的繪畫美學有三大命題常被討論：一、以形寫神；二、傳神寫照；三、遷想妙得。這三大命題在歷代的詮釋中，有相當大的歧異，尤其是「以形寫神」的論釋更有著完全相反的理解；我們得先加以分辨釋疑。

「以形寫神」的原文出於〈魏晉勝流畫贊〉：

> 凡生人亡有手揖眼視而前亡所對者，以形寫神而空其實對，荃生之用乖，傳神之趣失矣。空其實業則大失，對而不正則小失，不可不察也。一象之明昧，不若悟對之通神也。〔註6〕

「以形寫神」一般學者理解為以寫形為手段，而達寫神之目的。〔註7〕或者說，精神是抽象的東西，要通過形體和實對這些具體的東西來表現。〔註8〕葉朗先生卻有不同的看法。〔註9〕他認為東晉顧愷之否定了「以形寫神」的方法。這句話意思該理解為：如果僅僅抓住所畫的人的形體來寫神，而所畫的人卻「空其實對」（面前沒有對象），那麼就不可能達到傳神的目的。重新整理其論述，筆者歸納出葉先生有四點論證來說明他的主張：

（一）從顧氏本人的文字來證明。就本文：「一象之明昧，不若悟對之通神」，以及《世說新語‧巧藝》顧氏所言：「四體妍蚩本無關於妙處」的話來判斷，顧氏認為四體之「形」對於傳神並不重要。

（二）就中國繪畫史的事實來推論。從顧愷之以後，一直到清代，畫家和畫論家在引述、發揮顧氏美學思想時，從不提「以形寫神」。可見這不是他的主張，「以形寫神」的命題加到顧氏身上，是近幾年才有的。

（三）就思想史的角度來分析。在玄學影響下的人物品藻，要求超越人

〔註6〕 見張彥遠：《歷代名畫記》卷五。本文以《畫史叢書》，文史哲出版社，第一冊所輯文為準，並參考陳傳席《六朝畫論研究》（臺北：學生書局，1991年）。

〔註7〕 見潘天壽：《潘天壽談藝錄》（臺北：丹青圖書公司，1987），頁49。

〔註8〕 見林同華：《中國美學史論集》（臺北：丹青圖書公司，1988），頁81。此外，敏澤：《中國美學思和史》（濟南：齊魯書社，1989年）；劉綱紀：《中國美學史》第二卷（臺北：谷風出版社，1987）都抱持類似的看法。

〔註9〕 見葉朗《中國美學史大綱》（臺北：滄浪出版社，1986），頁200～250，以下所述，皆根據該節文字。

　　的外表的形體，把握人的內在的生活情調和個性。在這種風氣下，顧氏否定「以形寫神」的方法，這是很自然的。

（四）從美學的意義來說明。「以形寫神」的方法，是企圖通過人的自然形態的「形」（「四體姸蚩」）去表現人的「神」，無論如何詳悉精細，也不可能表現出人的個性和生活情調，所以爲顧愷之所不取。顧氏「傳神論」所重視的是提煉淘汰自然形態的「形」，只留下可以表現「神」的東西，亦即抓出表現個人的個性和生活情調的典型特徵（如畫斐楷時的益三毛），同時他也注意到表現所需要的典型環境（如畫謝鯤置之於岩石之人）。傳神所把握到的是使人外表形象成爲「心靈的表現」，或者說，在繪畫中的「形」、「神」統一的人物形象，並非原來的「形」，卻完全是一個新的質。

葉朗以上的論點，清楚說出他的主張，但卻未必正確，主張「以形傳神」爲顧氏美學方法的人可以有以下的駁辯。

（一）「形」並非只限於「自然形態」意義下的「形」。經由繪畫藝術所表達的「形」，即是經由畫家所選取的表現方式，絕非「自然形態」。〔註10〕

（二）顧愷之雖然重視眼睛在表達人物性格和情操的關鍵地位，但對形體細節的刻劃，並不忽視，所謂的典型特徵、典型環境都該包括在「形」的概念中。〔註11〕

（三）魏晉帶有審美性質的人物品藻的特徵，可以概括爲重才情、崇思理、標放達、賞容貌幾個方面。重才情雖最爲重要，但賞容貌，賦予人的容貌舉止的美以獨立的意義，不也是其獨特的審美體驗嗎？〔註12〕就顧氏在〈論畫〉的品評標準，可做爲顧氏主張「以形寫神」的例證。

以上的答辯言之成理，但爲何歷來的畫論家未發揮「以形寫神」這個主張呢？

〔註10〕潘天壽甚至認爲顧愷之所謂的「形」，「即吾人生存於宇宙間所具有之生生活力。」（見氏著前揭書，頁49）雖推論過當，但足以表明「形」的問題，並非如葉氏所認爲的素樸觀點。

〔註11〕林同華即持這樣的看法，見氏著前揭書，頁81。

〔註12〕以上論述，參見劉綱紀前揭書頁94～106。筆者以爲這個意見可引用來確立劉氏的主張。

這是今人的新見解嗎？陳傳席先生也發現了這個現象，他說：「然古人從來沒有把『以形寫神』作爲繪畫批評的標準來看待。因爲它本來就不是一個法則或標準」，〔註13〕如果不是一個法則或標準，那麼「以形寫神」的地位如何安立呢？確立顧愷之並非反對「以形寫神」的說法之後，我們不得不重視這個問題。

　　仔細解讀「以形寫神」的原文，我們發現整段文字並不容易理解。被葉朗先生直接引用來說明其論點的句子：「一像之明昧，不若悟對之通神也」，在整段文句中就不容易解釋清楚。劉綱紀解「明昧」爲人的聰明或暗昧；解「悟對」爲眼對著所望的對象，同時表現出心中有所領悟的樣子，〔註14〕那麼整句可以翻爲：「人物畫所表現的人物聰明或暗昧，不若畫出眼的視線之所向，而且在目光的注視中表現出內心有所領悟的樣子，更能有傳神的效果。」但這個翻譯是有矛盾的，人的聰明智慧，可表現其有所領悟，人的暗昧，又如何去「悟對」呢？再者，本段在繪畫技巧上的指導原則，只是以眼睛的視線所向爲焦點，引導整個畫面的表現效果，這種論釋是否過於簡單而不能眞正說明「在阿堵中」，即在眼中如何爲傳神的關注點之所在。敏澤先生在這裡則視「實對」與「悟對」爲相對的概念。所謂「實對」就是要求畫家在表現人物時，要準確地了解，把握他所表現的對象的特定動作，「悟對」則是要善於領悟對象的特點，這才是最高的本領，「以形寫神」就是基於「實對」而又需要想像的補充，以達到「悟對」，才會畫出傳神之作來。〔註15〕這樣的解釋，又使得「空其實對則大失」不易理解，而且以動作的捕捉爲基礎的表現手法，又回到漢代動物畫要求生動的特色，未能彰顯顧愷之當時的玄學認識水平。

　　或許，要理解這文字的意思，我們要回過頭問「整段文字在討論什麼問題？」，如果論域不明，那只是在打一場迷糊戰。〈魏晉勝流畫贊〉的論域恰好是有爭論。在上述論辨中，無論反對或贊成「以形寫神」，他們都共同認爲這篇文章是在論畫，正確標題該是「論畫」才是。所以他們一直把它視爲討論繪畫創作與欣賞的文章。這個觀點是站不住腳的。陳傳席先生已成功地證明這篇文章「文」、「題」相符。他有兩個主要論點：

〔註13〕見氏著前揭書，頁 76。
〔註14〕見氏著前揭書，頁 557。
〔註15〕參見氏著前揭書，頁 636～36。

　　（一）「畫贊」不是對畫的贊揚，也不是評論畫，而是有畫有文同時贊人。因贊詞和繪畫無關，所以張彥遠未錄及。

　　（二）張彥遠所收錄的部分，其內容在說明摹寫方法。摹寫方法不是「畫贊」，但和摹寫這些名臣的畫像有關，所以附屬於「畫贊」，而為其內容的一部分。〔註16〕這麼一來，所謂的「對」，不是直接對著繪畫的題材，而是面對原作，或含有「對臨」之意。整段原文應該如此翻譯：

> 凡摹畫者，沒有手中專一地摹寫、眼看著新畫而前無所對（之原作）。以（勾摹出的）形寫（出具有原作水平的）神，而沒有實對著（面前的原作），那麼，原作的依據便乖戾了，傳神旨趣也失掉了。空其實對則大失，不完全對則小失，不可不注意啊。一像之得失，不若領悟到「對」的神妙啊！〔註17〕

也因此，「以形寫神」不被當作一個法則或標準，就順當自然了。至於後人的解釋，有違顧愷之原意，但與其宗旨相合而另生詮釋的意義脈絡，則可併入其它兩個命題來討論，沒有必要橫加一命題。所以，我們討論顧氏美學思想，該以「傳神寫照」、「遷想妙得」為焦點。

二、「傳神寫照」說析義

　　顧愷之畫論強調以「傳神」為中心，《世說新語・巧藝》云：

> 顧長康畫人，或數年不點目精。人問其故，顧曰：「四體妍蚩，本無關於妙處，傳神寫照，正在阿堵中。」〔註18〕

「阿堵」，指示形容詞或指示代名詞，即今語之「這」、「這個」，〔註19〕在此即指目精。顧氏指出四肢的美醜，本來就和畫的妙處無關，「傳神寫照」，正妙在這個眼神當中。這段記載，傳達了兩個重點：一為「傳神寫照」的美學思想，一為眼睛和傳神的相關性。這都和當時的玄風密切相連。

　　劉邵的《人物志》，雖從政治的角度討論人物品藻，但已提出「徵神」的問題，〔註20〕至著重生活情調，感情意味的《世說新語》，「神」已轉變成審

〔註16〕見氏著前揭書，頁26～28。
〔註17〕本段翻譯根據陳傳席譯文。見氏著前揭書，頁79。
〔註18〕見徐震堮《世說新語校箋》（臺北：文史哲出版社，1989），頁338。
〔註19〕參見徐震堮「世說新語詞語簡釋」「阿堵」條，氏著前揭書，頁549。
〔註20〕《人物志・九徵》云：「夫色見於貌，所謂徵神。徵神見貌，則情發於目。」
　　　　又說：「物生有形，形有神精；能知精神，則窮理盡性」，見《人物志》，四部

美性人物品藻的重要問題。《世說新語》提到有關「神」的詞彙有：神明、神鋒（以上側重於指人的智慧、思想）；神懷、神情、神意、神氣、神色（以上側重於指人的內在的情感狀態及其外貌上的表現）神姿、風神（以上重於指人的風度），〔註21〕總結這些詞彙，「神」這一概念有四個層次的涵義：一指人物的情格特徵；二指人物的才情與智慧；三指人物的情感狀態及表現於外的姿態；四指人物所達到的某種精神境界。顧愷之「傳神」論正是由人倫鑒識而來的自覺，將「神」的概念應用於繪畫美學的第一人。所以「傳神」兩字，便形成了中國爾後人物畫的不可背離的大傳統。

　　與「傳神」相連的「寫照」二字，在概念的理解上則有歧義。「寫照」，依字面的意義，即係描寫作者所觀照到的對象之形相。那麼「傳神」就是將此對象所蘊藏的神，通過其形相把它表現（傳）出來。〔註22〕「傳神」與「寫照」成為目的與方法的關係，寫照是為了達到傳神的效果，寫照的價值，是由所傳之神來決定。可是在原文的脈絡中，「傳神寫照」和「妙處」應是具有同樣的意涵指涉，它是用來補充說明並確立「妙處」的意義，並不具有說明方法與目的的關係。再者，如果依上面的解釋，用「寫照傳神」將比用「傳神寫照」更為順當自然。所以這個解釋並不令人滿意。

　　描寫作者所觀照到的對象之形相，在當時的用語，可說「圖畫其形」、「寫其形象」、「法其形貌」、「寫載其狀」，或簡稱「圖像」、「畫像」，或稱為「寫真」並沒有用「寫照」的用例。〔註23〕「照」的來源，應和常講「照」的佛學有關。慧遠說：「鑑明則內照交映，而萬象生焉」，〔註24〕稍晚於愷之的僧肇，更常把「神」與「照」比對使用，〈般若無知論〉云：

　　　智有窮幽之鑑，而無知焉；神有應會之用，而無慮焉。神無慮，故
　　　能獨王於世表；智無知，故能玄照於事外。〔註25〕

「智」與「神」都是「般若」的異名，「照」與「應」是指「般若」的「用」。如依當時用法來研判，顧愷之的「神」、「照」的對比，也應當是同樣的用法，

　　　備要本，中華書局印行。
〔註21〕參見劉綱紀前揭書，頁548～549。
〔註22〕參見徐復觀《中國藝術精神》（臺北：學生書局，1974）頁158。
〔註23〕參見劉綱紀前揭書，頁554。
〔註24〕見：〈念佛三昧詩集序〉，《全晉文》卷162，收錄於嚴可均校輯：《全上古三代秦漢三國六朝文》（京都：中文出版社，1972），頁2403。
〔註25〕見《全晉文》卷164，同上，頁2412。

即把「照」當做「神」之用，「照」即「神」表現於外的形相質，它難以用認知活動的方式把握，需依賴於直感的領悟，故稱爲「照」。那麼「寫照」，即畫出人物的「神」的形相特質，畫出人物的「神」的動相。「照」並非單純外在的形相，而是「形」、「神」合一的「妙象」。「傳神」、「寫照」一爲體，爲一用，兩者並非方法與目的的關係，因此「傳神寫照」才可簡稱爲「傳神」，以概括「寫照」的意涵。

「神」的觀念在繪畫美學的確立，意味著對人的精神的深度意識與繪畫表現的高度自覺，它除了受到人物品藻的審美轉向的影響外，繪畫實踐的成績也是一個重要的基礎。

一般人在論述愷之傳神論時，常以愷之本人作品爲範例，〔註 26〕也有人誤把愷之對別人作品的評述當做愷之個人已熟練應用的技巧，〔註 27〕這種作法，是建立在愷之是六朝第一流畫家的評價，並視愷之本人是其理論最好實踐者的假設，這兩點，其實都站不住腳。

謝安曾極力贊揚愷之，他說：「顧長康畫，有蒼生有所無」〔註 28〕謝安雖不是專門評論家，但其影響力無疑超過任何一位畫論家，愷之因此奠定他崇高的繪畫地位。但名畫論家謝赫並不以爲然，在《古畫品錄》中把愷之列爲第三品，對其評語是：「格體精微，筆無妄下。但跡不逮意，聲過其實」，〔註 29〕之後，對謝赫的評語，議論紛紛，而終無法駁倒謝赫的論斷，陳傳席先生對此已有詳細考辨，不再贅述。〔註 30〕

〔註 26〕 潘天壽介紹顧愷之時，即著力於融合顧氏的畫作與理論《見氏著》:〈顧愷之〉，《歷代畫家評傳》上（臺北：中華書局，1986 年），鈴木敬雖於顧氏畫作詳加考證，其基本立論亦著眼於此。見氏著，魏美月譯《中國繪畫史》（上）（臺北：國立故宮博物院，1987），頁 37～40。

〔註 27〕 潘天壽所繪製的「顧愷之的繪畫思想表」，即把愷之論南中佛像畫風的言論（美麗之形、尺寸之制、陰陽之數、纖妙之跡）當做「熟練的技巧」來處理。（見氏著，前揭書，頁 37）

〔註 28〕 見《世說新語・巧藝》第 7 則。前揭書，頁 386。

〔註 29〕 見《全齊文》卷二十五，前揭書，2931。「格體深微」《歷代名畫記》作「深體精微」，陳傳席認爲「深體精微」亦可解。（見氏著前揭書，頁 216）

〔註 30〕 見氏著：〈重評顧愷之及其畫論〉（前揭書第一章）。謝赫對顧氏的評價標準何在，也引起學者不同的看法。石守謙認爲謝赫替崇顧氏在形式表現上的特殊成就，但不滿於顧氏忽視「心」之創作地位。（見氏著：〈賦彩製形——傳統美學思想與藝術地批評〉，收錄於《美感與造形》，聯經出版社，頁 25）。林同華則認爲謝赫器重愷之的寫實精神和熟練技巧，而不滿意他畫派的奔放無羈的精神和風格。（見氏著前揭書，頁 77～78）以上見解，對謝赫

　　「格體精微，筆無妄下」，即畫下的骨體很精微，下筆很謹愼，不隨便，這在前引文愷之畫人數年不點眼的故事可證明。「畫雲台山記」更在動筆之前仔細構思，並先寫成文字來思考整體表現的問題，這可視爲愷之在創作時的典型過程，由此可看出其下筆的認眞愼重。「跡火逮意，聲過其實」即指愷之的畫不能達到他預想的傳神效果，他的名聲超過了他繪畫的實際水平。「傳神」的困難，在當時的繪畫水平並不足以克服，點睛的故事即爲一例，又《世說新語・巧藝》云：

　　　　顧長康道：畫「手揮五弦」易，「目送歸鴻」難。〔註31〕

此「難」還眞是當時未能突破的困難。據《晉書》本傳云：「愷之每重嵇康四言詩，因爲之圖。」〔註32〕東晉畫〈竹林七賢〉題材的作品特別多，連民間畫工也以此爲題材，但其成就卻非常有限。愷之的作品也未受人推崇，可見表現玄學家的精神風度，雖爲當時的審美理想，以文字語言來表達，已有相當成績，但在繪畫上，並未有相應的表現。

　　《世說新語・巧藝》另載有二個故事，常被用來說明人物的典型特徵與典型環境的重要性。但如果不存先入爲主的二個假設，仔細反省，我們將有不同的看法。其原文如下：

　　　　顧長康畫裴叔則，頰上益三毛。人問其故，顧曰：「裴楷朗有識具，
　　　　正此是其識具。看畫者尋之，定覺益三毛如有神明，殊勝未安時。」

　　　　顧長康畫謝幼輿在巖石裡，人問其所以，顧曰：「謝云：『一丘一壑，
　　　　自謂過之。』此子宜置丘壑中。」〔註33〕

愷之的回答眞能說服我們嗎？《世說新語・排調》第43則，謝萬已提出：「脣齒相須，不可以偏亡。鬚髮何關於神明」的主張，〔註34〕當時人物的審美，以眼睛最能表現人的神明，已成爲普遍的看法，愷之「傳神在阿堵之中」正是此風氣之下自覺反思，那麼「益三毛」眞能達到傳神的效果嗎？而爲了表現謝鯤清高放達的品格，將他置於一丘一壑之中，這怎麼可以稱爲豐富的想

　　　的美學都有誤解。其詳請見：陳傳席：〈謝赫與《古畫品錄》的幾個問題〉
　　　（氏著前揭書第九章），尤其是第四節「謝赫的理論和實踐之對抗性問題」
　　　的討論。
〔註31〕見前揭書，頁388。
〔註32〕見《晉書》，中華書局點校本，頁2405。
〔註33〕分見前揭書，頁387～388。
〔註34〕見前揭書，頁434。

像力？對人物的精神狀態和內心世界的刻畫未見著力，嘗試以背景襯托，可以說明肖像畫的根本嗎？「身在丘壑，心存廟堂」不也是當時士人的常態嗎？那丘壑又如何傳神？〔註 35〕以上的疑點，顧氏是不能自圓其說的。可以說，這二幅作品不該是顧氏成功的作品，他所做的辯護，不過是他「好諧謔」、「矜伐過實」的性格表現而已。

　　顧愷之作為一個大理論家，作畫的得失，他是十分清楚的，但受限於技巧與風格，使他「跡不逮意」，因此，「傳神」論的具體內容，應以當時少數能達到「傳神」的畫作，為愷之所認識到並加以評賞的作品為基準，換句話說，愷之的畫作或許不能具體表達出其「傳神」論的內涵，由愷之的〈畫論〉，我們才能找到傳神論的正確焦點。

　　〈畫論〉總結了前人的實踐成果，給予自覺的理論建樹和風格指標。為了討論方便，茲簡列數則如下：〔註 36〕

　　　（一）〈小列女〉面如恨，刻削為容儀，不盡生氣。……

　　　（二）〈周本紀〉重疊彌綸有骨法。……

　　　（三）〈伏義‧神農〉雖不似今世人，有奇骨而兼美好，神屬冥芒，
　　　　　　居然有得一之想。

　　　（四）〈漢本紀〉季王首也，有天骨而少細美。……

　　　（五）〈孫武〉……二婕以憐美之骨，有驚劇之則。

　　　（六）〈壯士〉有奔勝大勢，恨不盡激揚之態。

　　　（七）〈列士〉有骨俱，然藺生恨急烈，不似英賢之慨。……

　　　（八）〈北風詩〉亦衛手。巧密於精思名作，然未離南中。南中像
　　　　　　興，即形布施之象，轉不可同年而語矣。美麗之形，尺寸之
　　　　　　制，陰陽之數，纖妙之跡，世所並貴，神儀在心，而手稱其
　　　　　　目者，玄賞則不待喻。……

　　　（九）〈嵇輕車詩〉作嘯人，似人嘯。然容悴不似中散。……

從以上所引材料，我們可歸納出幾個要點：

　　第一，「骨」，「骨法」已是通用的專門範疇。「骨」或「骨法」應有底下二種意涵義：

　　　（一）指人體的骨骼結構所顯現的人的形態和特徵。此與漢人相人重「骨

〔註35〕以上的設疑，頗參考陳傳席的意見。見氏著前揭書，頁 15～16。
〔註36〕引文出處同註6。

法」的「骨法」相通，是由相人術轉借至繪畫美學術語。〔註37〕

（二）「骨」，指由力感剛性之氣所形的骨，這是技巧性的骨，局部性的骨，還未進入《文心雕龍・風骨》所言全體性的「骨」的概念，換句話說，愷之所用的「骨」，還不是思想性、精神性的「骨」的概念。〔註38〕因此有「骨法」、有「骨俱」（即「骨法」），有「天骨」、「奇骨」，都還不是傳神的充要條件，「神」乃高於「骨」的審美範疇。

第二，「神」的涵意已包含前述「神」的四種意義。第一則〈小列女〉，因畫容儀過於刻削，有些呆滯，所以還沒有窮盡「恨」的生氣；第四則季王（指漢獻帝劉協）的畫像，雖有皇帝的骨法，但缺少表現獻帝軟弱無能的細美感，未能傳神；第六則〈壯士〉雖有奔騰之大勢優點，但激提之態仍有不足；第七則藺相如的畫像，表現主人翁的振怒激憤，情節當是完璧歸趙的故事，但表現得過於急烈，缺少莊重威嚴、雍容大度之貌，容易給人魯莽之感。第九則〈嵇輕車詩〉把「風姿特秀」的嵇康，畫成「容悴」，故不似。〔註39〕以上顧愷之對人物畫像的品評，已明白地把握人物的不同性格特徵與特殊情態。這已經認識到「有性格的作品才是美的」的原則。羅丹說：

> 所謂「性格」，就是，不管是美的或醜的，某種自然景像的高度真實，甚至也可以叫做「雙重性的真實」；因為性格就是外部真實所表現於內在的真實，就是人的面目，姿勢和動作，天空的色調和地平線，所表現的靈魂，感情和思想。〔註40〕

顯然，傳神論已具體把握了「性格」的面向。

第三，〈論畫〉例示了「眼睛」為傳神的核心的觀點。第三則〈伏羲・神農〉的論評，許多學者都不甚了了，而沒辦法把整段文字講得達意。「居然」，除常義外，又可作「昭然」、「顯然」、「自然」解。〔註41〕「居然有得一之想」，「得一」典出《老子》第三十九章：

> 天得一以清，地得一以寧，神得一以靈，谷得一以盈，萬物得一以

〔註37〕參見陳傳席前揭書，頁53。

〔註38〕「骨」有兩個不同層次的說法，參見徐復觀〈中國文學中的氣的題題——文心雕龍風骨篇疏補〉《中國文學論集》（臺北：學生書局，1990，五版）。

〔註39〕以上的解釋，參考了陳傳席的註釋，見前揭書第二章。

〔註40〕同註4，頁42。

〔註41〕見徐震堮：「世說新語詞語簡釋」「居然」條。（氏著前揭書，頁548）。

生，侯王得一以爲天下貞。

「一」即老子之道，「得一」的「一」如果按照本義來解釋，整句話並不容易了解。伏羲、神農在魏晉玄學中，並未被視爲聖人的典型，如何使人有「得一之想」呢？有人由此發揮，說：「一副『得一』的作品是形與神相融無間，故能『神屬冥芒』，這是繪畫表現境界的極至」。〔註42〕這也沒有幫助我們理解文本的意義。在此，「得一」應做「侯王」之意，此爲原意的間接引伸義。〔註43〕「想」，依據岡村繁先生的論證，應當做基本的概念來使用，它不僅是個新名詞，而且包含著深刻的哲學思想。「想」的概念爲主體的感性的感知，它指示出對象具備的本質風趣。從觀察者來說，它指觀察者主體地把握的對象風趣；而「神」則指對象內部自身醞釀而出，訴諸觀察的風趣。〔註44〕亦即「神」與「想」爲一對互相關涉的概念。那麼「居然有得一之想」應理解成「顯然使人感受到畫像具有侯王的本質風趣（神態與氣魄）」。

如何使人有「得一之想」呢？伏羲、神農本是神話中人物，當然不似今世人；有著奇骨法而兼美好，也不足以傳達這種本質風趣，其關鍵就在「神屬冥芒」。「屬」同「矚」，「神屬」即神視，即眼神，「冥芒」，深邃幽遠意，「神屬冥芒」的意思是「神視有深邃幽遠之感」〔註45〕是因眼神的作用，使我們有「得一之想」，這就具體體現了愷之「阿堵傳神」的主張。所以目精傳神，絕對不只是視線所對的問題，它有更深刻的美學意義，也因此更難把握捕捉。在此，我們想借用西方哲學家齊默爾（Georg Simmel）的話，幫助我們的認識。他說：

　　……如果一件事物對其最小要素所產生的變化的反應愈敏感，那麼它在審美上就愈引人注目，作用愈大。……這種非凡的動力作用的高峰是可以通過眼睛的極小運動實現的。尤其是在繪畫中，眼睛不僅從它與全體面部特徵的關係獲得了這種效果，而且從表現和構成畫面空間的畫中人的眼神的重要地位中得到了這種效果。……眼睛成功地反映了精神，使我們認識到，要解決其它涉及精神和外貌(形)

〔註42〕見張靖亞《魏晉南朝繪畫美學研究》臺中：：東海大學哲學研究所碩士論文，1987年，頁89。
〔註43〕「得一」解爲「侯王」，乃陳傳席的見解，筆者採納之。見氏著前揭書，頁53。
〔註44〕見岡村繁著，向以鮮譯：〈論老莊思想對東晉畫論的影響〉，《中國文學研究譯叢》第二輯（瀋陽：吉林教育出版社，1990），頁115。
〔註45〕這解釋乃依據陳傳席的註解，見氏著前揭書，頁53。

關係的問題，眼睛和面孔對精神的反應（的認識）是解決這些問題

的一種保證……〔註46〕

西默爾的見解，可做為傳神論的旁證。

　　第四，風格技巧的成熟運用，繪畫技巧的突破，是繪畫創作能有所得（傳神）的客觀條件。愷之對風格的演變，有著敏銳的感受，第八則在〈論畫〉中的體例是很特殊的，因它不只論到畫本身的評價，還加了一大段南方的人像繪畫風格的敘述。衛協的畫風曾是眾人的領袖，而後為戴逵的畫風所代替。戴逵畫風興起於南中，其人像畫表現出「美麗的形體，準確的比例，男女之別，向背之分的合理，纖妙的行跡，皆為世人所推重」，〔註47〕也因技巧本身的進步，讓人從技巧去反省其背後所可能反應的思想，「由技入道」，而有「傳神」的領悟。接著，愷之提到藝術創作的方法：「神態儀姿（被觀於目面）存於心，而手恰合於目（能表現出目之所見）者，深刻細緻地觀察則不待說了」，〔註48〕愷之正是由總結前人的經驗提出了「遷想妙得」的方法論，這便進入到下一個主題。

　　以上四個要點反映了〈論畫〉的廣度與深度也具體詮釋了其「傳神論」的內涵，愷之不愧為中國第一位偉大的畫論家。

三、創作方法論：遷想妙得

　　愷之「遷想妙得」的主張，被傅抱石先生譽為「中國繪畫理論上最初有力之發示」，〔註49〕「遷想妙得」是從畫家創作的角度所提出的觀點。他說：

凡畫，人最難，次山水，次狗馬；台榭，一定器，難成而易好，不待遷想妙得也。此以巧歷不能差其品也。〔註50〕

愷之首先把有一定形器之物「台榭」排除在「遷想妙得」範圍之外，其理由何在呢？劉綱紀先生說：「由於畫人需『遷想妙得』，所以畫家在創作上的高

〔註46〕George Simmel：〈The aesthetic significance of the face〉,（in Matthew Lipman cd: *Contemporary Aesthetics Allyn and Bacon. Inc. 1973*）。

〔註47〕譯文見陳傳席前揭書，頁 67。這一段話很多人把他當作愷之的繪畫思想，甚至當做愷之本人成熟的技巧，這都是誤解，而且忽視了風格與傳神的相關性。

〔註48〕譯文同註 47。

〔註49〕見傅抱石：《中國繪畫理論》（臺北：里仁書局，1985），頁 1。

〔註50〕見註 6。

低難於斷定，是連最善計數的人也不能定其品第的。」〔註51〕這就把問題弄迷糊了。劉氏把「此以巧歷不能差其品」作爲「畫人最難」的補充說明，這就完全違背語法的脈絡。再說，「傳神」不是評價繪畫品第的標準嗎？斷定人品第需有高度的鑑賞能力，是不容易做到，但並非「不能」。金原省吾說：「遷想妙得即以洞見（insight）及其程度難易之差，與制作之難易爲比例，換言之，爲寫照之對象化之難易，測定制作之難易之根據。」〔註52〕這個解釋也不清楚。「遷想妙得」的難易與制作之難易並不一定有對應的關係，又如何作爲根據？由此可見，這段話並不是那麼容易理解。

「巧歷」歷來解釋爲：善於計算的人。此處作善於計算解，那麼，從「台榭」以下文字可翻譯成：

> 台榭建築物之類爲固定之器，（要一絲不苟地依照嚴格的規矩結構去畫），難於完備但易於見好，因爲它不需要你「遷想妙得」。畫建築物，依靠精密的計算（不是傳神之，所以不能分別畫的等級。
>
> 〔註53〕

台榭在繪畫上是機械的制作，是屬於科學的認知，因此不需要「遷想妙得」，反過來說，「遷想妙得」不是科學的認知，也不受限於一定的程序。

「遷想」，從俞劍華先生開始，許多學者都從「移情說」的角度來了解。俞先生說：

> 「遷想妙得」是把作者的思想遷入所畫的對象身上，以深切體會對象的思想情感，然後才能得到對象的奧妙之處。〔註54〕

這和原文也有距離。「遷」解釋成遷入，合屬望文生義。以當時「遷」字的用例，如僧肇「物不遷論」，「遷」是推移、運動、變遷之類的意思；「想」，如前所述，可做爲哲學概念來看待，那麼「遷想妙得」的意思就是「畫家要從主體的感情感知，從各個方面反覆觀察對象，不停地思索，聯想，以指示出對象具備的本質風範，以得其『傳神』之妙。」這麼一來，「遷想」就不爲可見的形象所拘束，又不離形相的直觀感受，「遷想」是方法，「妙得」則是目的，因此「遷想妙得」可視爲愷之繪畫上的創作方法論。

〔註51〕見氏著前揭書，頁565。
〔註52〕見氏著：《支那上代畫論研究》，岩波書局，頁56，另見傅抱石，《中國繪畫理論》，頁1。
〔註53〕譯文參考陳傳席的翻譯。見氏著前揭書，頁51。
〔註54〕見《顧愷之研究資料》，本引文間接引自林同華前揭書，頁85。

「遷想妙得」的意思既明，我們可以討論由此引生的三個問題。

第一：「遷想妙得」是「妙得於心」還是「妙得於畫」？

潘天壽先生在解釋「遷想妙得」時，認爲「妙得」是「並由作者內心之感應與遷想之所得，結合形象與技巧之配置，而臻於妙得。」〔註55〕林同華先生也強調「再以熟練的技巧表達出來」。〔註56〕顯然，他們都主張不只要妙得於心，還要妙得於手，妙得於畫。但如果回到原文脈絡，並沒有這麼強的要求。愷之以自己創作與欣賞的經驗，是勇於承認心手之間的距離，「神儀在心，而手稱其目者」特爲愷之贊揚，即是明證。而「遷想妙得」就原文脈絡來判斷，不只應用於創作，也可應用於鑑賞，因此「妙得」應以「妙得於心」爲是。

第二：「遷想妙得」和「傳神寫照」是否具有不同的特徵？

馬采先生認爲「傳神」論，含著被動而反映客觀現實的機械論因素，不能預想到畫家獨自的創造活動和溝想能力，「遷想妙得」這個新觀念，標誌著愷之對機械論的初步脫離。〔註57〕這個說法是不能成立的。「傳神論」在後代的發展，誠然打破台榭不得「遷想妙得」的限制，充分認識到在藝術作品中，無一物是自然物，經由表現手法，它們都是藝術物、藝術媒材，也都有待「遷想妙得」。而愷之「遷想妙得」的局限處也就是「傳神」論的局限處，「傳神」論並不比「遷想妙得」擁有更多的機械論因素。所謂藝術表現的機械論，即以認知角度把藝術的眞理看成符應客觀實在的「符應說」，這絕對不是傳神論的主張。「傳神」是主體與對象互相發現、開顯與融合的過程，把它看成是符應論，是很大的誤解。

第三：「遷想妙得」是否需要主體修證功夫？

顧愷之在繪畫美學中，並未提及主體精神修養和創作之間的關係，或許是由於這部分的缺乏，使愷之雖對玄學的自然境界心嚮往之，而終不能成功地表現出來，只能訴諸於詩文抽象地談論。主體修證工夫與繪畫美學的相關性，則有待宗炳的「暢神」論的解析。

〔註55〕見氏著前揭書，頁49。
〔註56〕見氏著前揭書，頁85。
〔註57〕同註54，頁86。

第三節　宗炳「暢神」說析論

顧愷之傳神論，把屬於人物品藻的「神」的概念轉化成繪畫對美學的中心概念，但其論述對象主要是人物畫，「凡畫，人最難，次山水，次狗馬」，山水的審美觀尚未顯題化，還停留在人物畫的背景陪襯的功能，或是描繪神仙故事的次要主題構成，真正使山水畫成為獨立的研究主題，提出有系統的山水畫論，實屬宗炳〈畫山水序〉的偉大成就。

魏晉士人對山水的迷戀，可在《晉書》、《宋書》中找到許多例證，如阮籍、羊祜、孔淳之，袁崧等人皆是。尤其至東晉，士人心態的轉變，高人逸士已是人們理想中的人物，山水林泉更為人們所嚮往。田園詩、山水詩，山水文學遂大量出現，對山水畫產生很大的刺激作用。〔註58〕山水畫論的出現，便是山水畫創作實踐的成果。

宗炳山水美學奠基在「神」的概念上。人物的傳神，較容易理解，因人是有精神的，然山水何「神」之有？又如何「暢神」呢？「暢神」說的提出，代表著「神」的概念必須經過質的突破與衍異，對其理論的認真思考，乃理解中國繪畫美學的重要關鍵。

一、釋「道」

宗炳的〈畫山水序〉〔註 59〕中，屢次提到「道」、「聖人含道映物」、「聖人以神法道、「山水以形媚道」等等，由此可見「道」是該文的中心概念，〈畫山水序〉並不只是一篇單純的美學文章，更是一篇玄論、道論。那麼宗炳「道」的涵義為何？

有的學者把「道」解釋成「意」，在討論「形與意」的論題時，就這麼認為：

> 他（宗炳）所謂山水畫家「含道應物」，是說接觸自然時應取得一
> 個完整的主觀境界，所謂「山水以形媚道」是指山水畫家有此境界
> 才會發覺某些自然形象更能引起美感。〔註60〕

「完整的主觀境界」，即意，因此，宗炳是「以意主形」的先聲，唐王維〈山

〔註58〕 山水詩的興起與山水意識的轉變，有待他日另行討論。

〔註59〕〈畫山水序〉原文以《歷代名畫記》的版本為準，見前揭書，頁78～79。由於該文不長，所以以下的引文不再重複註明。

〔註60〕 見伍蠡甫：《中國畫論研究》（前揭書，頁5）。

水論〉：「凡畫山水，意在筆先」為「造意論」學說的成熟。這個詮釋，把「道」
的涵義純粹從創作論與欣賞論的角度來詮釋，忽略了「聖人」在整個命題的
重要地位，而直接把聖人等同於畫家，這是令人難以接受的。〈畫山水序〉
云：

> 聖人含道映物，〔註61〕賢者澄懷味像。至於山水，質有而趣靈。是
> 以軒轅、堯、孔、〔註62〕廣成、大隗、許由、孤竹之流，必有崆峒、
> 具茨、藐姑、箕首、大蒙之遊焉。夫聖人以神法道，而賢者通；山
> 水以形媚道，而仁者樂，不亦幾乎。

從首段的文意脈絡來看，並非討論創作論的問題，而是闡述本體論的主張，
把「道」解成「意」，只能說是詮釋者寬鬆地引伸推廣，不符原文本義。

最常見的說法是：宗炳的「道」是「莊子之道」。著名的中國藝術史家蘇
立文（Michael Sullivan）就認為宗炳的生活和作品可以明顯看到道家理想的表
現，其畫論同樣是道家思想的發揮，〔註63〕可惜的是蘇立文對自己的主張並
沒有多做論證。

當代學者對中國藝術精神的研究，以徐復觀先生貢獻最為卓著。他主張
中國藝術精神主體的根源在老莊，尤其是莊子的道，落實人生之上，成就了
崇高的藝術精神，而莊子由心齋的工夫所把握到的心，實際上就是藝術精神
的主體，〔註64〕他得到這樣的結論：

> 中以山水畫為中心的自然畫，乃是玄學中的莊學的產物。不能了解
> 到這一點，便不把握到中以繪畫為中心的藝術的基本性格。〔註65〕

也因此，徐復觀先生雖然承認〈明佛論〉是宗炳的中心思想，但又說它只著
重於輪迴報應的問題，〈畫山水序〉裡面的思想，全是莊學的思想。

陳傳席先生在中國大陸做研究時，雖未參考徐先生著作，卻得到和他相
近的論點。在一篇宗炳〈畫山水序〉的專門研究論文中，〔註66〕他仔細論證

〔註61〕「映」《王氏書畫苑》、《全宋文》及《佩文齋書畫譜》均作「應」，二者皆可
　　　　解釋宗炳的思想。詳細疏證見陳傳席前揭書，頁126。
〔註62〕「孔」應做「舜」才是，見陳傳席前揭書，頁128。
〔註63〕Michael Sullivan: *The Arts of China*，曾堉、王寶連編譯：《中國藝術史》，臺北：
　　　　南天書局發行，民國74年，頁97。
〔註64〕參見氏著：《中國藝術精神》第二章。
〔註65〕同上，頁236。
〔註66〕見氏著前揭書，第五章：〈宗炳畫山水序研究〉。

宗炳的「道」，扣緊原文，提出了以下的論點，茲整理如下：〔註67〕

（一）宗炳〈明佛論〉，仍是闡明佛教宗義的文章，其主旨就是談佛家的「因果報應」。

（二）人要得到一個好的報應，就要注意「洗心養身」，洗心養身的方法，依〈明佛論〉所言，必須遵奉老子莊周之道。

（三）宗炳〈答何衡陽書〉中有所謂「眾聖莊老」，宗炳是把他們的話奉爲金科玉律。

結論：宗炳雖崇釋，而其人生哲學爲老莊的道家思想所左右的成份還是居多。

（四）〈畫山水序〉所標舉的「澄懷味象」，「澄懷」就是要胸無塵濁雜念，也就是「洗心」，和莊子的「心齋」是一致的。

（五）宗炳在本文所提到的聖人：「軒轅、堯、孔、廣成、大隗、許由、孤竹之流」皆是偏於仙道人物，但並未提到如來、菩薩等佛家聖人，可見本文的聖並非佛家之聖。

（六）「聖人含道映物」即聖人從自然萬物中發現歸結出了道，道方能爲人所知；也可以說道發自聖人，內含於聖人生命體中。反過來說，此道在自然現象中必有體現，此即「映物」。賢人不具有這種能力，所以要先經由「澄懷」的功夫，去除污濁之心，方能品味經由聖人之道所顯現之物象而得道，或者說，賢人需經由聖人之道的學習、指點，再去觀察、體會、品味物象，這就是「味像」，也叫做「味道」，而此自然物像所反映的道，在老莊學說中可找到種種例證，因爲老莊之道，往往是借自然來說明其中的眞諦。

結論：〈畫山水序〉的「道」是老莊意義下的「道」。

以上的論證，已概括了主張宗炳的「道」是「莊子之道」的主要意涵。筆者並不同意這種看法，以爲宗炳的「道」乃指佛道，〔註68〕茲申辯如下：

（一）〈明佛論〉〔註69〕的主旨不只是「因果報應」，其所標舉者有三：

〔註67〕以下所述，依據前揭文第二節改寫而成。

〔註68〕學者也有主張宗炳〈畫山水序〉並非全屬莊學的表現，其主導思想爲佛法。他們的論點與筆者所述，詳略不同，意義論釋亦有差異。請參見劉綱紀：〈宗炳的畫山水序〉（氏著前揭書第十四章）；木全德雄：〈慧遠と宗炳をめぐって——その社會思想史の察〉，刊於《慧遠研究》研究篇，木村英一編，創文社。

〔註69〕〈明佛論〉又名〈神不滅論〉，所引原文以《全宋文》爲本（見前揭書，卷二

「神之不滅、緣會之理、積習而聖」。〔註70〕「聖」即佛法身。宗炳「佛法身」
的觀念乃是承繼慧遠而來。〔註71〕他說：

> 識能澄不滅之本，稟日損之學，損之又損，必至無爲無欲，欲情唯
> 神獨照，則無當於生矣。無生則無身，無身而有神，法身之謂也。
> 〔註72〕

這雖是用了老子的語言，明顯表示了格義佛教的特色，但整個義理與關心的
問題，則純屬佛教內容。宗炳以爲生命的本源是由於「情」的發動，「情」貫
入「神」便使「神」失去其本性，不斷地起作用，與物相感，與身相合，一
身壞死，復受一身，不滅的「神」永遠無盡地參與生死流轉。要解除生死流
轉的機制，唯有使「神」不受「情」的束縛。「澄不滅之本」，「澄」，澄清、
清淨之意，「不滅之本」，神也。清淨精神，即使情欲心識止息，以保全「神」
之靈明。這便需要「損」的功夫，或般若智「遣執蕩相」的「空」用。在宗
炳看來，老莊之「虛」，和佛家的「空」是相通的，只不過佛家說「空」更爲
澈底罷了。由道家「損」道，以至窮盡損道的「無生」，便可成就無形無身的
純粹的「神」自身，此神自身便是法身。由此可知，宗炳是空形空身不空說。
其理論關懷是「法身」，不可因其使用道家語言，吸收、融合道家學說，便謂
其「道」非佛道。

　　（二）〈明佛論〉說：「若老子、莊周之道，松、喬、列、眞之術，信可
以洗心養身，而亦無取於六經。」〔註73〕這段話的重是以道家來貶低儒家六
經的價值。一個「信」字是用來表示宗炳可以接納、採用老莊之道，但並非
以它爲主導原則。再者，〈明佛論〉說：「自恐往劫之桀、紂，皆可徐成將來
之湯、武」〔註74〕說明了「積習而聖」的道理，「徐成」二字不可輕看。這

　　　　十一），並參考《中國佛教思想資料選編》第一卷（北京：中華書局，1981 年）。
〔註70〕同上，頁 2547。
〔註71〕慧遠「法身」的觀念和般若學是有距離的。鳩摩羅什依其空宗立場，一語指
　　　　出慧遠對「法身如何可見」一類問題的索解全屬戲論。但慧遠對「法性」的
　　　　思考和其價值論和解脫論是息息相關的，因此終生未放棄對「法性」做爲理
　　　　想絕對存在（佛）的實存性的看法。其詳參見本文第一章，並請參見區結成：
　　　　《慧遠》（臺北：東大出版社，1987），第十章；任繼愈主編《中國佛教史》
　　　　第二卷，頁 676～684。
〔註72〕前揭書，頁 2548。
〔註73〕同上，頁 2547。
〔註74〕同上，頁 2548。

「積習」的功夫當然也包括「洗心養身」，但不只是如此，它同時也預設了「神之不滅」、「緣會之理」兩個命題的成立。在宗炳看來，「洗心養生」的積極義非爲「養身」而是爲了「養神」，〈明佛論〉明言：「味佛法以養神」，〔註75〕「洗心養身」是老莊的「損」道，與佛法有著共同的實踐效果，但在位階上，前者顯然歸屬於後者。

（三）〈答何衡陽書〉是宗炳與何承天就佛的存在的問題展開的激列爭論，何氏旣不信佛，辯論時當然不能把佛或佛理做爲預設，只能就共同接受的命題爲基礎，以建立自己的主張，並駁斥對方的自我矛盾。「眾聖莊、老，何故皆云有神？若有神明，復何以斷其不實如佛言？」〔註76〕正是這種技巧的應用，實不可由「眾聖莊老」的用語，抽出其行文的脈絡，便謂宗炳以莊老爲依歸。

結論：宗炳雖吸收莊老的思想，但是其終極關懷仍是佛道，其指導原則也是佛法，老莊學說已被宗炳融合到佛教，並加以選擇地運用。

（四）「澄懷」誠然是相當具有莊子味道的用語，但就宗炳的思想「澄不滅之本」、「聖神玄照而無思營之識」、「悟空息心，心用止而情識歇」〔註77〕更是「澄懷」本意的具體表達。「澄懷」是化除人的情欲貪愛、意志執著與心識分別活動，而使心神歸於澄靜的一種工夫活動，這是佛教與道家共通的工夫論修養論，宗炳實融通佛道二家而偏於佛。

（五）宗炳於〈畫山水序〉所提聖人都是仙道人物，這只能說是格義的色彩，不能由此反證其聖人非佛家聖人。〈明佛論〉說：「居軒轅之丘，登崆峒、陟凡岱，幽陵蟠木之遊，逸跡起浪，何以知其不由如來之道哉？」〔註78〕不正表示宗炳以如來之道收攝整個隱士仙道人物的傳統？宗炳贊嘆「佛國之偉，精神不滅，人可成佛」，如果說其心目中的聖人非佛，那實在是不可解的。

（六）〈明佛論〉云：「夫常無者道也。唯佛則以神法道，故德與道爲一，神與道爲二。二故有照以通化，一故常因而無造。夫萬化者，固各隨因緣，自作於大道之中矣。」〔註79〕「道」是現象世界的總原理，現象世界時刻遷

〔註75〕同上，頁 2554。
〔註76〕同上，頁 2543。
〔註77〕同上，上引三則分別見於頁 2548、2549。
〔註78〕同上，頁 2550。
〔註79〕同上，頁 2551。

流生滅，一切存在依因待緣，所以雖有而常無。「神」則是不滅，佛之神即爲「法身」、「法身常往」，所以是常有。宗炳依慧遠佛學「亦有亦無」的觀點，顯然認爲「法身」爲現象世界的本源。「德與道爲一」，「德」便是「道」在因緣條件下的具體存在物，散於個物來說，便是「萬化」。在此，「化」有三種意涵：（一）指現象世界；（二）指生死流轉；（三）指天地的自然化育。萬化的世界，其原理的依據便是「道」。至於「神」，是萬化的根源和主宰，所以與「常無」的道不同（爲二），但又不離於「道」，「有照以通化」。「有照以通化」有二層面的意義：從佛法身來說，「佛爲萬感之宗」，佛以其「無形以神存」的本質規定，以其神明之功與萬化通感；就「萬化」的角度來說，「神」內含於萬化之中，在萬化之中起著靈明寂照的作用，這也保證在無常虛空之中，萬化超越解脫的可能性。

　　以這段文字爲導航，我們對「聖人含道映物」就有了理解的線索。「映」即慧遠在《大智論鈔序》所說：「生滅兩行於一化，映空而無主」〔註80〕的意思。生與滅是相異的，但又是一致的，因爲這兩者都是「化」，即都是法身的變化，這就反映出，生滅都是空，都沒有主宰。〔註81〕「映物」便是在物中反映出空理。整句話可以這樣意譯：「常無虛空之道內含於佛法身之中，（因虛空之道以法身爲依據），佛（法身）又爲萬感之宗，並在物中反映出來（實由寂照而體認到這層眞諦）」。那麼「賢者澄懷味像」的意思是：「賢者澄清其情、意、心識，品味具體物像中的無（空）與有（神）」。

　　結論：〈畫山水序〉的「道」是佛道，並且是慧遠神不滅哲學規定下的佛道。

二、「寫山水之神」析義

　　〈畫山水序〉云：「至於山水，質有而趣靈」，「質有」即形質的存在；〔註82〕「趣」做接受解，「靈」即「神」之現與作用，〔註83〕此句意思是說：

〔註80〕　見木村英一編：《慧遠研究》遺文篇（東京：創文社，1937），頁99。

〔註81〕　這段譯文，見《中國哲學史資料選輯》魏晉隋唐之部（中）（臺北：九思出版社，1978），頁559。

〔註82〕　朱良正以爲「質有」包括兩方面的內容，「有」指山水具有實實在在的形體，「質」就其內核而言，指山水蘊藏著深刻的內容──道。這觀點雖有新意，但是是種孤立的解釋。見氏著：〈劉勰和宗炳的「物色」觀比較〉，刊於《文心雕龍學刊》（第五輯），頁316。

「山水形質存在，必能接受神的顯現與作用。」〈明佛論〉說：「今神妙形粗，而相與爲用，以妙緣粗，則知以虛有矣。」〔註84〕這段話可做爲註解。宗炳以爲萬事萬物皆有「靈」，因它是佛的「精感」所托生，既使是五嶽四瀆也不例外。〔註85〕這種觀念也是從慧遠的思想而來。慧遠〈佛影銘〉是把整個山河大地都看作是佛無所不在「神明」的體現，因此自然山水的美也就具有了一種和佛相聯的精神意義。闕名的〈廬山諸道人遊石門詩序〉，也是以佛學的意識去描述佛教徒對山水美的感受。可以這麽說，孫綽的〈天台山賦〉，與宗炳的〈畫山水序〉「以佛對山水」，〔註86〕這種發展歷程，和當時自然觀的發展是相應的。〔註87〕

　　山水之靈，即山水之神，其意思已明白，那麼，畫家如何寫山水之神呢？在討論這個問題之前，我們先要釐清一個觀念：宗炳絕非「形似」論者。

　　主張宗炳的美學思想是「形似論」的人，建基在兩個錯誤的字義了解上。

　　（一）把「類」理解爲「類似」，因此說觀畫的人應注意山水畫中是能傳達「類似」與自然山水的形。結果得出宗炳對中國繪畫理論的貢獻在於「形似」理論的確立。〔註88〕考〈畫山水序〉「類」字凡三見：（一）「徒患類之不巧」；（二）「類之成巧」；（三）「棲形感類」。（一）中所出現的「類」字，是「形象」的意思。《淮南子‧眞訓》「又況未有類也」，高誘注：「類，形象也」這句話是說：「就怕其形象不巧」（不佳，不理想）；（二）中的「類」字，做「畫」（動詞）解。《廣雅》：「畫，類也」；這句話是說「如果畫得巧妙」；（三）中的「類」做繪畫解，意思是說「神寄托於形中，感通於繪畫上」。〔註89〕以上「類」字的用例皆不可做「類似」解。至於有人依此錯誤的理解，進一步申論說：「宗炳〈畫山水序〉中所見藝術的『同類相動』觀點實與早期中國本土藝術的神秘傳統有關」，〔註90〕這更屬沒有根據。

　　（二）錯解了「以形寫形，以色貌色」的涵意。「以形寫形」並非寫實主

〔註83〕　「靈」的釋義，請參見陳傳席前揭書，頁127。
〔註84〕　見前揭書，頁2549。
〔註85〕　〈明佛論〉云：「夫五嶽四瀆，謂無靈也，則未可斷矣。」
〔註86〕　此發展過程的分析，請見劉綱紀前揭書，頁582～592。至於更詳實的立論，有待它日另文研究。
〔註87〕　此時期自然觀的發展，請參見本文第一章。
〔註88〕　參見張靖亞前揭書，頁109～111。
〔註89〕　以上解釋，及根據陳傳席的註解。見氏著前揭書，頁134～136。
〔註90〕　見石守謙前揭文，頁16。

義的主張。其原文的脈胳如下：

> 夫理絕於中古之上者，可意求於千載之下，旨微於言象之外者，可心
> 取於書策之內。況乎身所盤桓，目所綢繆。以形寫形，以色貌色也。

古聖人的思想，可通過心意去探索到，言象之外的微言，也可以通過書策「心取」之（心取，所以不局限於書上的文字，而必有所領悟才可能），這便是「微言盡意」的主張。「況乎」以下四句，可視爲「妙象盡意」的說法，〔註91〕「妙象盡意」比「微言盡意」更具優勝，其理由有二：

（一）經驗的直接性「身所盤桓」即身入其境，「目所綢繆」即細察其景，這種透過直接經驗所得之理是「意求」、「心取」所不能及的。

（二）媒材的優越性：「以形寫形」即以山水本來之形，繪爲畫面上的山水之形；「以色貌色」即以山水本來之色，給爲畫面上的山水之色，〔註92〕以繪畫爲媒材，在理解上，是勝過於書寫文字的。

以「況乎」二字來引領底下四句，宗炳預設了「妙象盡意」的優先性。至於「以形寫形」，如果把前後兩個「形」字視爲同義，又如何能「盡意」？伍蠡甫先生在解釋「意與法」時，認爲以意使法的「法」，包含立意、用筆、用墨、用色，並歸結爲三個環節：

（一）在一定的情思、意境的要求下，從自然對象、自然美中抽取或攝取形象。

（二）運用筆法以反墨法、色法，加以概括，產生藝術形象和藝術美。

（三）使畫家的意境寓於藝術形象中，而表現爲藝術美。〔註93〕宗炳兩次使用「形」、「色」二字，採用伍先生的邏法，，前面的「形」、「色」屬於第一環節的意義，後面的「形」、「色」屬於第二，第二環節的意義，在這種詮釋底下，才能貼近宗炳的立論，以爲宗炳是「形似」論者，純屬誤解。

仔細研究〈畫山水序〉，寫山水之神亦歸結爲三個環節：（一）山水以形媚道；（二）寫山水之勢；（三）應目會心爲理。

〔註91〕「微言盡意」、「妙象盡意」的內涵與思想演變，參見王葆玹〈正始玄學的認識論——言象意之辨〉《正始玄學》（濟南：齊魯書社，1987），第八章，；林朝成〈言意之辨與自然美感的成立基礎〉，《中國文學與哲學研究生論文發表集》（臺北：中央研究院中國文哲研究所，1992）。

〔註92〕以上解釋，採用陳傳席的註釋，見氏著前揭書，頁133。

〔註93〕見氏著前揭書，頁13。

（一）山水以形媚道：「山水以形媚道」和「（山水）質有而趣靈」共成一類命題，正因山水「趣靈」，所以才可能「媚道」。「媚」的用法與〈明佛論：「夫物之媚於朝露之身者」〔註94〕的「媚」同義，做親順、愛戀、愛悅解。〔註95〕山水是以其富有感性的形象愛悅「道」，顯示出「道」的神妙來。「道」在此可有二種意涵：（一）空義（二）神義。

〈明佛論〉云：「夫巖林希微，風水為虛，盈懷而往，猶有曠然，況聖穆秉空，以虛授人，而不清心樂盡哉！」〔註96〕山水所以媚道，就在於使人釋懷曠然，此時「道」便含有神義。

〈明佛論〉云：「而感託巖流，肅成一體，設使山崩川竭，必不與水土俱亡矣。神非形作，分而不滅，人亦然矣。」〔註97〕宗炳主張形神分立，形滅神存，而山水之靈必有神存（合），此時「道」便含有「神」義。

總合此二義，才可看出「以形媚道」的完整面向，也才能了解宗炳的美學與佛學思想的一致性。

（二）寫山水之勢：〈畫山水序〉說：「……不以制小而累其似，此自然之勢也。」「似」字，一般解釋為「相似」、「類似」，「不以制小累其似」就是說：「不因繪製成小幅（圖畫）而影響其與原山水相似」。

這就把宗炳看成是形似論者。「似」應與後句「此自然之勢也」合看，「似」指氣勢之似，這句話是說不會因形制小而影響其氣勢之似。〔註98〕氣勢之似，才可表現山水之神、靈，而不只是有如地形圖的死山水。山水自然的靈氣最容易從其氣勢之中，使人有所感發，所以「勢」是把握山水之神的重要憑藉，從此，「勢」便成為中繪畫美學的重要審美觀念。〔註99〕

（三）應目會心為理：〈畫山水序〉說：「夫以應目會心為理者，類之成巧，則目亦同應，心亦俱會。應會感神，神超理得。雖復虛求幽岩，何以加焉？」「應目」是通過眼睛去感知、觀察，從外界攝取形象。此即伍蠡甫先生

〔註94〕前揭書，頁2553。
〔註95〕陳傳席認為「媚道」亦可視為一個詞使用，即爭寵的意思，「以形媚道」，即「道」施嘆於萬物，但山水因為形美，能和萬物「爭寵」，聖人之道更集中地反映在上面。這個意見，亦可參考。見氏著前揭書，頁130。
〔註96〕前揭書，頁2549。
〔註97〕前揭書，頁2548。
〔註98〕參見陳傳席前揭書，頁135。
〔註99〕「勢」在中國古典美學範疇的地位及其發展，參見涂光社：《勢與中國藝術》，中國人民大學出版社，1990年。

所謂「法」的第一環節；「會心」是心中有所會悟，主客相契合之意，亦即把握「法」的第二、第三環節。「為理」，形成「理」，即形成山水之神的具體存在之理（表現於具像山水之中的「理」）。由「應目」至「會心」乃是一大步質的跳躍，這就決定，畫家要不斷地從山水中尋求靈感，熟悉山水的種種形態，與山水相親相附，並加以哲學的玄思，讓山水的「神」、「靈」揭露出來。這就導致畫家不是寓目即畫，而是丘壑內營，久而化之，成為己意，以描繪出心中的山水。宗炳「眷戀廬、衡，契闊荊、巫，不知老之將至」便是這種精神的寫照。

　　如果把〈畫山水序〉與《文心雕龍‧物色》的觀物方式做個比較，將更能表示出「應目會心」所呈現的物我關係。劉勰在〈物色〉中強調：「物色之動，心亦搖焉」，這便是「觸物以起情」、「心物感應」的物我關係，側重了三個面向：一、強調了視覺的直接感知作用；二、強調了瞬間的領悟；三、強調即目成吟，因山水之美，觸動創作心靈，引起人們強烈的創作衝動，發而為詩。〔註100〕這和宗炳的觀物方式，側重靜觀、玄思與「形」的跳躍、轉化，是二種不同的「物色」觀。

　　「應會感神，神超理得」是說眼所見到，心所領會的（即「應目會心為理」）都感通山水所顯見的神，這麼一來，精神便可超脫於塵濁之外，「理」也便隨之而得了。〔註101〕作畫者和觀畫者同以這種精神來描繪、觀賞山水畫作，便對山水有個整全的呈現方式與領會，此時的山水已非形式的山水，而是經過聖賢點化的山水，能於其中臥遊賞玩，就不比遊真山水差。這便是「寫山水之神」所要達到的功能效果。

三、暢神說的旨意

　　「暢神」字面的意思是「使精神愉快」，但這種愉快並非純粹的審美樂趣，而是由於深入領悟佛法身與道，所以精神特別的愉快。因此，「暢神」實包含有宗教、玄學與審美三方面的樂趣。

　　山水畫家在繪畫的表現上要求「妙寫」，亦即寫神，〈畫山水序〉云：「神本無端，棲形感類，理入影跡，誠能妙寫，亦誠盡矣。」翻譯成白話是：

　　　　山水之神本來是無具體形狀的，所以無從把握，但神卻寄托於形之

〔註100〕〈物色〉的物我關係的詮釋，見朱良志前揭文。
〔註101〕見陳傳席註釋，前揭書，頁136。

中，而感通於繪畫之上，「理」也就進入了山水畫作品之中了。誠能
巧妙地畫出來，也就眞正能窮盡山水之神靈及和神靈相通的。〔註102〕
這段話，把我們上節所討論的「寫山水之神」，做了清楚的陳述。觀畫者如能
在畫面上看到作畫者所表現的繪畫精神，那精神的愉快將無與倫比。「暢神」
便是從觀賞的角度，提出山水畫功能論。

如何達到暢神的效果呢？觀道時需要「澄懷」的工夫，審美觀賞時，同
樣需要澄靜心志血氣，使對象（畫作）的本質揭露出來，而不以主觀的意志、
實用的企圖強加於對象，淹沒了所可能感道的山水之神。〈畫山水序〉云：「於
是閒居理氣，拂觴鳴琴，披圖幽對，坐究四荒，不違天勵之藂，獨應無人之
野。」這段話具體說明了審美意義的「澄懷味象」，也說明了「暢神」的宗旨
所在。可惜，這段話的文意很難理解，尤其最後二句，更爲費解，〔註103〕使
得許多研究者忽視了這段文字的重要性。

「閒居理氣」，「閒」爲悠閒，「閒」是種心境，也是一種欣賞玩味的態度，
晉宋時期，「閒」已是士人們常用的辭彙，以陶淵明爲例，在他的詩文中，提
及「閒」字的，竟有卅處之多，如閒飲、閒止、閒居、閒泳等。〔註104〕「閒
居」乃是去除一切名利爵祿之庸俗的干擾，對萬事萬物抱著欣賞玩味的意趣；
「理氣」即調和心氣，使心氣理順，讓紛雜心思沈澱下來，心得安靜。這便
是「澄懷」之意。

「拂觴鳴琴」，「拂觴」即飲酒，飲酒在於放鬆心志，解除胸中鬱悶，泯
除認知作用，不對物取一種分析求解的態度；「鳴琴」，彈琴的作用在「導養
神氣，宣和情志」，〔註105〕亦即使心平和，「拂觴鳴琴」即「澄懷」的具體實
踐工夫。

「披圖幽對，坐究四方」，即展開圖卷，雅靜地對著上面的山水畫，坐著
便可以窮究四方（臥遊）。此即「味像」之意。「不違天勵之藂，獨應無人之
野」即在「味像」中所感到的逍遙自在，自己精神與山水之神相融洽的境界。

〔註102〕見陳傳席前揭書，頁140。
〔註103〕陳傳席對〈畫山水序〉點校注譯所下的功夫及其貢獻，是當代學者的里程碑，
　　　　但他對所引文後二句也不甚了了，由此可見這段文字實屬難解。
〔註104〕參見陳怡良：〈陶淵源文學成就所以獨超眾類之探討〉，發表於《魏晉南北朝
　　　　文學與思想研討論文（初稿本）》，國立成功大學主辦，民國79年11月3、4
　　　　日，頁66。
〔註105〕見嵇康〈琴賦序〉，彈琴與修養論之間的關係，詳見本書第二章。

「天勵之藂」，「勵」與「厲」通，爲威嚴之意；「藂」，通於叢，是集結之意，〔註106〕〈明佛論〉云：「妙觀天宇澄肅之曠，日月照洞之奇，寧無列聖威靈尊嚴乎其中，而唯唯人羣，忽忽世務而已哉？」〔註107〕便是「天勵之藂」的思想淵源，「不違天勵之藂」是在觀賞山水畫時，與佛的威靈所聚生的天地萬物合爲一體。〔註108〕（己之神與山水之神不離。）

「獨應無人之野」，「無人之野」語出《莊子‧逍遙遊》「今子有大樹」段，即「無何有之鄉，廣莫之野」，意指可供人逍遙無爲的所在。「獨應無人之野」即獨自逍遙於人所不到的山林原野。

「不違天勵之藂，獨應無人之野」，可說是宗炳「暢神」論的宗旨所在，在這裡頭，也可以看出他融通佛道的格義佛教色彩。

宗炳「暢神」說，給審美經驗加上了玄學（更精確地說是佛學）的骨體，使得後世畫論，必具有玄學的思辯色彩，而不只是繪畫理論的陳述，表現了中國畫論所具有的哲學高度與思辨特質；他又把「神」的概念運用於山水畫，成功地賦予山水畫獨立的地位，使得後人在這基礎上，有更大的想像空間與玩味的冥思；在「以形寫形，以色貌色」的創作論中，標舉「勢」的重要性，這些都是〈畫山水序〉在美學上的主要貢獻，也標示出中國山水畫論的深刻意涵與佛道合流的可能性。

第四節　王微「降神」說析論

王微〈敘畫〉略晚於宗炳〈畫山水序〉，〔註109〕其進路雖與玄學、佛學相關，但又超出了原有的觀念，表現出一種新的美學傾向。宗炳「以形寫形」雖不能理解成「形似論」，但對於創作與欣賞歷程中的「心」如何決定、影響藝術表現形式這類問題，說得並不清楚，這就有待於王微進一步的補充，使心的靈動作用在繪畫美學的地位顯題化，以擺脫繪畫實用價值的限制，確立山水畫爲獨立的藝術畫科，此其一；再者，宗炳的畫論標舉「以佛對山水」，並以佛學吸收了玄學的主要內涵，對作畫的情趣之美，「怡悅情性」，卻有所

〔註106〕參見劉綱紀前揭書，頁 600。
〔註107〕前揭書，頁 2551。
〔註108〕此解釋乃參考劉綱紀的解說。同註 106。
〔註109〕依陳傳席的考證，〈敘畫〉晚於〈畫水序〉至少四年，至多十五年。見氏著：〈王微敘畫研究〉，第二節。前揭書，頁 144～147。

忽視，王微〈敘畫〉著重於「情」在山水畫所發揮的功能，可以說是「以情
對山水」，這不只是與當時的自然觀由重神走向重情的歷史發展相應，〔註110〕
同時也與劉勰《文心雕龍‧物色》所主張的「物色之動，心亦搖焉」及鍾嶸
《詩品》強調詩的「搖動性情」的功能相應，匯聚成六朝美學重情動的物我
關係論，此其二。本文嘗試從這二種新的美學傾向，論述〈敘畫〉的主要哲
學、美學的意義。

一、山水畫是獨立的藝術畫科論〔註111〕

〈敘畫〉〔註112〕一文是王微給他的好友顏延之復信。顏延之主張圖畫不
居於技藝的行列，畫成當與聖人所造的《易》象同體。可是書、畫兩者的地
位來作比較，顏氏認為書法高妙，高畫一等。〔註113〕王微一方面贊成延之對
繪畫地位的主張，又不同意把畫貶低書法一級，所以要力主書法和圖畫同具
有光輝價值，這是全文的問題所在。

為何把繪畫與《易》象視為同體呢？《易》在魏晉具有崇高地位，與老、
莊號稱三玄，又《易》為聖人之書，已是當時共識，藉助於《易》的地位來
肯定繪畫，乃是把繪畫藝術提高到與道同的地位。這類似於文藝術興時期的
畫家，憑藉著科學的知識與努力，擺脫了工匠的地位，使繪畫入了科學的行
列，只不過一以科學之功，一以玄學之功，足見兩種文化的異趣。

《易》所以被藉用，從內容本身的要素來分析，可歸納出三個要點：

（一）《易》之象以言天道與人道為主，畫成與《易》象同體，即表示由
技入道。〔註114〕

（二）《易》象是模倣天地間自然現象而創造成，這和圖畫的本源是一致
的。〔註115〕

〔註110〕詳見本書第一章。

〔註111〕此標題直接採用陳傳席的標題，但內容詳略有所不同，論證方式與著重點也
有差異，請參照。

〔註112〕〈敘畫〉原文以〈歷代名畫記〉為依據（見前揭書，頁 80），並參考陳傳席
的點校，以下引文為免累贅，不一一註明。

〔註113〕「以圖畫非止藝行，成當與《易》象同體。而工篆隸者，自以書巧為高。」
是顏延之的主張，不可把它看做是王微本人的看法。王微同意前者，駁斥後
者，並予理論的建構和說明，此乃〈敘畫〉的貢獻所在。

〔註114〕參見徐復觀前揭書，頁 244。

〔註115〕見陳傳席前揭書，頁 168。

（三）《易・繫辭》言：「聖人立象以盡意」，其象非普通的象徵符號，而
　　　是能盡聖人之意的「妙象」，由此可知王微的繪畫藝術乃是「立象
　　　盡意」理論的實踐。〔註116〕

以此為共同的前提，王微從三方面展開「覈其攸同」的論證。

（一）「心用同」的論證

　　王微認為一般談繪畫的人，「竟求容勢而已」。「容勢」，形容局勢之意，
即客觀世界中有限的物狀。〔註117〕繪畫如果只追求客觀世界中的外形局勢而
已，那就夠不上藝術審美的標準，也將使繪畫藝術只停留於外在的模擬形似；
這在魏晉傳神論的美學傳統下，當然不能令人滿意。

　　有些學者受王夫之的影響，把「容勢」的「勢」解釋成「有動態之姿勢」，
並且說山水畫的情緻，在於「竟求容勢」，〔註118〕這就忽視了該語句的主詞：
「夫言繪畫者」，是泛指一般人，非指作者自己，所以有底下的辯駁。

　　王微就當時已有的繪畫實踐成績，認為所謂繪畫，已不只是安排比例嚴
格的地圖類畫，畫家已擺脫了繪畫的實用性，按照美的規律去創造了，〔註119〕
如果還以「竟求容勢」為繪畫標準，那麼理論將遠落於實踐之後。這一認識，
使繪畫走上了藝術獨立之路。

　　繪畫所以能夠擺脫實用的興趣，其關鍵在畫家的「心」在藝術創作中所
佔的決定性地位。王微說：

　　　本乎形者融靈，而動者變心，止靈無見，故所託不動，目有所極，
　　　故所見不周。於是乎以一管之筆，擬大虛之體，以判軀之狀，盡寸
　　　眸之明。

「本乎形者融靈」，〔註120〕是指山水畫區別於地理圖的根本之點在於它畫的山
川形勢是通於神靈的。〔註121〕「本乎形者」與宗炳「以形寫形」相通，其主
詞應是「且古人之作畫也」的意思，可虛指山水畫，有些人忽略了整段文字

〔註116〕詳見林朝成〈言意之辨與自然美感的成立基礎〉，前揭文，同註91。
〔註117〕參見陳傳席前揭書，頁168。
〔註118〕見敏澤前揭書，頁643～44。
〔註119〕以張彥遠《歷代名畫記》卷五、卷六所載畫家的成就，確實已使繪畫擺脫了
　　　　單純的實用性。
〔註120〕也有人把這句話標點成「本乎形者融，靈而動者變心」，這在解釋上，較難講
　　　　得通。其駁辨見劉綱紀前揭書，頁613。
〔註121〕見劉綱紀前揭書，頁613。

語意脈胳，將它翻釋成「本來形和神就是一體」，〔註122〕這就使整句話難解。或者進一步把此句當做關鍵語，認為王微是形神一體論者，而宗炳是形神分殊論者，宗、王之論貌似相同而實不同，〔註123〕這樣的論點滋生許多理解的難題，因把顏延之與王微的思想視為一系，又把顏氏視為形神一體論者，這個推論關係的前提是不能成立的。顏氏〈釋達性論〉與〈重釋何衡陽〉二論很難視為主張形神一體的著作，延之明白主張神不滅論者，雖未有明顯法身觀念，但是徹底反對神滅論，是毋庸置疑的。何尚之〈列敘元嘉讚揚佛教事〉引宋文帝的話說：「顏延年之折〈達性〉」〔註124〕可為明證。錯解延之，便錯解王微的思想要旨。

「而動者變心」，《王氏書畫苑》、《佩文齋書畫譜》作：「而動變者心也」。按以此為是。〔註125〕「而動變者心也」是說這山川之靈又是通過人心的感應動變作用而獲得的，〔註126〕換句話說，山水畫非地圖，可以依靠畫家的心，剪裁加工（變動），想像類感而為之，山水動變之勢（靈）便因心的作用，心的體會而有所得。

「止靈亡見，故所託不動」，這句話是說：「僅僅只是靈（而無形）是見不到的，所以靈（神）要寄托於不動的形象（山水之形）之中」。此與宗炳的「棲形」說相似，其不同之處在於王微只重視心靈作用的動相、感應相，而不限定其本質內容，宗炳則以佛法身為該命題的依據、指導原則，故偏於靜相，虛無（空）相。轉變成美學原則，王微強調「靈」的生動活澄的面目，宗炳則強調其空靈虛靜的面向。

從「目有所極」至「畫寸眸之明」，敘述了由心的作用過渡到手的作用的表現方法。「目有所極，故所見不周」，指由目欣賞山水，依然受到限制。此限制有二，一為視力有限，一時只能看到某一特殊角度，不能盡其全貌；一為眼睛功能的限制，眼睛不能看出山水之景的「融靈」，也不能看到理想的山水典型，更不能看到想像中的神仙所居的山水仙境，這些都是屬心的功能，所以由眼所見之景不能周全。此以「心」、「目」對比，凸顯心的主導作用。

「擬太虛之體」，「太虛之體」即想像中的山水之體，引申為融靈的、理

〔註122〕見陳傳席前揭書，頁169。
〔註123〕同上，頁170。又見劉綱紀前揭書，頁618。
〔註124〕見全宋文卷二十八，前揭書，頁2590。
〔註125〕請參見陳傳席的注釋，氏著前揭書，頁169～170。
〔註126〕同註121。

想的山水之體，〔註127〕「此太虛之體」即形神交融之體，它才是繪畫所要表現的對象，而不是原始的第一形體。此又非發揮「心」的作用不可。

「以判軀之狀，畫寸眸之明」，「判軀之狀」，判：分也，「判軀」，即分出整體的一部份（最理想，最具有本質的重要性與敏感性的一部份），〔註128〕整句話是說，以部份之狀（即想像中、感應中的山水），畫出由目能見之明的畫上山水。此即由心的作用過渡到手的表現手法。

總結以上所述，繪畫乃以發揮心的功用爲先，因「動變者心也」的結果，「意在筆先」、「以意取象」，繪畫藝術的本盡在於此。而取象，便需有記憶的參與，使得所取之象成爲「心」的材料，依「融靈」的原則在心中重構，以醞造理想的形像，成爲畫面上的山水美景，此所以王微對自己的敏銳感受力和記憶力，頗爲自許。〔註129〕

書論從西晉以來，「心爲君，妙用無窮」〔註130〕的思想已臻成熟。西晉成公綏《隸書體》說：「工巧難傳，善之者少，應心隱手，必由意曉」；衛桓《四體書勢》說：「睹物象以致思，非言辭之所宣，及東晉王羲之論書，一再強調書要「有意」，〔註131〕皆表示書論中「意」論、「心論」的早熟，王微要確立繪畫的地位，強調「心」的作用，隱涵著書、畫藝術同具有最高的精神本質，故地位相當，因此筆者以「心用同」的論證稱之。

（二）「筆法同」的論證

王微時，繪畫的實踐已擺脫顧愷之仍沿用的「春蠶吐絲」法，在用筆上已從書法的筆勢和點畫兩方面吸收了書法的方法，認爲書法的不同的筆勢和點畫可應用於山水畫中不同對象的描繪。這無疑克服了繪畫表現技巧的傳統

〔註127〕「太虛」與「所見」相對，是「見不到」，而存在想像之中（見陳傳席前揭書，頁170），由此引申爲融靈之「靈」，因靈亦無由見，只能憑藉山水而顯。（見徐復觀前揭書，頁244）。

〔註128〕徐復觀註「判軀」爲「分山水之形以爲形」，語意很不清楚，茲參考陳傳席註釋，做如上解釋。（見氏著前揭書，頁171）。

〔註129〕王微曾自言：「任知畫績，蓋亦鳴鵠識夜之機，盤紆糾紛，或記心目。故兼山水之愛，一往跡求，皆得彷彿。」（〈報何偃書〉，引《自歷代名畫記》），鵠是一種水鳥，善於記憶山川形勢，夜行也不致失去方向，王微頗以自己的記憶力自許，所以他和宗炳勤於遊走山水之間的創作方式，有所不同。

〔註130〕見唐·虞世南《筆髓論》，這句話可做爲書論發展的主要觀念及其總結。

〔註131〕以上所述，請參見劉綱紀前揭書，第十二章：〈魏晉書論中的美學思想〉，王鎮遠：《中國書法理論史》（合肥：黃山書社，1990），第一、二章。

限制，並刺激了方法意識的覺醒，經由技巧的突破，更自主地把畫家的「心」、「意」表現出來，也使畫家更有自信地與書法家同居藝術之林的獨立地位。「筆法同」的論證，無疑地從技巧上解決了繪畫藝術表現媒介的局限。

〈敘畫〉說到筆法的地方是：

曲以爲嵩高，趣以爲方丈，以發之畫，齊乎太華，枉之點，表夫隆準。

「曲以爲嵩高」，嵩高即嵩山，山有三尖峯，故用筆時委曲其筆，上下左右揮動，如畫曲線的自然。此時採用收歛的筆法寫之，其用筆相當於蔡邕《九勢》中的「澀勢」。「趣以爲方丈」，「方丈」海中三神山之一，乃神仙之境，神仙之境的美景，宜用縱橫奔放（趣之意），其用筆相當於《九勢》中的「疾勢」。「夭之畫」與「枉之點」，徐復觀先生指出語本東漢趙一《非草書》。「夭」，犬奔貌，又通拔，疾也，猝也。「以夭之畫」，即用筆急起疾猝，以之來表現華山那樣險峻挺拔之勢。「枉之點」上脫一「以」字，「枉」當爲「注」字之誤。故原文當爲「以注之點」，此指書法中的畫點，「枉之點」也就是準確而沈著有力的點，「以枉之點，表夫隆準」，意爲以沈著有力的點表出山的正面高聳之處，亦即「隆準」。〔註132〕

以上所言，可以看出王微已充分意識到書法的筆法與畫點，充分應用於繪畫藝術的可行性，這給他爲繪畫爭地位的論據，奠定技法的基礎。

（三）「構思同」的論證

藝術的表現力還得依據它對複雜藝術構思活動的自由度而定。在這個面向，繪畫也許比書法有著更大的自由空間，至少也不亞於書法。王微準確地把握了繪畫在這方面的殊勝處。他說：

橫變縱化，故動生焉。前矩後方，（則形）出焉。〔註133〕

「橫變縱化」指畫家的構思創造來說。它是從各種不同的角度去構想藝術的表現方式，此類同於顧愷之的「遷想」；「故動生焉」即「妙得」，「動」指「動變者心也」的「動」，亦即「融靈」的山水動變之勢，此亦即窮盡畫家的想像力、創造力，領會山水之神的靈動。

〔註132〕以上所述，乃綜合參考徐復觀、劉綱紀、陳傳席三位的注釋寫成的。請參見徐復觀前揭書，頁244～45；劉綱紀前揭書，頁615～16；陳傳席前揭書，171～72。

〔註133〕見氏著前揭書，頁245。

「前矩後方，出焉」，「出焉」前漏缺「則形」二字，故原引文以括弧補上。「前矩後方」，是說畫家心中先存有「矩」，然後才畫出正確的形（「方」），很難說只是位置經營而已。其問題關鍵在「矩」的解釋，「矩」在此應做廣義的解釋，那麼可有二個解釋：一從構思活動的側面著眼，「矩」即根據前面「橫變縱化」的構思經驗，在畫家創作前，心中所立定的法則、準繩，由此才能把形準確地表達出來。〔註134〕一從主觀的心態的側面著眼，「矩」便是精神專注，心思純正，然後才能把物的形體描繪出來，這和書法也有相通之處，劉綱紀已指出衛恒《四體書勢・守勢》可做爲參照，這是很有洞見的。〔註135〕衛恒說：「觀其措筆綴墨，用心精專，勢如體均，發無止間。或守定循檢，矩析規旋；或方圓靡則，因事制權。」做爲類比，「前矩」即「用心精專」、「守正循檢」，「後方」便是「矩析規旋」，把握正確的形。這麼一來，也把書畫的構思與精神更進一步等同了。

　　這三個側面的論證，一方面奠定了繪畫美學的地位，一方面也凸顯王微高舉「心」的發用的繪畫美學特質，使得中國美學「道」、「藝」、「心」三個面呈現有機統一的聯結。

二、情對山水的美學觀

　　〈敘畫〉另一重要貢獻，即「以情對山水」，「情」的重視，一方面開展山水畫另一觀物的方法，一方面成爲過渡到六朝唯情說的理論橋樑。

　　〈敘畫〉最後一段云：

> 望秋雲，神飛揚，臨春風思浩。雖有金石之樂，珪璋之深，豈能髣髴之哉。披圖按牒，效異《山海》。綠木揚風，白水激澗。嗚呼，豈獨運諸指掌，亦以明神降之。此畫之情也。

前四句，是說望著畫面上的秋雲、面臨畫面上的春風，神情飛揚，思緒起伏。〔註136〕「神飛揚」、「思浩蕩」的山水畫功能，不同於宗炳「味道」、「味像」的「暢神」觀，而是擺脫了佛學，甚至玄學的影響，而直接面對藝術作品所引發的神情的自由解放，這種解放感，是直接來自於畫面的感受，「綠林提風，

〔註134〕參見陳傳席前揭書，頁173；劉綱紀前揭書，頁617～18。
〔註135〕見氏著前揭書，頁618。
〔註136〕徐復觀把「望秋雲」、「臨春風」解釋成在山水之中，「神飛揚」、「思浩蕩」則成爲山水之好所帶來的精神解放，這便錯解了原文脈絡。見氏著前揭書，頁245～46。

白水激澗」便是說畫面上景緻生動，栩栩如活，這種生動氣象使人的精神、情感飛揚超越，渾然忘我，甚至超過音樂所給人的快樂。王微雖用了「神」的字眼，其實質涵義是偏重於情的。因此「以明神降之」的「明神」並不同於宗炳所用「神」的概念。「明神」即「神明」，在此泛指畫家的構思、想像、精神、智慧、思想、感情等等，﹝註137﹞其核心意義即「靈」、「動」的一切精神活動。山水畫不只是傾注畫家的「明神」到畫面上來，反之，觀賞者也從審美經驗中體驗到了畫面上的「明神」，而精神快樂起來。這已走向了純藝術創作與欣賞的路，開始擺脫玄學思潮的籠罩了。

　　王微「明神降之」的繪畫功能論，是與他的文學觀相一致的。王微曾寫了〈與從弟僧綽書〉，書信中，王微談到他的文學主張：

　　　文詞不怨思抑揚，則流澹無味，文好古，貴能連類可悲，一往視之，

　　　如似多意。﹝註138﹞

「連類」即用同類事物，多方譬喻，經由這種賦的手法，以加強表達情意的效果，使讀者感到「如似多意」，如原來是表現悲哀的情思，「連類」之後，便愈發可悲，可見王微著重於情緒的渲染與感動的效果，在文學中強調「悲」的描寫，在山水畫中則強調「樂」的明快與釋懷，兩者雖一悲一樂，各有不同，但同主「傳情」，則是文學與山水畫的共同特徵，也因此，王微反對「流澹無味」的作品，這和當時玄學影響下「淡」的美學觀，﹝註139﹞有著絕大的異趣，也在這個基準點上，我們看出了王微〈敘畫〉的獨特典型與地位。

第五節　結　語

　　方東美先生曾說：

　　　中國畫家其實就是實行老子的「曲則全」的一句話，所以真正的哲

　　　學家觀宇宙的方法要「全而歸之」。所謂「全而歸之」，就是把宇宙

　　　萬象紛歧的狀態，拿哲學家最高的智慧精神把它統攝起來。﹝註140﹞

就晉宋之際的畫家與畫論家來說，無疑地已把握了「曲則全」的精神。他們以「道」、「神」的觀念為核心，企圖把宇宙萬象的本質統一起來，但就他們

﹝註137﹞見陳傳席的譯文，氏著前揭書，頁176。
﹝註138﹞見全宋文，前揭書，頁2537。
﹝註139﹞見全宋文，前揭書，頁2537。
﹝註140﹞見方東美《原始儒家道家哲學》（臺北：黎明公司，1982），頁215。

個人整體來說，在文化的傳統中他們自身又成為「一曲」，經由觀念系統的衍異，又生發出另「一曲」的理論系統，而就「一曲」自身來說，則又是觀念的整全。這就成為不斷的循環，推動著文化生生不息的轉化與創造。經由顧愷之、宗炳、王微的貢獻，中國繪畫美學形成了三大傳統：

一、「傳神」說。這已成為中國繪畫美學的共同文化財產，以後的畫家，幾乎無人違背這個大原則。

二、「自然」說。經由宗炳「暢神」說的闡釋，後人不斷融通佛道，最後完成以「自然」為最高境界的審美理想。「自然」，後人有著不同的體會，張懷瓘在《畫斷》中把畫家分為神、妙、能三品，可說「自然」的進一步深化，直至黃休復的《益州名畫錄》又把「逸品」置於神品之上，所謂「逸品」，即「簡筆形具，得之自然」，以「得之自然」為「逸品」的最大特點，可說是自然美學觀的最後結論。〔註141〕

三、「緣情」說。「緣情」說藉自於陸機「詩緣情而綺靡」的主張，「緣情」的繪畫美學觀從王微的〈敘畫〉可以找到淵源，後代畫家所強調的「尚意」，「以意使法」，這都強調畫家創作時突出畫中之「我」，這個「我」多少有緣情說的部份內涵，但中國畫家，通過實踐所得到的美學觀，一直與「道」保持密切相連，因此，緣情說所突出的純粹的審美要求，並沒有得到充分發展，只成為一隱沒其間的浮流而已。並不像文學的創作，「緣情說」在兩晉時代已確立地位，至齊梁已大放光彩了。

〔註141〕徐復觀曾對「逸品」做個詳細的詮釋，值得參考。見前揭書第七章。

結　論

綜合前幾章的論述，我們可以歸納出以下幾個簡要的結論：

（一）經由「自然」概念的語意分析，「自然」可視爲後設概念。就其指涉的意涵來說，因爲「他者」的不確定，對比之下，「自然」就可發展出種種不同的觀念型態。

（二）王弼的自然觀，「自然」的自發秩序和自我調節的功能，即「自然」的客觀義，不應爲第二義。將沖虛無爲的自然觀視爲第一義，沒辦法和魏晉當時其他領域學術思想的發展發生關係，將成爲孤懸的主體。

（三）阮籍、嵇康主張「越名教而任自然」，「任自然」不能解釋成「任個性的自由」，此處的自然是「氣靜神虛」的自然。阮、嵇，尤其是嵇康，是以人的「神氣」爲價值標準，斷定名教必然與神氣分裂與衝突，二人有著充分的自我精神意識，但其現實中的自我卻充滿著憂懼的意識，這也決定了其越名教的理論歸結。

（四）郭象的獨化自然觀，是「道的個體化」。其以個體爲首出，並非「因無自然有果」的結論，而是「因無盡自然有果」的「理」的肯定與認知。他當下肯定現象存在的合理性，不再往上、往外追溯原因，而純就現象呈現的種種可能，肯定之、欣賞之，以其爲自足，無勞他人來憂慮干擾，這便是「獨化」自然觀的要義。

（五）慧遠的感應自然觀，一方面貶抑「自然」爲世俗諦的報應自然，另一方面又高舉（佛）法身的感應自然，標示出玄學自然觀的結束，佛教自然觀已成爲學術思想的主角。

（六）對音樂特徵的認識，並不等於對於音樂的評價標準。阮籍、嵇康

的音樂美學都以「移風易俗，莫善于樂」作爲設問焦點，他們所關懷的問題與〈樂記〉所代表的儒家音樂美學有相通之處。但因自然美學的審美理想，〈樂記〉所標記的音樂「表情」說、「象德」說與「天人感應」說只能是阮、嵇音樂美學的參考體系，而不能視爲其學說宗旨。這表示玄學的音樂美學和傳統美學有著根源的連繫，然在根本取向上玄學開創了自然美學的新課題。

（七）阮籍《樂論》以玄學的思想消化儒家的音樂美學。〈樂論〉所主張的「和」、「平和」、「中和」的宗旨，是從自然無爲的精神及恬淡的自然本性來立論。「和」不是「五味調合」，不是血氣心志的道德轉化，不是中庸之道，而是「自然之道」。使心志血氣在「損之又損」的過程中，去除其執著相，去除其盲動的特殊相，使心志澄靜、血氣淡漠，回歸到渾一、遍在的原始自然、和諧的境界與自然審美的體驗。

（八）玄學的音樂美學以「心氣」爲主要論述和對治的對象，嵇康「聲無哀樂」的命題正是從「神氣自然」出發，對音樂所激發的功能的敏銳認知與一貫的論釋。〈聲無哀樂論〉同時呈現了自律的美學與他律美學強而有力的論述，把握了論辯過程的理論高度，不使主客對話雙方陷入「攻擊稻草人的謬誤」，這種哲學心靈的表現，使音樂美學達到了歷史高度。〈聲無哀樂論〉最大的貢獻是「氣聲相應」說的證成。「氣聲相應」說凸顯「氣」爲審美感受的獨立範疇。「氣」可通人我，向上提則與「道」、「理」相順，往外顯則與「聲」相應相和，爲「情」所隱，則表現爲成就各種情感的基調。「氣聲相應」，所以音樂可有「導神、養氣、明性」之功，不可只視它爲客觀形式美學，它和嵇康的修養論是密切相關的。

（九）漢末以來漸漸形成的對人的「神」的強調與推崇，至顧愷之「傳神論」美學原則的確立，正式建立了中國繪畫的美學傳統。但不可因此就把顧愷之視爲其理論的完美實踐者，否則將會產生對其理論附會地了解。「傳神寫照」爲顧愷之之繪畫美學之宗旨，「神」的觀念在繪畫美學的確立，意味著對人的精神深度意識與繪畫表現的高度自覺，它奠基在人物品藻的人格美學，「傳神」是主體對對象的發現、開顯與融合的體驗，也是人格主體與才性的挺立。

（十）宗炳山水美學奠基在「神」的概念上。人物的傳神說，顧愷之已提出綱領，然山水何「神」之有？又如何「暢神」？其突破的關鍵點乃在「聖人含道映物」、「聖人以神法道」、「山水以形媚道」的觀念上。宗炳所說的「道」，

有些學者主張：〈畫山水序〉的「道」是老莊意義下的「道」。本文經過文本脈絡的考辨、主張宗炳雖吸收老莊思想，然其終極關懷仍是佛道，尤其是慧遠感應自然觀下的佛道思想。老莊學已被宗炳融合佛教，並加以選擇性地運用。宗炳以爲萬事萬物皆有「靈」，因它是佛的「精感」所托生，山水形質的存在，必能接受「神」的顯現與作用。「寫山水之神」的宗旨彰顯「妙象盡意」的主張，山水是以其有感性的形象悅「道」，顯示出「道」的「空」義與神「義」的奧妙。「暢神」字面的意思是「使精神愉快」，但這種愉快並非純粹審美的樂趣，而是由於藉助山水的具體表現能夠深入領悟「道」，所以精神特別的愉快。因此，「暢神」說給審美經驗加上了玄學（更精確地說是佛學）的骨髓，表現了中國畫論所具有的哲學高度與思辨特質，並賦予山水畫獨立的地位。

（十一）王微〈敘畫〉提出「明神」說，以凸顯山水說怡悅情性的宗旨。王微從「心用同」、「筆法同」、「構思同」三個面相的論證，奠定繪畫美學的定位。然王微的「明神」說，側重心靈作用的生動相、感應相，而非宗炳的空靈虛靜相。「明神」泛指畫家的構思、想像、精神、智慧、思想、感情等，山水畫的審美活動不只是貫注畫家的「明神」到畫面上來，觀賞者也從審美經驗中體驗到了畫面的「明神」，而精神快樂起來。如此一來，王微已走出玄學的美學觀，倡導「情對山水」的美學觀，開啓「傳情」的山水畫美學思潮。

（十二）綜論魏晉玄學的自然觀與自然美學的思想歷程，兩者並非嚴格的對應關係。王弼的「無爲自然」觀可說是共法，引導玄學與美學的思維模式。阮籍、嵇康的「神氣自然」觀，開創獨特的「和」的音樂美學。至於慧遠的「感應自然觀」則提供了山水美學「莊、佛合流」的美學觀，爲佛教美學開出獨特的自然美感經驗。然郭象的「獨化自然」觀，在自然美學的發展歷程，並未有相應的影響。藝術的自覺和「藝」與「道」的探索，郭象的思想是缺席的，其中透顯的意義和對郭象的評價，有待後續之研究。

參考書目

一、

1. 王弼注、孔穎達疏，《周易注疏》（臺北：學生書局，1984）。

2. 《國語》（上海：古籍出版社校點本，1978）。

3. 陳奇猷校釋，《呂氏春秋校釋》（上海：學林出版社，1990），頁 284。

4. 劉邵，《人物志》，四部備要本，中華書局印行。

5. 曹植著，趙幼文校注，《曹植集校注》（臺北：明文書局，1985）。

6. 阮籍著，陳伯君校注《阮籍集校注》（北京：中華書局，1987）年。

7. 王弼著，樓宇烈校釋《老子周易王弼注校釋》，（北京：華正書局，1983）。

8. 嵇康著，戴明揚校注《嵇康集校注》（臺北：河洛圖書出版社，1978）。

9. 張湛注《列子》（臺灣：中華書局）。

10. 《慧遠研究》遺文編，慧遠著，木村英一編，（東京：創文社）。

11. 《維摩詰經義疏》，竺道生，刊於《大正藏》，卷三十八。

12. 《三國志》，北京：中華書局，點校本。

13. 《南齊書》，北京：中華書局，點校本。

14. 《晉書》，北京：中華書局，點校本。

15. 劉勰著，周振甫注，《文心雕龍注釋》（臺北：里仁書局，1984）。

16. 吉藏著，韓廷傑校釋，《三論玄義校釋》（臺北：文津出版社，1988）。

17. 張彥遠撰，《歷代名畫記》。收於《文史哲》畫史

18. 劉義慶著，徐震堮校箋，《世說新語校箋》（臺北：文史哲出版社，1989）。

19. 郭慶藩輯，《莊子集釋》（臺北：河洛圖書出版社，1974）。

20. 嚴可均校輯，《全上古三代秦漢三國六朝文》（京都：中文出版社）。

二、

1. 于民，《中國審美意識的探討》（北京：中國戲劇出版社，1989）。

2. 小尾郊一，《中國文學に現われたた自然と自然觀──中世文學を中心として》（東京：岩波書局，1992）。

3. 小野澤一，福永光司編著，李慶譯《氣的思想》（上海：上海人民出版社，1980）。

4. 于潤洋，〈對一種自律論音樂美學的剖析〉《音樂研究》第四期，1981。

5. 木全德雄，〈慧遠と宗炳をめぐって──その社會思想史的考察〉，《慧遠研究》研究篇，木村英一編（東京：創文社）。

6. 方東美，《原始儒家道家哲學》（臺北：黎明公司，1982），頁 215。

7. 王國瓔，《中國山水詩研究》（臺北：聯經出版公司，1986）。

8. 王葆玹，《正始玄學》（濟南：齊魯書社 1987）。

9. 王鍾陵，《中國中古詩歌史》（江蘇：江蘇教育出版社，1986）。

10. 王鎮遠，《中國書法理論史》（合肥：黃山書社，1990）。

11. 石守謙，〈賦彩製形──傳統美學思想與藝術地批評〉《美感與造形》（臺北：聯經出版社，1981）。

12. 弗洛姆（E.Fromm），陳鋼林譯，〈日常生活的兩種生存方式：佔有與存在〉《人的潛能與價值》（臺北：華夏出版社，1987）。

13. 冉雲華，《宗密》（臺北：東大圖書公司，1988）。

14. 朱良志，〈劉勰和宗炳的「物色」觀比較〉《文心雕龍學刊》第五輯。

15. 朱伯崑，《易學哲學史》修訂本第一卷（臺北：藍燈文化事業公司，1991）。

16. 牟宗三，《才性與玄理》（臺北：學生書局，1980），頁 309。

17. 任繼愈主編，《中國哲學發展史》（北京：人民出版社，1988）。

18. 任繼愈主編，《中國佛教史》第二卷（北京：中國社會科學出版社，1990）。

19. 李存山，《中國氣論探源與發微》（北京：中國社會科學出版社，1990）。

20. 余英時，《中國知識階層史論》（臺北：聯經出版公司，1980）。

21. 岡村繁著，向以鮮譯，〈論老莊思想對東晉畫論的影響〉《中國文學研究譯叢》第二輯（瀋陽：吉林教育出版社，1990）。

22. 李約瑟（Joseph Needham）著，陳舜政譯《中國之科學與文明》第二冊（臺北：臺灣商務印書館，1985）。

23. 李建興，《阮籍「樂論」研究》（臺北：中國文化大學哲學研究所碩士論文，1990）。

24. 呂興昌，〈阮籍詠懷詩析論〉，《中外文學》第六卷七期。

25. 李澤厚、劉紀綱主編，《中國美學史第一卷》（臺北：里仁書局出版，1986）。

26. 李澤厚、劉紀綱主編,《中國美學史》第二卷（臺北：谷風出版社,1987）。

27. 李豐楙,〈嵇康養生思想之研究〉《靜宜文理學院學報》,第二期,1979。

28. 村上嘉美,《六朝思想史研究》（京都：平樂寺書店,1974 第一刷）。

29. 林文月,《山水與古典》（臺北：純文學出版社,1976）。

30. 林同華,《中國美學史論集》（臺北：丹青出版社,1988）。

31. 宗白華,《美從何處尋》（臺北：駱駝出版社）。

32. 周來祥,《論中國古典美學》（濟南：齊魯齊社,1987）。

33. 金原省吾,《支那上代畫論研究》（東京：岩波書局）。

34. 林朝成,《黑爾道德語言概念之研究》,（臺北：國立臺灣大學哲學研究所碩士論文,1985）。

35. 林朝成,〈言意之辨與自然美感的成立基礎〉,,發表於「中國文學與哲學研究生論文發表會」（臺北：中央研究院中國文哲研究所籌備處,1992）。

36. 林麗真,《王弼》（臺北：東大圖書公司,1988）。

37. 茅原,〈試論嵇康的音樂思想〉載《南藝學報》第二期,1980。

38. 涂光社,《勢與中國藝術》（北京：中國人民大學出版社,1990）。

39. 高柏園,〈阮籍《樂論》的美學意義〉《文學與美學研討會論文》（臺北：淡江大學中國文學系所,1991）。

40. 徐復觀,《中國文學論集》（臺北：學生書局,1990）。

41. 徐復觀,《中國藝術精神》（臺北：學生書局,1983）。

42. 梶三雄一等著,許洋主譯,《般若思想》（臺北：法爾出版社,1989）。

43. 馮友蘭,《新原道》（臺北：明倫出版社）。

44. 馮友蘭,《中國哲學史新編》第三冊（臺北：藍燈文化事業公司,1991）。

45. 馮友蘭,《中國哲學史新編》第四冊（臺北：藍燈文化事業公司,1991）。

46. 陳沛然,《道生》（臺北：東大圖書公司,1989）。

47. 許杭生,《魏晉玄學史》（陝西：陝西師範大學,1989）。

48. 陳怡良,〈陶淵明文學成就所以獨超眾類之探討〉《魏晉南北朝文學與思想研討論文》初稿本,（臺南：國立成功大學主辦,1990）。

49. 區結成,《慧遠》（臺北：東大圖書公司,1987）。

50. 張靖亞,《魏晉南朝繪畫美學研究》（臺中：：東海大學哲學研究所碩士論文,1987）。

51. 陳傳席,《六朝畫家史料》（臺北：文物出版社,1990）。

52. 陳傳席,《六朝畫論研究》（臺北：學生書局,1991）。

53. 陳榮灼,〈王弼與郭象玄學思想之異同〉《鵝湖學術討論會論文》（臺北：

1991 年 12 月）。

54. 張蓓蓓，《中古學術論衡》（臺北：大安出版社，1991）。

55. 敏澤，《中國美學思想史》第一卷（濟南：齊魯書社，1987）。

56. 莊耀郎，《王弼玄學》（臺北：國立臺灣師範大學國文研究所博士論文，1991年 6 月）。

57. 湯用彤，《魏晉玄學論稿》，《魏晉思想》甲編五種（臺北：里仁書局，1984）。

58. 湯一介，〈論魏玄學中的內在性與超越性的問題〉，發表於《國立成功大學魏晉南北朝文學與思想研討會論文集》。

59. 湯一介，《郭象與魏晉玄學》（臺北：谷風出版社））。

60. 森三樹三郎，《「無」の思想》（東京：講談社現代新書，1969 第一刷）。

61. 傅抱石，《中國繪畫理論》（臺北：里仁書局，1984）。

62. 曾春海，〈從儒道樂論析論嵇康的『聲無哀樂論』》《輔仁學誌》。

63. 曾春海，〈嵇康的人生觀〉《中國人性論》（臺北：東大圖書公司，1990）。

64. 鈴木敬著，魏美月譯，《中國繪畫史》（上）（臺北：國立故宮博物院，1989）。

65. 蜂屋邦夫、小野澤精一、福永光司、山井湧編，李慶譯，〈儒家思想中的氣與佛教〉《氣的思想》（上海：上海人民出版社，1990）。

66. 葉朗，《中國美學史大綱》（臺北：滄浪出版社，1986）。

67. 葉維廉，〈中國古典詩和英美詩中山水美感意識的演變〉，《比較詩學》（臺北：東大圖書公司，1983）。

68. 葉維廉，〈道家美學・山水詩・海德格〉《現象學與文學批評》（臺北：東大圖書公司，1984）。

69. 鄔昆如，〈魏晉社會哲學之研究〉《哲學論評》第十期（臺北：國立臺灣大學哲學系）。

70. 楊蔭瀏，《中國古代音樂史稿》第一冊（臺北：臺灣丹青圖書公司）。

71. 楊儒賓，〈從「以體合心」到「遊乎一氣」──論莊子真人境界的形體期礎〉，《第一屆中國思想史研討會論文集》，（臺北：東海大學文學院，1989）。

72. 廖蔚卿，《六朝文論》，（臺北：聯經出版公司，1978）。

73. 潘天壽，〈顧愷之〉，《歷代畫家評傳》上（臺北：中華書局，1986）。

74. 潘天壽，《潘天壽談藝錄》（臺北：丹青出版社，1987）。

75. 蔡仲德，《中國音樂美學史資料注譯》（上）（下）（臺北：人民音樂出版社，1986）。

76. 蔡英俊，《比較物色與情景交融》（臺北：大安出版社，1986）。

77. 劉笑敢，《莊子哲學及其演變》（北京：中國社會科學出版社，1988）。

78. 漢斯立克（E.Hanslick）著，楊業治譯，《論音樂的美》（北京：人民音樂

出版社，1980，增訂版）。

79. 劉綱紀，《中國美學史》第二卷（臺北：谷風出版社，1987）。

80. 黃錦鋐，〈魏晉之莊學〉《莊子及其文學》（臺北：東大圖書公司，1984）。

81. 錢穆，《莊老通辨》（臺北：東大圖書公司，1991）。

82. 興膳宏著，彭恩華譯，《六朝文學理論稿》（湖南：岳麓書社，1986）。

83. 邁爾（L.B.Meyer）著，何乾三譯，《音樂的情感與意義》（Emotion and Meaning in Music）（北京：大學出版社，1991）。

84. 戴璉璋，〈王弼易學中的玄思〉《中國文哲研究集刊》，創刊號（臺北：中央研究院文史哲研究所，1991）

85. 羅丹口述，葛賽爾筆記，《羅丹論藝術》（臺北：雄獅圖書，1981）。

89. 羅宗強，《玄學與魏晉士人心態》（浙江：浙江人民出版社，1991）。

90. 蘇利文（MichaelSullivan）著，曾堉、王寶連編譯，《中國藝術史》（The Arts of China）（臺北：臺灣南天書局，1985）。

92. 蕭莉茲（R.L.Saw）著，黃慶明譯，《萊布尼茲》（臺北：長橋出版社，1978）。

三、

1. 《樂記論辯》（北京：人民音樂出版社，1983）。

2. 《畫史叢書》第一冊（臺北：文史哲出版社，1984）。

3. 淡江大學中國文學研究所主編，《文學與美學》第一集（臺北：文史哲出版社，1990）。

4. 《美學文獻》第一輯（北京：書目文獻出版社，1984）。

5. 《中國文藝思想史論叢（三）》（北京：北京大學出版社，1988）。

6. 《中國古代著名哲學家評傳》續編二（濟南：齊魯書社，1982）。

7. 《中國佛教思想資料選編》第一卷（北京：中華書局，1981）。

8. 《中國哲學史資料選輯》魏晉隋唐之部（中），中華書局。

四、

1. R.M.Hare, *Moral Thinking*.Oxford: ClarendonPress, 1981.

2. Edward Bullough, *Psychical Distance as a factor in art and an aesthetic principle*, in Morris Weitz(ed): *Problems in Aesthetics*. New York: Macmillan,1959.

3. George Simmel,The Aesthetic significance of the face, in Matthew Lipman(ed). *Contemporary Aesthetics*.Allyn and Bacon, Inc. 1973.

4. R.W.Hepburn, Tertiary Qualities and Their Identification, in M.Lipman (ed), *Contemporary Aesthetics*, Allyn and Bacon,Inc.1973.

5. L. Wittgenstein, Trans. G.E.M, Anscombe: *Philosophical Investigations*. London Basil Blackwell, 1967.

6. R.G.Collingwood, *The Idea of Nature*.Great Britan: Oxford University Press, 1945.

7. Ronald W. Heplurn,*Philosophical ideas of Nature*,in Paul Edwards (ed). *The Encyclopedia of philosophy*. New York: The Macmillan Company,1967.

附錄一：唯美的眼光與形式的追求
——宗白華美學思想初探

一、唯美主義（Aestheticism）的進路

本世紀二零年代，「文學研究會」和「創造社」分別提出不同的美學觀，前者主張「為人生的藝術」，後者堅持「為藝術的藝術」，以這兩派為代表，在藝術觀點上發生了激烈的爭論，似乎成為不可調和的對立立場。

儘管西方十九世紀的美學也有相似的爭論，[註1] 然而二零年代所建立的藝術觀除了接受西方思潮之影響外，其所面對的是中國很不相同的具體情境，必需接受異於西方的中國文化傳統的論述語境，因此，美學觀的表述與應用也就不完全搬照西方的觀念系統。在該論戰中雙方並未對自己所主張的內容和範圍作出具體的闡釋和嚴格的規定，在基本概念模糊的情況下，使得論戰延續至 30 年代、40 年代（參見聶振斌，208～211）。

在對這論戰的根本問題進行歷史的考察和理論探討的著作中，以朱光潛的《文藝心理學》最為詳盡。朱先生並提出自己的觀點，以美感經驗的中、前、後三階段，分別考察文藝與道德的關係，嘗試從理論上分別對二種藝術觀提出批判，指出二者的片面性，實質上它們並非矛盾對立，而是在對立中求得互補，以構成藝術的多方面的和諧整體（參見朱光潛，151～159）。

〔註1〕依朱光潛先生的研究，西方「為文藝而文藝」的信條以雨果（V. Hugo）、高第耶（Goutier）、海納（Heine）、王爾德、丕德等人為代表，其理論的最大依據為從康德到克羅齊一線相承的美學，至於「為人生而藝術」，則以托爾斯泰為主要代表（朱光潛，128～132）。

　　相對於朱光潛的系統論述，宗白華對該論戰的關切則融化在他的其他著作中，並沒有專門的文章發表，只是隱藏的背景，關鍵的時刻，片段的說些論點，以「點化」該問題的思考角度，使讀者自得之。順其所說，稍不留意，便漏失其用心之所在。因此，筆者嘗試從唯美主義的進路，綜合宗先生的觀點，分析其對藝術與人生的基本看法，並探討此觀點在其美學理論建構中的重要性。

　　那麼，爲何採取唯美主義的進路研究宗白華的美學思想呢？這有三點理由可說。

　　首先，宗先生於〈論中西畫法的淵源與基礎〉一文中，討論「形式」「節奏」等重要論點時，頗爲贊同派脫的觀點:『一切的藝術都是趨向音樂的狀態』這是佩特（W. Pater）最堪玩味的名言。」（147）。英國唯美主義的代表人物，其思想所承受之外來影響，源自德國，諸如溫克爾曼、海涅等人對他的影響都不小，受歌德藝術觀的啓蒙猶大。（強森 82～86）。經由佩特，唯美主義實涵有德國古典哲學的因子，不像後來王爾德（Oscar Wilde）的極端。宗先生經由中西藝術作品的體驗，歌德思想的中介，對唯美主義的論旨加以玩味，那麼將唯美主義和宗先生的思想對比，這是我們瞭解他美學思想的一條線索:

　　再者，宗先生曾以簡明的命題，批評唯美主義的片面性:

> 藝術品中本來有兩個部分:思想性和藝術性。眞、善、美，就是統一的需求。片面強調美，就走向唯美主義;片面強調眞，就走向自然主義。（379）

> 只談「美」，不談「眞」，就是形式主義、唯美主義。（398）

這是從批判中，彰顯自己「眞」要融於「美」的主張。而這個論題，也正是「爲人生的藝術」與「爲藝術的藝術」諍論之所在。

　　又於討論中西畫法所表現的空間意識時，認爲西洋透視法在平面上幻出逼眞的空間結構，其結果成爲:

> 逼眞的假相往往令人更感爲可怖的空幻。加上西洋油色的燦爛眩耀，遂使出發於寫實的西洋藝術，結束於詼詭艷奇的唯美主義。（167）

以辯證發展的角度觀察藝術史，直接比較藝術學的角度所做的宏觀，點出唯美主義與寫實主義的親戚系譜關係，這不是一般平面的二分法所能洞察的。

　　這麼說來，唯美主義的問題意識，盤桓於宗先生的思想中，以此爲緣，雖不是以系統的理論闡釋藝術與人生的關係，但卻隱涵著一種潛在的對話結

構，隨時喚醒讀者關切的焦點。

第三，宗先生所用的觀念，如「唯美的眼光」、「藝術的人生觀」，乍看之下，似乎與唯美主義的主張相似，如能釐清其中的分野，對於瞭解宗先生的美學，將具有實質的意義。

因此，唯美主義的研究進路是合法的、有用的策略足以使我們對宗先生的美學及其時代意義有進一層的認識。

然而，唯美主義並非單純的現象，而是一群相關的現象，其中有著錯綜複雜甚至互相對立的主張，我們要建立起與它對話的論述，其「期待視野」就不可能完全滿足二零年代論述的語境脈絡，而需要從「爲藝術的藝術」的極端發展「唯美主義」的典型中，去陳述對話的論題，那麼適度的簡化，以凸顯主要的論題是有必要的。所以，筆者根據宗先生的美學思想特徵，嘗試作以下論題的界定。

（一）人生觀的面向；

（二）藝術觀的面向；

（三）文學、藝術及批評的一種實際趨勢的面向。

相應於唯美主義作爲一種人生觀，筆者將探討宗先生藝術的人生觀、藝術與生活的相關性等問題，尤其在「唯美的眼光」的概念，是宗先生針對時代的苦悶所提出的解決之道，其旨趣和朱光潛「人生的藝術化」的命題相近，共同反映了時代的課題，由此說明宗先生有進於佩特的純粹唯美主義人生觀的要旨。

相應於唯美主義作爲一種藝術觀，筆者將探討宗先生於藝術的價值結構、內容與形式、美與眞、形式主義與表現主義的取捨等論題，作爲對話的焦點，並闡釋其藝術多層境界觀的要旨，以說明其批判唯美主義之理據。

至於第三種用途，唯美主義的實際趨勢，如摩爾（George Moore）「純粹詩」理論的發展，並非宗先生著意所用，然並非無法有相應的對話的可能。謹就純粹藝術的美學觀念所展開的運動：「重視屍的音樂性及圖畫感，遠超於思想的精確性或題材明晰描述」，這個宗旨在宗先生對意境的闡釋中，開發出更廣大深遠的界域。尤其是以「舞」的意境典型的律動美學觀，更見其創發性。

以此三方面的論題爲核心，筆者將它視爲理解宗白華先生美學思想的一個進路，因在中國近代美學家中，除朱光潛外，宗白華先生可能是最能深入

唯美主義並超克之，以成就自己美學思想的人。

二、唯美的眼光與藝術人生觀

唯美主義的人生觀是以「藝術的精神」來探討生命，欣賞生命的美、變化、及戲劇性的景象。（強森一四）因而主張多方培養人的感受力使人們的智慧、感性及內省能力更加敏銳，以促進人整全的生命意識。然唯美主義者卻對生活的具體面目與維生的手段（職業）感到不安、排斥。他們讚譽繁富而多變的經驗，而對現實環境深深感到其可怕的逼迫，生活的單調無聊，他們要退出所謂的「現實生活」，藉著各種激素，將個人的想像世界具體化。「藝術的精神」所探討的生命，成就了藝術所創造的隔離世界，憑藉著想像力，建構了藝術中生命的美、變化及戲劇性的景象，而這景象與日常生活的價值觀並不相關。佩特在論想像力時表示這樣的看法：

> 一切藝術天才的基礎在於是否能以一種新奇而特殊的方法去構思人性，以藝術天才創造的幸福世界來取代我們日常生活當中的卑微世界，以一種新穎的折曲能力在周圍造成一股氣氛，而根據想像的抉擇，將它所表達的意象加以選擇，改變而後加以組合。（強森 38）

這種說法顯示，藝術給人提供一條出路，以逃避「我們日常生活當中的卑微世界」。其對想像力的尊重，延續著浪漫主義的理想，卻貶抑了日常生活的價值。到了王爾德，想像力成為唯美主義的判準，「藝術放棄了它的想像力媒介時，也就放棄了一切。」（《19 世紀西方名著選‧英法美卷》214）。「唯一美的事物，就是與我們無關的事物。」（同上，215），藝術並不代表時代精神，不再現它的時代。藝術的人生觀，他的原則便是：

> 生活對藝術的模仿遠遠多過藝術生活的模仿。其所以如此，不僅由於生活的模仿本能，而且由於這一事實：生活的有意識的目的在於尋求表現，而藝術就為生活提供了一些美的形式，通過這些形式，生活就可以實現它的那種活動力。（同上，215）

這一原則雖嘗試在藝術與生活的割裂及藝術與生活的不可分離中取得美學的平衡，但一為主動的形式，一為被動的材料，且直接否定生活本身的價值，其唯美的人生觀畢竟是奴役現實生活而高舉藝術的價值。

對比之下，宗白華的藝術人生觀便貼合著生活本身來立論。他所用的方法是類比法（Analogie）（宗先生翻譯成「推想」、「比例對照」）和移情的原則。

藝術人生觀是宗先生一生信守的處世態度，它是唯美的眼光的積極作用。唯美的眼光，就是把生活，人類經驗的全體，無論美、醜、齷齪、鄙俗，都把它當做一種藝術品看待，因為藝術品中本有表寫醜惡的現象。〔註2〕宗先生強調藝術人生觀也可能是悲劇的人生觀，但不必這麼主張。他認為：

> 我們要持純粹的唯美主義，在一切醜的現象中看出他的美來，在一
> 切無秩序的現象中看出他的秩序來，以減少我們厭惡煩惱的心思，
> 排遣我們煩悶無聊的生活。（23）

顯然，這裡所謂的「純粹的唯美主義」，必然不能與生活相脫離。宗先生認為這是透過「比例對照」〔註3〕的方法來達成藝術的人生觀。

宗先生建議我們，除了科學的人生觀之外，我們也要以主觀自覺的方法來領悟人生生活的內容和作用，那就要建立一種藝術的人生觀。〔註4〕「什麼叫藝術的人生態度？這就是積極地把我們人生的生活，當做一個高尚優美的藝術品似的創造，使他理想化、美化。」（33）。依「比例對照」的原則，其公式為：

藝術創造的現象與過程／生命創造的現象與過程＝高尚優美的藝術品／理想化美化的人生

> 「比例對照」（類比）方法的運用，使宗先生避開了生活模仿藝術論
> 所帶來的奴視現實生活的後果，也不逃避生活當中的卑微世界，「人
> 生生活當做一種藝術看待，使他優美、豐富、有條理、有意義」。（23
> ～24）

〔註2〕宗先生對藝術品的認知和唯美主義者相符合。唯美主義追求純粹美，並不排斥表現醜，反而認為醜可以轉化為藝術美。波特萊爾主張：「經過藝術的表現，可怕的東西成為美的東西，痛苦被賦予韻律和節奏，使心靈充滿鎮定自若的快感。」如果不敢描寫種種人類「相殘、相食、相囚禁、相虐待」的醜惡，就會產生「有害」的作品。（高若海七）然而宗先生對藝術能把自然中的醜表現成藝術中的美的觀念，受到羅丹藝術的影響的成份更大。

〔註3〕Analogie（類比）有三種：不等（inequality）、歸屬（attribution）、與比例（proportionality）三種類比。宗先生將它翻譯成「比例對照」，可見真確實涵意應是比例類比。

〔註4〕科學的人生觀與藝術的人生觀世宗先生有興趣研究的課題，但並不見有深入的專論。在他那個時代，宗先生相信經由科學的內容和方法，可以建立一正確的人生觀。相形之下，藝術的人生觀，宗先生說「不妨抱有這一種藝術人生觀」，語氣顯然保留得多。兩種人生觀的不相一致甚或對立等問題，宗先生似乎未意識到。

宗先生心目中藝術人生觀的實踐者以歌德為代表。歸納其〈歌德之人生啓示〉的要旨，歌德給人生的啓示有以下四端：（一）生活全體的無窮豐富；（二）以全副精神、整個人格浸沉於每一生活中；（三）生命本身價值的肯定；（四）歌德成就了人格形式。

人格形式即藝術人生觀的完成，理想化、美化人生的象徵。〔註5〕人生中的形式問題，即唯美人生觀的實踐過程：

> 形式，是生活在流動進展中每一階段的綜合組織，他包含過去的一切，成一音樂的和諧。生活愈豐富，形式也愈重要。形式不是阻礙生活，限制生活，乃是組織生活，集合生活的力量。（78）

流動的形式演進而為人格，唯美的眼光在生命的進程中也愈發需要生命的豐富內流。若和佩特相比較，兩者同受歌德對於生命理想的啓發，佩特留意到無數的生命力之結晶所在，意圖從文化生活的許多形式中尋求自我教養的力量，以成就其生命多變化而戲劇性的美感。宗白華先生由人格的角度，理解道流動的形式與人生不息的前進追求之間平衡的關係，與佩特的主張有相近之處，然其切近於生活的真實，比起佩特，或更近於純粹的唯美主義的人生觀。

三、形象的追求與流動美學

唯美主義作為一種藝術觀，也就是「為藝術而藝術」的觀念。「為藝術而藝術」固然是籠統的口號，卻有著深遠的意義。一者它是藝術家、批評家要求藝術表現自由的呼聲。藝術不必具有道德說教的意圖，如果藝術表現了道德的寓意，不是因為它拿道德，而是因為它是美的。再者，它凸出藝術鑑賞的獨立自主的意義。作品的好壞，其唯一的依據，即是美的形式所帶給人的愉悅。

總結唯美主義的藝術觀，有三個問題值得吾人重視，並以之作為對話的基調：（一）形式與內容的價值問題；（二）形式主義與表現主義的矛盾立場問題；（三）美是否和真理相關的問題。

唯美主義者有個特點：他們都重視形式的價值，忽視內容對於藝術作品的重要性。如果說內容有其重要性，那也只有當它成為整個美感印象之一部

〔註 5〕宗白華先生於〈康德美學思想評述〉中曾批評康德「美是道德的善的象徵」的命題與其純形式主義自相矛盾。然就宗先生對歌德人格形式的讚賞而言，修正康德的純形式主義，宗先生應該接受康德這個命題。

份時才能表現出來。它並不能成就獨立的價值。先驅者愛倫坡已盛言：「要有「美」的成就，對形式與音樂的把握遠比感情之把握重要」。王爾德繼愛倫坡之後，相信形式是創作的動力泉源，「真正藝術家之創作過程是從形式而至思想、情感，並非由情感而至形式。（強森，94），藝術家不是自我表現，不只是情感的流露，況且「所有的『壞詩』都是由真摯情感所產生的」。（強森，90）

　　然而佩特並未走到這個極端，為宗白華先生所玩味的名言：「一切的藝術都是趨向音樂的狀態。」已說明形式與內容顯然是不能分開的，因佩特相信只有在音樂作品裡，我們最難分辨什麼是形式，什麼是內容。在文學作品中，其內容與形式，還是可以分辨出來，而且內容也非衍生的價值，在〈鑑賞‧附風格論〉裡，他區分了好的藝術作品與偉大藝術作品的不同：「好的藝術，但不一定是偉大的藝術；至於文學，偉大的藝術與好的藝術之間的差別在於內容，而不是它的形式。」（蔣孔陽‧208）偉大的藝術必須呈現具有人性意義的重要事物。這麼說來，佩特與王爾德雖同樣重視形式，但對內容與形式的分合，兩人是有不同的立場。

　　因唯美主義的代表人物佩特與王爾德二人觀點的差異，「為藝術而藝術」有著分歧甚至互相矛盾的看法，即形式主義與表現主義二種不同的藝術觀。

　　王爾德認為形式是藝術作品唯一的根本價值，推動藝術家者乃是他對形式之感受，而非他對所要表達之事物的觀感（強森‧95）佩特則主張一個作家所要表達的不是事物的現實世界，而是作者對世界的感覺，藝術家有權利也有責任表現他所要表達事物的主觀感受，不用附和社會的期待。好的藝術與他再現那種感覺的真實程度成正比。這兩種不同的立場，一為客觀的形式主義，一為主觀的表現主義，一時之間，已呈現了唯美主義者自身的矛盾。

　　但不管是主觀也好、客觀也好，唯美主義者皆反對寫實主義，認為就方法來說，寫實主義是完全的失敗。王爾德美學的第二原理說：「一切壞的藝術的根源，都在於要回到生活和自然，並提高它們成為理想」（《十九世紀西方美學名著選》24）王爾德把藝術看作一種「謊言」，認為「謊言」，即關於美而不真事務的講述，乃是藝術的本來面目（同上，45）。愛倫坡主張詩與真理不能相比較，唯美主義者進一步放逐了真理。

　　宗白華的藝術觀對這些問題，都有明確的回應。如果說唯美主義的藝術觀從愛倫坡、摩爾、波特萊爾等人的作品中尋找根據，那麼宗先生的藝術觀除了

從希臘的藝術、歌德、羅丹的作品吸取養料外，中國古典藝術（詩、書、畫、音樂等）的美的追求，其中所包含的豐富的藝術現象，更是宗先生藝術觀的依據。他的藝術觀可歸納成兩條原則：原則一：美是一個表現自然、社會、藝術形象的流動範疇；〔註6〕原則二：藝術是形式、描象、啟示三種價值的結合。

先說原則一中的「表現」的概念。「表現」的對象屬情感，美學的發展，正是從情感作為心靈生活的一個獨立領域的學說中開始的。「審美地把握對象的中心是情感，於是分析情感是首要的任務」（301）。情感是主觀的感覺，舉例來說，草地的綠色是屬於客觀的感覺，而對於綠色的快適，卻是屬於主觀的感覺，它並不表示什麼事物，而是隸屬於情感，借賴於它，事物被看作是愉快的對象，而不是表面一種認識。這麼說，宗先生應認同於表現主義派的主張：藝術在於表達事物的主觀感受？也不盡然。宗先生所謂的情感，不停留於浪漫主義的想像，也不是主觀情緒的宣洩塗染，而是深入到事物的內在真實：「使萬象得以在自由自在的感覺裡表現自己，這就是「美」（333），「表現」，唯有讓萬象藉著情感呈現出它自己，這樣的感情的表現具有客觀的色彩。」

再說「形象」。在〈常人欣賞文藝的形式〉一文中，宗先生提醒我們重視常人（指那天真樸素，沒有受過藝術教育與理論，卻也沒有文藝上任何主義及學說的成見的普通人）的藝術觀，它是一切藝術觀的基本形式。常人在欣賞時不了解、不注意一件藝術品之為藝術的特殊性，他偏向於藝術表現的內涵，生活的體驗內容：

　　一言以蔽之，對於常人，藝術是「真實的摹寫」，是「生活的表現」。

　　而著重點尤在「真實」，在「生命」，並不在摹寫與表現。（180）

常人對於藝術內容的自然傾向，應為藝術所滿足，然因其對形式的奧秘的忽視，也便錯失藝術的基本特徵：形式。形式與內容在藝術中的關係是：

　　這節奏，這旋律，這和諧等等，它們是離不開生命的表現，它們不是死的機械的空洞的形式，而是具有豐富內容，有表現、有深刻意義的具體形象。形象不是形式，而是形式和內容的統一，形式中每一個點、線、色、形、音、韻，都表現著內容的意義、情感、價值。（277）

形式和形象的區分，使形式保持著「動能」，當形式完成自己時，已表現為形

〔註 6〕林同華先生於《宗白華美學思想研究》專著中，提出「美是一種流動範疇」的觀點來說明宗先生的美的本質觀，筆者認為是很恰當的理解、詮釋。

象。形式的「動能」，不斷地使內容找到自己的和諧規律；內容猶如萊布尼茲的單子，符合於常人的世界觀：「常人眼中的一切都是具有生命的，一切是動，是變化，是同我們一樣的生命。」（179），它並非冷冰冰的材料，而是不斷地接受、發展，以實現它內在可能的形式，就成爲形象。

西洋美學中形式主義與內容主義的爭論，可溯源至希臘美學。畢達哥拉斯以「數」爲宇宙的原理，「數」是至美和諧音樂的形式美學。當畢氏發現音之高度與弦之長度成爲整齊比例時，其所受的感動驚奇，開創了形式主義的理論基礎。至於蘇格拉底則看藝術的內容比形式重要，柏拉圖藝術模倣自然的主張，更主導了往後美學的主要問題焦點。「人生藝術與唯美藝術的分歧已經從此開始。」（109）。至於宗白華的觀點便是形象論的主張：

> 音樂是形式的和諧，也是心靈的律動，一鏡的兩面是不能分開的。
>
> 心靈必須表現於形式之中，而形式必須是心靈的節奏，就同大宇宙
>
> 的秩序定律與生命之流動演進不相違背，而同爲一體一樣。（109）

形式主義內容主義的辨正，即是「形象主義」，而形象的內涵，則和宇宙觀、生命觀同爲一體，那麼我們不可忽視這條關鍵的線索。

近代藝術學者芮格（Riegl）提出了「藝術意志」與「世界感」兩個概念，頗爲宗先生所贊許。〔註7〕沃林格（W. Worringer）延用了這兩個概念，認爲決定藝術活動的「藝術意志」來自於日常應世觀物所形成的世界態度，即來自於人面對世界所形成的心理態度，他把這種態度界定爲「世界感」，這種「世界感」包括人對客體對象所引起的世界的感受、印象以及看法等主觀內容。當這種「世界感」內在地轉化成「藝術意志」時，它便會在藝術活動中得到表現，決定了作品的風格及其藝術觀的立場。〔註8〕

「世界感」在宗先生的觀念中，相當於「宇宙感」，其宇宙感的根源除中國易、禪、莊之宇宙感之外（有關之論述，將於下節說明），羅丹，歌德的宇宙感對他也有決定性的影響。

宗先生以「動象的表現」來說明羅丹藝術的特質。羅丹所「看」到的自然是無時不在「動」中的，「物即是動，動即是物，不能分離。這種『動象』，

〔註7〕 宗先生認爲要理解中西詩畫中所表現的空間意識的差異，要以芮格的「藝術意志說」來解釋，可見其對這個概念的重視。

〔註8〕 沃格林「世界感」的觀念，含有黑格爾美學中「一般世界情況」的理想。《抽象與移情》一書首次從主體角度，對藝術風格進行了心理學的研究，對於藝術觀的爭論提供了解釋的模式。

積微成著，瞬時變化，不可捉摸……」（58）藝術家所要把握的自然，並非靜態的寫實，而是創造意象，表現其動象，才能真正表現自然，把握藝術的真實。這種「動象的表現」，是羅丹的宇宙感，也是其藝術觀，藝術的目的，便在於成就「節奏化的自然」。

　　歌德的人生觀，宗先生從年輕時代即熱烈的加以贊揚，一生未曾改變。其人生智慧在於人格形式的不斷開創與完成：

> 人當完成人格的形式，而不失去生命的流動！生命是無盡的，形式也是無盡的，我們當從更豐富的生命，去實現更高一層的生活形式。（78）

流動的生命，即不息地熱烈追求的生命，也是精神生活的本質。「歌德的特徵是諧和的形式，是創造形式的意志。」（71），諧和的斜視，故取得人生的寧靜清明，創造形式的意志，故人生不斷自覺的進展，深化生命的內涵，開拓人生的各種境界，不淪爲靜止的單調死寂。

　　這麼說來，唯美主義者所以輕忽內容，是因爲其機械的自然觀，其視現實生活爲單調平凡的陳規，故逃避人生，便也使得「動」的本質，隱歿不顯，同時也使形式喪失了其應有的嚴肅與莊嚴。

　　宗先生認爲美的蹤跡要到自然、人生、社會的具體形象裡去找，所以形象有它的客觀性，並非完全抽離見體內容的純形式，美的形象發現，決定於我們的心靈，它是表現形象的先決條件。發現這樣的美感形象，需要主觀方面的準備條件，這便是「移情」。

> 「移情」就是移易情感，改造精神，在整個人格的改造基礎上才能完成藝術的造就，全憑技巧的學習還是不成的，這是一個深刻的見解。（364）

「移情」要求我們的感情經過一番洗滌，克服了小己的私利與利害關切，它把我們對於事物客觀存在的興趣，改造成對形象的領受，「把美如實地和深入地反映到心裡來，再把它放射出去，憑藉物質創造形象給表達出來，才成爲藝術。」（276），這種「移情說」和栗卜斯的「移情說」（宗先生翻譯成「情感移入論」）有所不同。栗卜斯的「移情說」，簡單地說，是種審美體驗的特徵。審美體驗就是在一個與自我不同的感性對象中玩味著自我本身，即把自我移入到對象中。當天生的自我實現傾向與感性客體所引起的活動一致的情形中，統覺活動就成了審美享受，面對藝術作品所產生的就是這種肯定性的

移情，反之，則爲否定性的移情。宗先生把這種移情說譯成「感情移入論」，正確地傳達了它的概念。

宗先生的「移情說」，他自認爲比栗卜斯還要深刻些（277），深刻之處何在？這便是他把移情視爲美感經驗的主觀的積極因素和條件，而非經驗特徵。「移情」的「移」是「移易」，即「移易情感，改造精神」，「移情」使得人的精神處於適當的審美接受狀態，物的節奏與和諧的形象，便透過精神的集中效果，藝術的形象便對應著生命的節奏，呈現出其自在的生命，內在的特質。移情說與形象說主客條件的結合，方構成形象的完整內容，對形式與內容的分歧方能提出合一的具體方法。

最後，我們來說明「流動範疇」。流動範疇指謂由無生界入於有生命，由有生界至最高的生命、理性、情緒、感覺的向上奮進的進程。美正是從升活到藝術，從物質到精神的流動進程。此流動進程所呈現出來的廣大世界，唯有依其「動」的特質，不斷地追求其和諧的形式，人才實現其審美活動的意義。〔註9〕然而要確實把握流動範圍的意義，我們必須將它放在多層次的藝術價值觀與多層次的形式作用中，方能呈現其完整的「視域」（Horizont），那便進入到藝術觀的第二原則。

第二原則：「藝術是形式、描象、啓示三種價值的結合」。宗先生對這三種價值做這種的界定：

（一）形式的價值，就主觀的感受言，即美的價值。

（二）描象的價值，就客觀言，爲「眞」的價值；就主觀感受言，爲「生命的價值」（生命意趣之豐富與擴大）。

（三）啓示的價值，啓示宇宙人生之最深意義與境界，就主觀感受言，爲「心靈的價值」，心靈深度的感動，有異於生命的刺激。（124）

「形式」是藝術之所以成爲藝術的「基本條件」，依賴這一基本條件而使藝術「獨立於科學、哲學、道德、宗教等文化事業之外，自成一文化的結構，生命的表現：它不只是實現了『美』的價值，且深深的表達了生命的情調與意味。」（125）這正是主體運用形式創造了藝術的獨特價值。此價值也是唯美

〔註9〕宗先生主張晉人的唯美人生態度表現於兩點，「一是把玩『現在』，在刹那的限量的生活裡求極量的豐富和充實，不爲著將來或過去而放棄現在價值的體味和創造……二則美的價值是寄於過程本身，不在於外在的目的。」（193）這裡所呈現出來的唯美，有助於我們了解「流動範疇」的概念。

主義所承認的價值，然唯美主義者對於（二）描象的價值、（三）啓示的價值卻加以反對，宣稱要放棄藝術的說教的意圖，獨講究藝術的愉悅性。如前所述，唯美主義者宣稱藝術的本來面目是「謊言」，美而不眞。然宗先生也承認藝術的「謊言」，「幻境」：

> 古人說：「超以象外，得其環中。」借幻境以表現最深的眞境，由幻以入眞，這種「眞」，不是普通的語言文字，也不是科學公式所能表達的眞，這只是藝術的「象徵力」所能啓示的眞實。（126）

「幻境」不再只是假相與謊言，卻是進入最深眞境的方便，其所憑藉者乃藝術的「象徵力」。

> 「象徵」不只是啓示的價值所獨有，描象的價值亦然，「藝術的描摹，不是機械的攝影，乃係以象徵方式，提示人生情景的普遍性。」（126）。

唯美主義者對「眞」侷限於符應論的眞理觀，接近於機械的寫實，因此認爲要求作品裡面表達道德教諭、生命的價值及啓發性思想是不盡合理的，「眞」是美之敵。然就宗先生的觀點來說，唯美主義對形式的強調，本身忽視了多層次的形式作用，以致於未認識到形式與象徵作用之間的關係。

形式有消極性的「間隔化」作用，也有積極性的「構圖」的作用，而形式之最後與最深的作用則是引人「由美入眞」探入生命節奏的核心。宗先生這樣的觀念和我們前面所說的「宇宙感」互相一致，然他針對藝術的象徵作用所做的例示，更值得我們重視：

> 世界上唯有最抽象的藝術形式……如建築、音樂、舞蹈姿態、中國書法、中國戲面譜、鐘鼎彝器的型態與花紋……乃最能象徵人類不可言狀的心靈姿式與生命的律動。（125）

形式的最重要作用是「象徵」，「象徵」溝通了形式、描象、啓示三種價值，使得它們結合起來，而形成多層次的價值結構。因此，美與眞的衝突問題使得到了解決，修正了唯美主義的偏失。

那麼，象徵作用的最後歸趨勢哪種藝術表現呢？我們申此一問題，進入到唯美主義的第三種用途的論題。

四、意境的典型與歸趨

作爲文學、藝術與批評的一種實際趨勢，唯美主義運動醞釀了文學或藝術作品應當避免說教或解釋生命哲學的意圖；另一方面，純粹藝術的美學觀

念最能印證詩的音樂性及圖畫感的重要性。對比之下，宗白華對藝術之所以為藝術及其典型與歸趨的思考，總結出「意境說」的理趣。

什麼是「意境」？宗先生從人與世界接觸，因關係的層次不同，分為五種境界：（1）功利境界，主於利；（2）倫理境界，主於愛；（3）政治境界，主於權；（4）學術境界，主於真；（5）宗教境界，主於神。這五境之外，另有藝術境界：

> 但介乎後二者的中間，以宇宙人生的具體為對象，賞玩它的色相、秩序、節奏、和諧，藉以窺見自我的最深心靈的反映；化實景而為虛境，創形象以為象徵，使人類最高的心靈具體化、肉身化，這就是「藝術境界」。（209）

藝術境界的特徵就是美，也就是經由情景交融的靈境所構成的「意境」：

> 在一個藝術表現裡情和景交容互滲，因而發掘出最深的情，一層比一層更深的情，同時也透入了最深的景，一層比一層更晶瑩的景；景中全是情，情具象而為景，因而湧現了一個獨特的宇宙，嶄新的意象，為人類增加了豐富的想像，替世界開闢了新境，正如惲南田所說：「皆靈想之所獨闢，總非人間所有！」這是我所謂「意境」。（211）

構成「意境」的本質因素是情與景，宗先生雖採取傳統的說法，但在解釋上更能結合其多層次的形式作用的觀念，開拓「意境說」的理趣，「因為藝術意境不是一個單層的平面的自然的再現，而是一個境界層深的創構。」（213）「境界層深的創構」在「流動範疇」中準確地傳達其中心意旨。宗先生又分此境界為三層次：（1）情勝，以心靈對於印象的直接反映為特徵，印象主義、寫實主義屬之；（2）氣勝，以「生氣遠出」的生命為特徵，浪漫主義、古典主義屬之；（3）格勝，以映射著人格的高尚格調為特徵，象徵主義、表現主義、後期印象派屬之。（213）這麼一來，其意境說嘗試匯通西方藝術，給予適當的定位。

然而中國藝術的理想境界卻是「澄懷觀道」。宗先生以晉代畫家宗炳的思想為核心，訴說著其對意境說的籌劃。「澄懷」，有如其所主張的「移情說」，澄懷所以能「觀道」，正在於藝術的象徵作用。這時「造化與心源合一，一切形象都形成了象徵境界」（214）。「象徵」，在情景交融中發揮作用，「藝術意境的創構，是使客觀景物作我主觀情思的象徵。」（211），在「觀道」中也是象徵的作用，使得「道」得以藉由「藝」而開顯出來。

那麼，所觀之「道」，所象徵之「道」為何？即生命之節奏。宗先生以傳統易、莊、禪的宇宙觀，闡明了藝術的典型。

易經的宇宙觀：「陰陽二氣化生萬物，萬物皆稟天地之氣以生，一切物體可以說是一種「氣積」。這生生不已的陰陽二氣織成一種有節奏的生命。中國畫的主題「氣韻生動」，就是「生命的節奏」或「有節奏的生命」（158），莊、禪與易有相通之處，「不外乎於靜觀寂照中」，求返於自己深心的心靈節奏，以體合宇宙內部的生命節奏」（158）因而「靜穆的觀照。飛躍的生命構成藝術的兩元，也是構成「禪」的心靈狀態。」（215）。

所有真正的藝術在任何時候都滿足了一種深層的心靈需求，「意境說」的「道」滿足了中國人對生命的節奏的深層需求。也形成其藝術的典型思想，對「動」的表現的不斷追求。

宗先生在中西藝術的比較研究中，對「氣韻生動」有深刻的洞見。它指出西洋油畫重視立體的描摹畫家，用油色烘托出立體的凸凹，同時一種光影的明暗跳躍於全幅畫面，使畫境空靈生動，自生氣韻。故西洋油畫表現氣韻生動，實較中國色彩為易。」（156）這是擺脫了中國畫之本位主義，對西洋繪畫的深入欣賞。在宗先生《羅丹在談話和信札中》的譯文裡，有一節敘述羅丹對於運動和線條的關係的發現：「物體的自然的運動是符合著星群的軌道的，它們履行著一個橢圓形。例如拉斐爾的諸形象是在橢圓形裡運動著。這是古典的線。」（《宗白華美學文學譯文選》167）。依羅丹的觀念，運動始終是西洋繪畫的主題。〔註10〕然西洋藝術的動感，其基礎在希臘的雕刻與建築，偏向於幾何學研究具體物形中之普遍形相、羅丹雖然以動勢為物之自然，然仍以幾何形象（橢圓形、三角形）來侷限它，其動勢仍需以色彩中光和影的效果來表現之。

反觀中國的藝術乃是線條的抽象藝術：

> 而中國畫則因工具寫光困難，乃另闢蹊徑，不在刻畫凸凹的寫實上
> 求生活，而捨具體，趨抽象，於筆墨點線皴擦的表現力上見本領。
> 其結果則筆情墨韻中點線交織，成一音樂性的「譜構」。其氣韻生動
> 為幽淡的、微妙的、靜寂的、灑落的，沒有彩色的喧嘩眩耀，而富

〔註10〕 宗先生在翻譯《羅丹在談話和信札中》之前，並未充分認識到古典藝術中「動」的一面。如他批評拉斐爾「都是墨守著正面對立的看法，畫中透視的視點與視線皆集合於畫面的正中。」（167）顯然是從希望風格的靜態觀中去理解拉斐爾。

於心靈的幽深淡遠。（156）

因此，中國的氣韻生動是以「抽象的筆墨把捉物象骨氣，寫出物的內部生命」（150），書法成爲代替音樂的抽象藝術，也成爲「生命的節奏」象徵的表現手法的憑藉。如果說，節奏感是音樂的本質，也是人心活動的樣態，那麼西方的藝術有如色彩音樂，中國藝術有如點線的音樂，各有所長，然線條的「象徵力」，似乎更爲宗先生所欣賞。

那麼，意境的典型也該是能融合空間中的純形式與時間中的純形式，以象徵那生命的律動，那便是「舞蹈」。宗先生對「舞」有著熱烈的讚賞：

> 尤其是「舞」，這最高的韻律、節奏、秩序、理性，同時是最高度的
> 生命、旋動、力、熱情，它不僅是一切藝術表現的究竟狀態，且是
> 宇宙創化過程的象徵。（216）

「舞」作爲「象徵力」的表現，宗先生帶給人們新的啓發，也爲唯美的人生觀，找到相應的藝術詮釋，大大地豐富了其藝術觀的內涵。

參考書目

1. 宗白華：《美學與意境》（臺北：淑馨出版社，民國 78 年）。
2. 宗白華：《宗白華美學文學譯文集》（北京：北京大學出版社，1987 年第二刷）。
3. 朱光潛：《文藝心理學》（臺北：漢京文化公司，民國 73 年）。
4. 強森（R.V. Johnson）著，蔡源煌譯：《美學主義》（收在《西洋文學術語叢刊（上）》（臺北：黎明文化事業公司，民國 62 年）
5. 蔣孔陽主編：《十九世紀西方美學名著選‧英法美卷》（上海：復旦大學出版社，1990 年）。
6. 林同華：《宗白華美學思想研究》（臺北：駱駝出版社，民國 76 年）。
7. 沃林格（W. Worringer）王才勇譯：《抽象與移情》（瀋陽：遼寧人民出版社，1987 年）。
8. 聶振斌：《中國近代美學思想史》，（北京：中國社科院，1991 年）。

附錄二：自然、形象與性情
——通過現代畫論戰重看徐復觀的美學思想

一

1957 年，「五月」與「東方」兩個新銳的繪畫團體，先後宣告成立，爲臺灣美術的現代畫運動，扮演了前鋒、衝刺與創新的角色。

1960 年，「中國現代藝術中心」聯合展覽，秦松，一位剛在年前以「太陽節」一作榮獲巴西聖保羅國際雙年展榮譽獎的年輕人，其參展的作品「春燈」，竟被政戰系統的梁氏兄弟莫名其妙地掛上「反蔣」的罪嫌，結果，在政治疑雲陰影籠罩下，「中國現代藝術中心」籌組的活動於是中斷。

「秦松事件」反映出當時的國民黨政府對文藝活動採行緊縮、控制的政策，保守人士，對「現代畫家」惡意的質疑與責難，並妄加揣測其不明的政治動機，政治與藝術的糾纏，在創作者心中留上恐怖的陰影。

由於不滿當時保守、沉悶的畫風，又覺得國畫的境界、氣氛和現實生活脫離太遠，不能表現當時的時代精神，現代繪畫的探索熱潮，並未因此而止息；加上國際藝壇得獎的鼓勵，繼而爲尋找具有世性的永恆東方，以及建立中國藝術新傳統的理想熱情，新生代的現代畫家已有足夠的理由鼓吹他們界最熱衷的主義，無懼於保守派的諷刺與攻擊。

1961 年 8 月 14 日，徐復觀先生於香港《華僑日報》發表〈現代藝術的歸趨〉一文，他從現代藝術本身所含的可能性來加以推論，認爲現代藝術有二個特性：一、它主張破壞藝術的形相；二、反合理主義。徐先生因留心自由世界與共黨世界間勢力的消長，極盼自由世界有著深厚的人文基礎，以對抗

共產主義的意識型態，如今他所發現的現代藝術，只是虛無的否定精神，他便進而站在政治社會的觀點，指出現代藝術的歸趨：

> 假定現代超現實主義的藝術家們的破壞工作成功，到底會帶著人們
>
> 走向什麼地方去呢？結果，他們是無路可走，而只有為共黨世界開路。

徐先生的文章在香港發表，當時他也不知臺灣有「五月」或「東方」畫會，〔註1〕其批評的對象是西方的現代藝術。顯然，他的用意並非針對臺灣新生代的現代畫家。而且，就超現實主義的發展來說，布魯東（A. Breton）的企圖乃在於將造形藝術與文學和政治擺成一線，主張超現實主義為革命服務。在適當的理解脈絡中，「為共黨世界開路」該為他們所樂意接受。〔註2〕但在當時的政治氣氛下，徐先生不只是單純的東海大學教授，他也是有份量的政論家與社會批評家，他的歸結幾乎構成政治性的控訴，若在有心人的扭曲解釋下，難免被利用成枉加紅色帽子的口實，這便直接威脅到現代藝術的存在。

就在徐文刊出的半個月後，五月畫會的劉國松便撰就一文為現代藝術提出了嚴正的答辯。該文以極有力的標題提出他的反控訴：〈為什麼把現代藝術劃給敵人──向徐復觀先生請教〉，發表在聯合報，如此引發激烈的論戰，是為「現代畫論戰」。

「現代畫論戰」的史實及論戰各方思想的分析，林惺嶽與蕭瓊瑞兩位先生，已有客觀清楚的論述，〔註3〕本文不再掠美重複。本文乃試圖以此論戰為觀察點，通過它所引發的論題，考察徐復觀的美學思想主要課題。相信經由此研究進路，將有助於我們理解徐先生對現代藝術關懷的意義與用心。〔註4〕

〔註1〕見徐復觀，〈現代藝術的歸趨〉，《徐復觀文存》（臺北：學生，民國80年），頁217。

〔註2〕布魯東在1934年於布魯塞爾的一次演講中，談到他的立場：「……我們所應採取的社會行動是什麼──這種行動就我們而言，有著唯物主義辯證法的正當性，這個行動是不能放棄的，如果我們認為解放人類乃是解放心靈的第一個條件，而這種人類之解放只有從貧民之革命中才有期望」，雖然超現貨主義者並非皆贊成布魯東的政治觀點，但大體而言，說他們主張共產主義是正確的。見赫伯特里德（Herbert Read），李長俊譯，《現代繪畫史》（臺北：大陸，民國79年四版），頁134。

〔註3〕參見林惺嶽，《臺灣美術風雲四十年》（臺北，自立，民國76年）頁109～117；蕭瓊瑞，《五月與東方》（臺北：三民，民國80年），頁313～346。

〔註4〕於1962年5月，徐先生應東海大學東風社之約作一次演講，原本題目是：「中國藝術精神與現代藝術精神」，後因其他機緣，改變題目為「論傳統」。這使

徐先生曾說明他研究美學的方法：

> 我把文學、藝術，都當作中國思想史的一部分來處理，也採用治思
> 想史的窮搜力討的方法。搜討到根源之地時，卻發現文學、藝術，
> 有不同於一般思想史的各自特性，更須在運用一般治思想史的方法
> 以後，還要以「追體驗」來進入形象的世界、進入感情的世界，以
> 與作者的精神相往來，因而把握到文學藝術的本質。〔註5〕

所謂治思想史的方法，徐先生強調「動地觀點」、「發展地觀點」的應用。〔註6〕
這種方法採取發展的歷史的動態的觀點，因此，必從整體性著眼。整體性不是
一先驗的假設，也不是如黑格爾所說的理性精神發展到最高階段所必經的總體
歷程。思想史中的整體性，是作為理解的基礎，把研究對象放在它自身形成的
歷史，以及與它相關的歷史演變中來理解。因此，必得尋求其在歷史發展環節
中的時代性，並從時代處境的同情理解中，以建構其評價的視域（Horizon）。
另一方面則又由此視域展開其理解的可能，並經由其發展的過程，以確立、簡
擇其合理性、正當性的意義。

這麼一來，思想史的研究本身即是目的，也是方法。其為目的，乃肯定
研究對象本身的意義，其理解內容的「客觀」呈現，對人類文化即有價值；
其為方法，乃思想史的研究必涵化成我們的理解視域，並成為建構我們理論
系統的基礎。也就是在這種意義下，徐先生得出他的中國美學理論。〔註7〕

然而思想史的進路，其所得的成就，僅有歷史的意義，或者它也有現代
的、未來的意義，參與到當代文化的言說論域中，以成為活的文化思想，這
並不能先驗地決定，或未經批判地視為當然。這得由對象的內容與本性來考
察，其所建構的理論也必是經過歷史的批判，力有所樹立。道德、藝術、科
學，是人類文化的三大支柱，徐先生認為三者之中，中國的科學只有歷史的
意義，沒有現代的意義，但就道德、藝術而言，則不然。就藝術來說：

> 我們失去一次扼要了解他美學思想的機會。徐先生自言原來題目的相關材料
> 已大致準備好了。筆者以為這些材料和對比中西藝術精神的思想，實貫穿在
> 他後來的代表作《中國藝術精神》之中。

〔註5〕〈中國文學論集編篇自序〉，《中國文學論集續篇》（臺北：學生，民國70年）
頁3。

〔註6〕見《中國藝術精神·白序》（臺北：學生，民國72年8版），頁7。

〔註7〕徐先生說：「我自己並沒有什預定的美學系統；但探索下來，自自然地形成為
中國地美學系統」（同上，頁3），因而不能把《中國藝術精神》只視為美學史
的著作，它同時也是中國美學的著作。

> 在人的具體生命的心、性中，發掘出藝術的根源，把握到精神自由
> 解放的關鍵，並由此而在繪畫方面，產生了許多偉大地畫家和作品，
> 中國文化在這一方面的成就，也不僅有歷史地意義，並且也有現代
> 地、將來地意義。〔註8〕

也因此，徐先生所激起的現代畫論戰，雖是時代處境下的偶然，但也是其信念的理之所至。

至於文學、藝術史的研究，與一般思想史研究有著不同的特性，經由此獨特的研究方法，所把握到的文學、藝術本質，在徐先生的研究成果中，竟構成中國藝術精神與現代藝術精神互斥的對決關係，便是底下所要探討的主題，容後再述。在此，我們只注意到文學繪畫的思想，徐先生並未就其媒材表現的不同方式，加以區分爲二，因此，要探究其美學思想，不可捨棄有關其對文學思想的研究成果。這麼說來，徐先生引發「現代畫論戰」前後所發表的有關文學理論文章，其中已片斷但直接地批評到現代藝術，這些都可被視爲合法的材料，納入到本文的考察中。那麼，環繞在現代畫議題下的文章，我們可整理成下表：〔註9〕

二、時間〔篇（書）名發表刊物〕

1958.07.01　〈傳統文學思想中詩的個性與社會性問題〉《文星》二卷三期

1958.08.01　〈釋詩的比興——重新奠定中國詩的欣賞基礎〉，《民主評論》九卷十五期

1959.60.15　〈詩詞的創造過程及其表現效果——有關詩詞的隔與不隔及其它〉，《民主評論》十卷十二期

1959　〈文心雕龍的文體論〉《東海學報》一卷一期

〔註8〕同上，頁2。
〔註9〕以下文章，除《中國藝術精神》爲專著外，其它文章皆分別收入以下諸書：
《中國文學論集》（臺北：學生，1974年）（以下簡稱《論集》）
《徐復觀文錄選粹》（臺北：學生，1981年）（以下簡稱《選粹》）
《余復觀文存》（臺北：學生，1991年）（以年下簡稱《文存》）
《徐復觀雜文集〔3〕記所思》（臺北：時報，1980年）
《論戰與譯述》（臺北：志文，1982年）（以下簡稱《論戰》）其中，〈文化與政治〉，收入《文存》後，改題目爲〈藝術與政治〉。

1960.05.24～25　　〈毀滅的象微──對現代美術的一瞥〉《華僑日報》

1961.06.09　　〈危機世紀的虛無主義〉《華僑日報》

1961.06.19～20　　〈中國的虛無主義〉《華僑日報》

1961.07.17　　〈非人的藝術與文學〉《華僑日報》

1961.08.03　　〈達達主義的時代信號〉《華僑日報》

1961.08.14　　〈現代藝術的歸趨〉《華僑日報》

1961.09.02～3　　〈從藝術的變，看人生的態度〉《華僑日報》

1961.09.03　　〈從藝術的變，看人生的態度〉《華僑日報》

1961.09.08　　〈文化與政治〉《華僑日報》

1961.10.01　　〈愛與美〉《華僑日報》

1961.11.05　　〈現代藝術對自然的叛逆〉《華僑日報》

1961.12.01　　〈有覥面目〉──附轉載文四篇《民主評論》十二卷二十三
　　　　　　　期

1962.1.16　　〈答虞君質教授〉《民主評論》十三卷二期

1962.2.16　　〈文體觀念的復活──再答虞君質教授〉《民主評論》十三卷
　　　　　　　四期

1964.03.14～15　　〈藝術的胎動，世界的胎動〉《華僑日報》

1964.12.28　　〈回答我的一位學生的信並附記〉《學藝周刊》十三期

1965.01.01　　〈現代藝術的永恆性問題〉《民主評論》十六卷一期

1965.10.03　　〈中國文學中的氣的問題──文心雕龍風骨篇疏補〉未發表
　　　　　　　在刊物上，直接收入《中國文學論集》

1966.02　　《中國藝術精神》學生書局

1966.12　　〈摸索中的現代藝術〉《東風》三卷八期

1968.02　　〈抽象藝術的斷想〉《華僑日報》

1972.11.11　　〈中國藝術雜談〉《新亞學生報》

1973.04.19　　〈畢加索的時代〉《華僑日報》

1973.04.27　　〈再論畢加索〉《華僑日報》

《中國藝術精神》初版的〈自敘〉寫於 1965 年 8 月 18 日，其寫作時間
共三年多，由此推算，該書開始寫作的時間，正在〈現代畫論戰〉之後便接
著進行。以徐先生思想史的方法意識來論，他正企圖以此著作，對現代藝術
進行總反省與總批判，但所採取的方法是間接的，即以中國繪畫美學為對象

的研究，而不是直接就現代藝術的發展與精神做詳密的分析，然後再進行內在發展理路的批判。這樣的回應，雖然有所不足，但就散在該書多處的文字集中起來看，﹝註 10﹞徐先生對現代藝術的認識在美學的層次上有著精要的把握，並形成其問題意識，融通在其對中國藝術精神的發揚上。

所以，除了論戰直接相關的文字外，徐先生最重要的理論論述，應以〈文心雕龍的文體論〉（或可包含〈中國文學中的氣的問題〉）及《中國藝術精神》為代表。前後發展的時間（1958～1965）共七年。﹝註 11﹞〈文體論〉建立了「藝術形相」的觀點，《中國藝術精神》則奠定了訂了自然美感的理論與藝術精神的主體。以此為骨幹，呈現了其美學思想的規模。之後，徐先生轉入經學的研究，對現代藝述偶有涉及，但已非其主要關懷了。

徐先生美學思想的形成，除了思想史的方法意識外，最重要的透過比較的觀點以形構問題意識，他認為中國文學藝術的價值與問題，要在西方文化大的較量下才能開口，因此在論戰前，他已透過日譯的西方名著，摘錄了三十萬字有關西方文藝理論批評的東西。﹝註 12﹞1969 年，徐先生發表〈西方文化沒有陰影〉﹝註 13﹞明白表示，因有得於西方文化知識給他的啟發和問題疏解時的概念表達能力的訓練，使他在中國文學藝術上能夠有所建樹。

在思想史方法與比較觀點的自覺運用下，「現代畫論戰」中，徐先生始終將達達、超現實、抽象等派別混為一談，委實令人疑惑。當時或可說「他對錯綜複雜的的現代藝術的發展，未能全盤透視並理出一個頭緒來」，﹝註 14﹞但日後，徐先生接觸更多的著作，也已通讀赫伯特‧里德（Herbert Read）（徐先生譯為哈巴特‧李杜）《現代繪畫史》等書，但從其行文的語氣來看：如「由達達主義這一系列下來的現代藝術特色之一」，﹝註 15﹞他仍然對現代藝術精神

﹝註 10﹞除該書的序言外，該書頁 48，119，196，199，205，206，214，271，329 等處，都直接從中西藝術精神的對比，對現代藝術有所批評。

﹝註 11﹞一般臺灣主術史的著作，都將劉國松 1961 年 6 月 6～7 日發表在聯台報的文章：〈自由世界的象微──抽象藝術〉，視為論戰的終止，至此，現代畫派取得勝利，徐復觀因資料引用的缺失，及論點不能扣緊現代藝術的具體問題，從此沉默。至於後來和虞君質的論戰，合是歧出，且多人身攻擊，已是餘響。但如從徐先生本人的思想來看，應以《中國藝術精神》為總結，才能窺其理論堂奧。

﹝註 12﹞參見〈現代藝術的歸趨──答劉國松先生〉，《論戰》，頁 74。

﹝註 13﹞該文發表在 1969 年 1 月《大學雜誌》13 期，後收入《記所思》。

﹝註 14﹞見林惺嶽，前揭書，頁 109～110。

﹝註 15﹞見〈中國藝術雜談〉，《記所思》，頁 155，該文原發表在 1972 年 11 月 11 日，

內在發展的理路，不願多加著意。其觀賞現代畫的經驗，從 60 年在京都美術館的展覽到十多年後參觀人大都會博物館現代畫派的作品：他的總體印象分別是：「毀滅的象徵」，「這是西方精神沒落的象徵」，〔註 16〕其感受也未有所不同。

劉國松針對徐先生這個論點，強烈地指責為「不可饒恕的大錯誤」，並推測其閱讀現代藝術書籍的態度，是為了尋找它的缺點，並非為對新思潮的求知與探討。〔註 17〕這個推測，從徐先生的申辯文章中所表達出的一貫關懷人類文化前途的可貴情操來看，是不能成立的。但在藝術史的發展上，徐先生對「現代藝術」一詞定義始終籠統含混，為人詬病，也是合理的。

那麼，我們應如何理解徐先生這種違背自己方法論，卻又始終堅持的看法呢？

筆者以為，其關鍵正在奧林格（W. Worringer）《抽象與移情》對徐先生的重大影響上，尋找理解的線索。

1906 年，威廉・奧林格寫成了一篇論文；兩年後，這篇論文以《抽象與移情──對藝術風格的心理學研究》為標題成書出版。這部書雖只是用來解釋歷史中存在的兩種對立的審美感受性，因而形成兩種對立的藝術風格。但卻直接轉移到激進的現代藝術運動中，為現代藝術將要採取的新態度提供了美學和心理學的基礎。

奧林格接受里格耳（Alois Riegl）「藝術意志」（das kunstwollen）的概念。「藝術意志」是潛在的內心要求，這種要求完全獨立於客體對象和藝術創作方式，自為地產生並表現為形式意志。依此概念，藝術史並非技巧的演變史，而該視為意志的演變史。某種特定風格的消失不能歸之於缺乏某種技巧，而應歸之於不同的藝術意志。

「移情」這種審美體驗，亦源於意志的活動，其定義是：「審美欣賞是一種客觀化的自我欣賞。這個定義源自於李普斯（Theodor Lipps），在李普斯看

《新亞學生報》，離論戰已 11 年了。

〔註 16〕 參觀大都會博物館的印象，徐光生並未形諸文字，其事蹟見洪銘水，〈徐復觀先生對中國傳統藝術的玄學觀〉，《東海大學徐復觀學術思想國際研討會論文集》（民國 81 年 12 月），頁 212。洪先生特別指出徐先先唯獨欣賞畢加索，想必是肯定其「遊」的藝術精神。這樣的揣測並沒有根據，其對畢加索的評價，請參見徐先生〈畢加索的時代〉，〈再論畢加索〉二篇文章。

〔註 17〕 見劉國松，〈與徐復觀先生談現代藝術的歸趨〉，《中國現代畫的路》（臺北：文星，民國 54 年）頁 165。

來，移情是我在一個不同於我的客體中的對象化。移情作用時，我投射到對象中去的東西，整個看來就是讓對象充滿了我自己的生命。而當一個人感受到生命在一外在對象那裡產生共感的時候，審美體驗就會興發出來。而我們能夠移情的對象也只有有機生命形式之物才適合，否則，藝術形式與生命相對抗，我們便不能從中感覺到我們自己生命的存在。

然而，只有移情概念是不能解釋藝術史的發展，無疑地，存在另一種藝術原則，存在著另一種與生命相對抗，否定生命意志，卻仍然應稱之為美的藝術風格。它直接反對移情的需要，壓抑生命的傾向，這種與移情需要相對應的另一端，便是抽動的衝動。

抽象是另一深層的心理需要，它移情的對立面。如果移情以人與外在世界和諧圓滿為條件，那麼抽象衝動的心理要求，奧林格是這樣說的：

> 抽象衝動則是人由外在世界引起的巨大不安的產物，而且，抽象衝動還具有宗教色彩地表現出對一切表象世界的明顯的超驗傾向，我們把這種情形稱為對空間的一種極大的心理恐懼。……這種對空間的恐懼感成本身也被視為藝術創造的根源所在。〔註18〕

由於對空間的心理恐懼，人不再是自我生命外傾地投射，而是內傾地以抽象形式的秩序和規則性，否認外在事物生命形式的偶然與變化無常，從中解脫出來，在擺除所有有機存在外表上的變動不居後，安居於秩序和規則性的圖形世界。

這樣一種藝術意志所導致的結果是，一方面以平面表現為主，盡可能去避免三度空間；另一方面竭力抑制對空間的表現，並獨特地復現單個形式。〔註19〕

由於奧林格進一步指出東方文化的民族中，發現了類似抽象衝動的態度，他們對空間的精神敬畏，因而有著反機體藝術的心理機制。這個論斷便影響到日本學者研究山水畫的起源與文人畫的精神等問題的觀點，徐復觀先生經由日本學者的翻譯與引介，接受了奧林格「藝術意志」的概念，並形成其闡釋美感經驗中主客關係的支援意識。但把奧林格「抽象」的概念，運用來研究中國繪畫精神，則表示徹底的反對。

徐先生在〈現代藝術對自然的叛逆〉一文中，首次把抽象主義和超現實

〔註18〕 見 W. Worringer，王才勇譯，《抽象與移情》（Abstraktion und Einfuhlung）（遼寧：人民，1987 年），頁 16。

〔註19〕 以上所述，詳見前揭書第一章。

主義的精神根源作了說明。徐先生以爲它們雖摸索向兩個不同的途徑，表現爲兩種不同的形態，兩者卻出自同一時代精神，及「非人間」的性格與反自然。他引用島崎敏樹〈藝術與深層心理〉的論點，〔註20〕也提到《抽象與移情》爲抽象藝術的思想背景，顯然他對奧林格的思想有相當的認識，後來在他《中國藝術精神》中，對「水墨山水畫的出現」，「藝術意欲」（即「藝術意志」）來詮釋，〔註21〕在說明南北宗諸畫家藝術的差異性時，以人對客觀世界的依賴與否爲據。〔註22〕這便看出奧林格對他美學思想的重大影響。

「現代畫論戰」，以徐復觀和劉國松二人爲中心，因此，所謂的「現代畫」，實際上只以抽象畫爲代表，超現實主義及其它後來發展的流派，皆被忽視。後來演變成抽象與具象的論爭，便使主題更爲窄化了。而徐先生也未反省奧林格說法的片面性，抽象畫家克利（P. Klee）的想法或可爲奧氏的學說的例證，但蒙德里安（P. Mondrian）在抽象畫中想要表達的「純粹的生命力」，正好和奧氏的學說背道而馳。〔註23〕劉國松的畫作並沒有扭曲的痛苦、懷疑、精神狀態呈緊張爆裂的經驗，〔註24〕也未認識到奧林格所謂抽象衝動的問題，因此，二人的辯論，在理論的基礎上便有著很大的距離，徐先生雖反對抽象藝術，但對抽象畫的美學基礎，其認知雖屬片面但卻更接近核心的課題。

對現代藝術精神有這樣的認識，反過來反省中國的藝術精神，徐先生便積極肯定其現代的價值。

日本學者下店靜市，以中國古代的原始祭祀，作爲山水畫的起源，即是以山水畫爲起於對自然的恐怖。徐先生嚴屬指責這種說法既無繪畫史的常識，又無藝術的常識。〔註25〕山水畫並非反機體的藝術，而是把山水的各部份，都看成是一個生命的有機體，這種統一，是以眾多的諧和爲內容，而成爲多采多姿的統一。〔註26〕其起源，在於莊子所把握到的虛、靜、明的

〔註20〕從徐先生引文的內容來判斷，島崎敏樹是根據奧林格的論點來解釋抽象的衝動。見《選粹》，頁 250。
〔註21〕參見《中國藝術精神》，頁 255。
〔註22〕同上，頁 437～438。
〔註23〕參見 Rudolf Arnheim，郭小平・翟燦譯，《藝術心理學新編》（臺北：商務，民國 81 年），頁 76～82。
〔註24〕葉維廉與劉國松對談時，劉國松覺得這和民族性有關。見葉維廉《當代藝術家的對話——中國現代畫的生成》（臺北：東大，民國 76 年），頁 252。
〔註25〕同註21，頁 337。
〔註26〕徐先生以爲郭熙的〈林泉高致〉是山水畫創作體驗的總結。把山水看成生命

心齋的心，以此虛靜之心爲觀照的主體，成爲藝術家的表現的衝動，即由藝
術意志而來的形式意志，以成就藝術作品的風格。因此，徐先生得到這樣的
結論：

> 中國以山水畫爲中心的自然畫，乃是玄學中的莊學的產物。不能了
> 解到這一點，便不能把握到中國以繪畫爲中心的藝術的基本性格。
>
> 〔註27〕

這麼說來，「抽象」與「移情」都不能解釋中國藝術風格的形成。「移情」雖
較接近中國藝術的親近自然的心態，然而「移情」作爲一種客觀化的自我欣
賞，仍潛在地壓抑了對象本身生機的表露，〔註28〕而非以其虛而待物的特性，
以心作爲通道，讓主客交融，自由出入，而成就美的觀照。來自觀照時的主
客合一，對象實際是擬人化了，人也擬物化了，此即「物化」，將自己融化於
任何事物環境之中，而一無滯礙。這樣的藝術意志，亦是莊學、玄學的精神，
才是中國藝術風格的理解關鍵。這種美學理論雖在中國畫史中已實際表現出
來，但以理論的語言，清楚地說明白其意涵，並從抽象與移情的心理類型中
獨立出來，以成就其「心齋物化」的藝術意志，徐先生在美學領域的發現，
爲藝術風格的研究，注入新而重要的概念。

四、

　　徐復觀早在〈文心雕龍的文體論〉中，確立藝術表現的形相性作爲美學
的基本規定。他常引用卡西勒（Ermst Cassirer）的觀念：「科學家是事實和法
則的發現者，而藝術家則是自然之形相的發現者。」藝術家專注於自然現象
的直觀，停留於現象上，並將此直觀知覺孤立化，集中化及強度化，即中止
分解性、概念性的活動，也擺脫實踐層的關心，只就其爲現象如實觀之，那
麼在存在、自然、事物的經驗屬性背後，發現了它們的形相，再通過形式的
表達，以成爲藝術性的形相，這就是形相的發現。

　　徐先生認爲中國文學理論自曹丕以迄六朝，一談到「文體」，所指的都是

　　　　的有機體，以反駁「自然的恐怖」的説法，在《在中國藝術精神》中，雖只
　　　　是不到一頁的篇幅，而其意義正是在與〈抽象與移情〉的比較中，而顯發其
　　　　論斷的重要性。
〔註27〕同註 21，頁 236。
〔註28〕「移情」對客觀對象的潛在貶抑，詳見 C. G. Jung，吳康、丁偉林、趙善華譯，
　　　　〈美學中的類型問題〉，《心理學型學》（陝西：華岳，1989 年），頁 347～359。

文學中的藝術的形相性。〔註29〕他進一步把文體分析成三方面的意義：體裁、體要、與體貌。這三者可構成三次元的系列，即由體裁→體要→體貌的昇華歷程。體貌，即藝術的形相性，文學必在體貌的層次，才能說明其藝術性的價值〔註30〕。

中國藝術精神的特質，強調出人與自然的親和關係，自然有山水，成為中國藝術意志的歸結之地。山水自然，也在藝術觀照下，現示一當下安頓人精神的形相，此種形相，在中國的山水畫中，因主客的融合，人之有情反應出有情山水的形相，因而在人的心靈中開闢出一更廣大的有情世界，以此通向人生與社會，因此，形相性作為山水畫的特質，更屬當然。

那麼，當徐先生認識到現代藝術主張破壞藝術的形象，其所感到的疑問，是迫切而真誠的：「形象是藝術的生命。為什麼他們要加以破壞呢？」〔註31〕

劉國松在論戰中，為文反駁徐先生的質疑：

> 形象雖已被達達藝術家們破壞了，但超現實以及後來的抽象藝術家們，都在破壞了的形象中去追求新的造形，創造一種屬於藝術家個人的藝術世界而與上帝所創造的自然世界分庭抗禮。難道不見現代的抽象藝術家們，整天不斷地在那裏努力創造屬於自己的「形」嗎？
> 〔註32〕

二人的論辯因為對「形象」的定義不同，以致不能構成對話的關係，徐先生的形象是指自然的形象，劉先生的形象則是將自然變形扭曲的「形」或是擺脫自然的形，只用色彩與形來構成的抽象的「形」，二者的涵意是對立的。

再者，徐先生主張宇宙間的形象是無限的，所以藝術的創造也是無窮的。創造是要用新的心靈、感覺來發現新的形象。〔註33〕抽象畫家的理論則是：「將形扭曲是藝術創作無限可能性的一個源頭」，〔註34〕不同的創作觀，二者並沒有交集。

藝術形象的論辯，因未對準焦點，也就各隨所安。但卻在往後中國美學

〔註29〕見《論集》，頁 8。
〔註30〕參見《論集》頁 18～22。
〔註31〕見《文存》頁 216。
〔註32〕見《論戰》，頁 70。
〔註33〕同註31。
〔註34〕見康丁斯基，吳瑪悧譯，《藝術的精神性》（臺北：藝術家，1985），頁 57。

的論域中，形成眞正對話與批判的關係。

　　劉國松對中國繪畫史發展的看法是由寫實、寫意到抽象的進程。〔註 35〕這樣簡明的過程，無非要說明抽象藝術乃根源於中國繪畫的傳統，而爲其發展的最後目的。如此說來，抽象繪畫不只不違背我國傳統精神，且站在主流的地位，並爲未來努力的目標。〔註 36〕

　　再者，劉氏主張藝術發展史就是技巧的演變史。他認爲無論東西方藝術的問題，就是技巧的問題。因此，中國藝術的種種問題，都是以筆墨爲中心。〔註 37〕他得到這樣的結論：

> 中國繪畫的重視筆墨，是因爲筆墨才是繪畫藝術所不可缺的，同時也說明了自然形象是不重要的。……過去筆墨的發展，產生了簡筆畫，寫意畫，而將人物簡化，花鳥變形……這就說明了原有的自然形象，與畫家創造的意象不能配合，故而變之。如果變了之後仍不能配合時，當然也就不一定非要它不可，藝術家有權力，也有這種自由來用另一種由自己創造出來的「無可名之形」——抽象的形——來代替。〔註 38〕

《中國藝術精神》斷然否定劉氏以上的論點。在徐先生嚴密的文獻疏解下，中國藝術的形象世界有了清楚的建構。

　　蘇東坡的詩：「論畫以形似，見與兒童鄰」及倪雲林：「余之竹，聊以寫胸中逸氣耳」，這二段文字常被附會到抽象主義上去。大村西崖在其〈文人畫的復興〉一文中便主張文人畫爲「離於自然」的繪畫，認爲對自然「離卻愈著，其氣韻愈增」。徐先生評爲「牽強附會，全文無一的當之語」〔註 39〕，如果轉用來批評劉國松的觀點，想必也是恰當的。

　　那麼徐先生的論據何在呢？首先該從「氣韻生動」談起。氣韻生動，一般都翻譯成 rhythmicvitality，「生命的節奏」或「有節奏的生命」〔註 40〕，這是把氣韻視爲一義，徐先生從當時的用字及概念來考察，認爲「氣韻」應當

〔註35〕劉國松在一九八六年接受葉維廉的訪問時，說他對繪畫史發展的看法已修正爲「寫實、寫意、抽象意境的自由表現」，因此，在繪畫表現上，已不再堅持「抽象」了。

〔註36〕參見劉國松，〈過去·現代·傳統〉，《中國現代畫的路》，頁 21～26。

〔註37〕同上，頁 48～60。

〔註38〕同上，頁 61。

〔註39〕見《中國藝術精神》，頁 206。

〔註40〕劉國松先生也是這樣的詮釋，見氏著，《中國藝術精神》，頁 75。

作兩個概念，分別加以處理才是。〔註41〕

　　氣韻的氣，是指一種清剛而有力的形相之美，氣韻的韻是指情調、個性中清遠、通達、放曠的形相之美，二者皆由人倫鑒識上的觀念轉化成藝術的概念。就顧愷之以來講究「傳神」的傳統來說，氣與韻，都是說明神的分解性的說明，都是神的一面。所以「氣」與「韻」，是說明神形合一的兩種形相之美，氣屬陽剛之美，韻則表現為陰柔之美。

　　又因氣韻觀念之出現，係以莊學為背景。莊學的清、虛、玄、遠，實係「韻」的性格、「韻」的內容。所以氣韻的觀念向山水畫的發展，從唐代興起「水暈墨章」（即筆墨之墨）的技法後，以山水為主的作品，便常在筆上論氣，在墨上論韻，而實際上則偏向韻的這一方面發展。

　　「生動」是就畫面的形相感覺而言，見氣韻則必有生動的感受，它是氣韻的自然的效果，本無獨立的意味。但在歷史的發展中，有時為了矯正作者太過於重視筆墨上的氣韻，僅停頓於筆墨趣味自身的欣賞，故將「生動」當做首出的概念，以要求作者將自己的精神，與自然的生命相融合、鼓蕩，使神形相合，不致產生離開自然之弊。〔註42〕徐先生認為，這種發展與謝赫的原意，是一脈相承的。

　　於是，「氣韻生動」形成雙層的辯證關係，「氣」與「韻」的辯證關係與「氣韻」與「生動」的辯證關係，中國繪畫史的發展，是在這條主軸上進行的，因此，並不曾離開「形象」的藝術本質。

　　「氣韻」與「形似」的問題，也要放在這個脈絡來考察。從顧愷之起，便常常把「傳神」與「形似」對立起來，蓋欲傳達對象之神，絕非只是形似的模擬，而是其本質精神的把握。然而這並非完全捨棄「形」，而是留下與神相融的形，以形寫神。氣韻與形似也是如此，並非完全排斥形似，而是要求融形似於氣韻之中。由此而來的簡筆、寫胸中逸氣、不求形似，都是深入於自然之中，挹客觀之自然，為胸中之自然，渾然一體，而後得神忘形之作。這並非完全著意於筆墨趣味，忽略自然形象，賞玩於筆墨線條的流動，韻緻的表現能力啊！

〔註41〕 以下的說明，皆根據〈釋氣韻生動〉（《中國藝術精神》第三章）一文，不再詳加註明出處。

〔註42〕 康丁斯基以為純然的構圖是不足以訴諸感性的，藝術必需以內在的需要為本，否則完全掙脫和自然的關係，滿足於獨立的形和純粹的色彩，將流於幾何裝飾性的風格。這種謹慎的態度，可以和筆墨技巧的流弊互相對比。參見康氏前揭書，頁78。

　　至此，有關形象的問題，徐先生已表露其從藝術史研究而來的整體理論構思的能力，其在藝術史的貢獻，爲人所讚賞，但其時代性的關切，隱然爲其寫作動機，研究者是不能不在此著意的。

五、

　　中國藝術精神和現代藝術精神是否構成必然的對反關係呢？當康定斯基說藝術乃是一種內在之需要的表現時，他是就人類本身之精神的情態，而自然只有在當它被加以變形，以表現此人類之情態的時候才具有意義。〔註 43〕而徐復觀則以爲完全成熟以後的文學藝術，是直接從作者的人格、性情中流露出來，人格、性情是人的生命根源之地，也是藝術的根源之地。現代藝術是從陰暗的意識出發，當技巧成熟時，其作品不以技巧的本身出現，而依然以此性情（陰暗的意識）出現，那麼又如何給予人生「明」的洗滌作用呢？當他批抨董其昌只是落腳於二米爲中心的「墨戲」之上，無形中只以暗的形相爲淡，而否定了明的形象在中國藝術中的重大意義時，其心中所憂慮的不正是破壞形相、秩序的更大黑暗混亂的力量？其結有何解？

　　現代藝術以其弧絕的意識，阻隔了羣眾，批判了資本主義的商業與虛僞的古典，然而他又如何要求與這個時代共感呢?徐先生在藝術的欣賞上，只承認來自觀賞者與作者人生境界的懸殊，因而引生的「隔」與不易懂，而「這種由人生境界懸隔而來的不易懂，實包含了透澈骨髓臟腑的不隔，而不只是普通所說的不隔。」〔註44〕那麼由孤絕意識而來的「隔」，在徐先生的思想中就是種反合理的精神了。

　　然而，在「現代畫論戰」中及以後徐先生美學思想的建立，徐先生都忽略了現代藝術美學中「淨化」的重要概念。奧林格（W. Worringer）在《哥德式底形式》這本書中，論述了北方人的藝術風格乃是騷動的、怖慄的，因而：

> 北方人民的一般情況是屬於一種形而上的焦慮，因此古典藝術之寧
> 靜與澄澈的性格便不適合於他了，他唯一的依賴乃是去增強他的不
> 安與混亂的程度，以致於使得他進入了茫然與鬆懈的境界。〔註45〕

〔註43〕見赫伯特・里德（Herbert Read），前揭書，頁 226。
〔註44〕見〈詩詞的創造過程及其表現效果——有關詩詞的隔與不隔及其它〉，《論集》，頁 139。
〔註45〕引自赫伯特・里德（Herbert Read），前揭書，頁 220。

這樣的論點不就是「淨化說」的新意？當一切的情感、精神，透過了藝術的形式（包括變形與抽象），其所傳達的效果就經過一層轉化而非原來的性質，卡西勒（Ermst Cassirer）稱之為「形式的力量」，他說：

> 如果不是靠著但丁的措詞和詩體的魔力而塑成的新形態，《地獄篇》（Inferno）中的恐怖就是永遠無法減輕的恐怖，而《天堂篇》（Paradiso）的狂喜就是不可能實現的夢想。〔註46〕

同樣的概念與修辭，應該可以用到現代藝術的意義上。或許，在人心無法尋求與自然的再度和諧時，不得已而用之」，現代藝術仍有他建設性的意義。

〔註46〕見卡西爾（Ermst Cassirer），耿一偉、廖秀惠譯，《人論》（臺北：結構群，1989），頁 242。

魏晉自然思想

盧建榮　著

作者簡介

　　盧建榮，美國西雅圖華盛頓州立大學歷史系博士，現任中國文化大學史學系教授，並兼任中央研究院歷史語言研究所研究員，國立台北大學歷史研究所和佛光大學歷史研究所教授。

　　主要學術領域是中國古代／台灣當代文化史，在此已出版六部專書，仍在量產中。此外，他並旁及社會史〔著有《咆哮彭城》（台北：五南，2008）、《聚斂的迷思：唐代財經技術官僚雛形的出現與文化政治》（台北：五南，2009）〕、軍事史（著有《曹操》（台北：聯鳴，1981）、《入侵台灣》（台北：麥田，1999）），以及思想史〔著有本書、《顏氏家訓：一位父親的叮嚀》（台北：時報，1981）、《劉獻庭》（台北：商務，1978）〕，加總專書有十三部，各色文章百餘篇。作者是台灣本地提倡新文化史以及敘述史學的重要旗手和發軔者，兩岸多有文章指出其地位。

提　　要

　　從曹魏以迄東晉（西元 240-380 年）的政治流變中，出現皇權穩定、政權鼎革、以及皇權旁落強人這三種政治類型。處身這個政治變遷劇烈的思想家開始產生對人為設施的文化不管用的集體心理傾向，這就是本書所說的自然思想流布的現象。有思想家模糊了文化和自然的互不統屬性，而將文化置於自然的次一位階；有思想家針對政客的口是心非，而出之以全面懷疑文化中的政制和道德；有思想家在高標自然聲中，或承認政制尚堪一用，或只認定在天意允許下道德或有可用處。

目

次

再 版 序

由於花木蘭出版社負責人杜潔祥先生的美意，以及老友王明蓀教授的慇
懃，我的碩士論文將重履江湖與讀者見面。

在校對碩論的排印稿過程中，年輕時的歲月不時浮上心頭。這些事除了
是個人生命史的意義之外，也攸關台灣當代史學史，不妨說出來讓讀者領略
那走過的時代。

上一世紀七〇年代，思想史是不得主流史學社群垂青的一個副學門，或是
說研究領域。不過，年輕時的我只知作思想史較具挑戰性，根本不管主流史
學社群如何抵制思想史這件事。當時，我以為可以在思想史領域找到安身立
命之處。哪知後來事情有所變化。

在要講我事情有變之前，須先交待思想史的式微、以及優秀後學轉進社
會史和文化史的新趨勢這件學術流變事件。在此，我只消舉表現傑出的碩論
為例即可。先是晚我一輩的胡志佳於 1988 年出版關於兩晉時期西南地區的地
方政治、甘懷真於 1991 年出版關於唐代家廟禮制，再來就是晚我兩輩的鄭雅
如於 2001 年出版關於魏晉的母子關係、廖宜方於 2009 年出版關於唐代的母
子關係。這四本碩論的份量之重代表台灣近二十年中古史界的能耐之強。我
的碩論倘若屬於台灣七〇年代的史學風尚的話，那麼，這四本碩論代表的是約
略成形於九〇年代的新學風了。

再回頭講我的事。我在 1981 年申請中央研究院歷史語言研究所助理研究
員一職，徵徠成功。該所是台灣主流史學社群的大本營，掌控全國史學的學
風。我自知要在該處生存，作思想史不是一個好策略，乃轉而作社會史，而
且這一轉也轉出魏晉歷史的園地，改而去作唐史。我原本就對組織社會學有

興趣，乃展開對唐代官僚體系何以無法跳脫通才型官僚體系格局這一課題的研究。我在五年內完成六篇作品，取出發表的有五篇之多，唯剩一篇一直到了 1997 年才取出去發表。至此這一系列有關唐代財經技術官僚雛型的研究，基本上就完成了。在此，我還意外碰觸到學術官和司法官，前者我發表了關於太常卿、少卿一文，後者我作的是大理卿、少卿一文，只是沒有發表。我在 1990 年留學歸國後發現，文化大學史學所有篇碩論寫的正是大理卿、少卿，用的正是我寫太常卿、少卿的構想。後來此君長期一直呆在唐代法制史的園地以迄於今，有助於他獲博士學位和升副教授。我有了大理卿、少卿的認知作基礎，之後我在從事唐代法律文化史（按：與法制史取徑有異）的探究時，之前的工夫證明沒有白費。於是 2004 年有了《鐵面急先鋒》這部書的問世。此書出版後得一篇書評回應，更有人取以作中、西比較敘事史學的案例。

我原本以為社會史可能就是我一輩子賴以維生的憑藉了，不料事情又有了變化。我在 1986 年負笈前往美國西雅圖華盛頓大學攻讀博士學位。在學期間才知世界史壇丕變的消息。原來國際上從 1970 年代起一股方興未艾的新史學運動，即新文化史，正在席捲歐美先進史學王國。我又被此一學術思潮所吸引，於回國後先是在教書工作崗位上鼓動此一學風，繼而親自下海操作。第一篇實驗作品即是關於北朝鄉民的社會意識這一課題，發表於 1995 年。後來台灣新文化史蔚為風潮，兩岸都有文章介紹到我在這裡的努力，就勿庸去多說它。總之，1995 年會是個學術新紀元的一年，可為預告。

固然我的教研工作崗位可以讓我持續為新文化史發聲，但我還有一個更大號的發聲管道，那就是我為麥田出版社主編史學叢書，達十年之久，即從 1996 年至 2006 年。此期間該社共出版中、外史籍逾百本之多，而且是有一系統的引介現代西方史學。這才是一股沛然莫之能禦的轉移學風的力量。在那裡，我為十數本重要歷史名著寫有導讀。導讀作為一種新文類，是爾後史家試圖瞭解台灣於世紀末中西文化匯通的一把重要鑰匙。

就這樣，我從思想史、社會史，而新文化史，這樣的個人治學三變，卻又與國際史學大環境的學風丕變，若合符節。這話要怎麼說呢？思想史和政治史是屬於文化菁英和政治菁英的歷史，在史家的內在潛意識裡是一種不脫攬鏡自照之餘、又自愛自憐的水仙花格局。而社會史和文化史的研究對象是芸芸眾生，特別是下層社會情事。這些人群與史家不同社會類屬，在文化屬性上是「他者」，作社會／文化史的史家其實面對的異族。質言之，思想／政

治史的史家其工作面對的是自我以及內在自我欲求，而社會／文化史家其工作面對的是他者。後者的工作凡不具同情心和同理心的人是難以爲繼的。懷抱這樣心態的史家容易走出國史格局，也較能掙脫國族思維的思想桎梏。約略說來，歷史家有這兩種，我從其中一種走向另一種。我一路走來的轉變只是因緣湊巧，倒不是出於上述國際史壇許多史家的反思。但有這樣的結局，我自是歡迎不暇。

也因爲有了這番知解，我就愈發回不去思想史的園地。如果不是杜潔祥的一雙幕後推手，我是很難回頭再去面對我的舊作，而且是少作的。然而，四天的校對，讓我有機會返視心路歷程，也是一種新奇的經驗，我彷彿是白頭宮女在訴說天寶盛事。但更重要地，思想史還會有前景嗎？我不敢妄論。

這一次的再版，基本上我保留當初思路的原貌，除了增補 1980 年以後一些重要學術成果之外，只在三個技術層面作修補工作。第一，七〇年代史家自稱是「我們」，如今悉數改成國際史壇約定俗成的「筆者」。這個變化涉及新、舊史學的操作理念，說來話長，暫置勿論。第二，由於鉛字排版和電腦排版技術的差異，牽動了書名號、篇名號等標點符號的改易，這方面我謹遵編輯雅意，改了就是，沒得二話。第三，前後文脈的照顧，以及一些指引讀者閱讀的功能文句的安置，是年輕時力所不逮之處，如今有機會改善它，確實可贖我年輕時的罪愆。

是爲序。

盧建榮 2009 年五月二十五日於台北青田寓所

第一章　導　論

在初民榛杯未開的時代，人為力量所能產生的作用非常有限，其受制於自然環境甚鉅；隨著人類歷史的推展，人受制於自然環境的程度愈來愈低，人定勝天的信念也愈形堅定。人為力量真能漫無限制地膨脹下去，而達到不僅完全不為自然環境所制而且反而能征服之的境地嗎？事實上，人對於提供其生存所資的自然環境的改變或破壞，至今證明已有危及其生機的後遺症產生。於是乎，回歸自然的呼聲在今天二十、二十一世紀之交不論中外亦時有所聞。不僅此也，人們為了改善受制自然環境所敷設的人文環境，竟也屢屢在無意間產生層出不窮的問題，而使人們忙於應付。換言之，當人一腳拔出自然環境的泥沼時，另一腳卻踹進入文環境的陷阱之中。這在中國魏晉時期已有人見及於此了。雖然，在實然世界中，自然與人為是一雙對立的力量，但是，有所畸輕畸重時都會產生不良之後果。因此，兩者雖相反但必有使其相濟相成之途可循。到底要如何努力才能免於偏枯一方所造成的危機，而使兩者臻於共存共榮的和諧與均衡狀態？這在今天講來，仍是一個值得深思的問題。

從歷史上某些角度觀察，野蠻與文明的分野可看成作自然與人為兩股力量此消彼長的關鍵。倘若吾人將實然世界這種情形提升到觀念層次加以探討，則正是一種將兩者處於各自有其領域的對立關係的看法。（如圖 A）且容筆者將自然與人為兩者，先置於觀念層次，提出彼此之間互動的各種理念類型吧。若將兩者當作相反而相成的關係看，則邏輯上可能出現的形態計有：（1）自然處於人為範圍中的某一部位（如圖 B），（2）人為處於自然範圍中的某一部位（如圖 C），（3）上層次的人為界是處於決定下層次的自然界的主導地位（如圖 D，下層次斜線部份只因未受上層次的決定故無法彰顯其作用），（4）

上層次的自然界是處於決定下層次的人為界的主導地位（如圖 E，斜線意義如圖 D），（5）自然與人為同屬一層次上，兩者交集部分，自然與人為本合為一（如圖 F）。因此，其中只有第二、四、五三種屬於自然思想各自不同的形態。此外，邏輯上尚有一種可能出現的形態是自然與人為無所謂對立或相反相成的關係，自然即人為，人為即自然（如圖 G）。到底上述各種形態有幾種出現於歷史上，而出現的與上述形態出入情形為何、各自出現的客觀條件或時機為何、各自發展成熟的步驟為何、以及各自在歷史上浮沉升降的情形為何等等問題的解決，恐怕也是歷史領域中的重要課題吧！

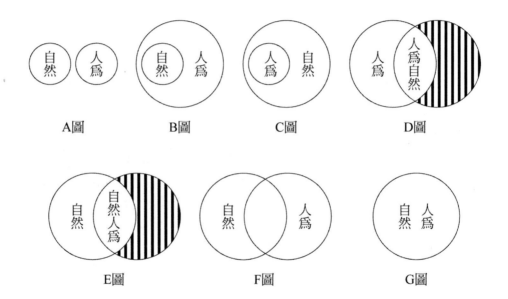

有關自然思想所涉及的範圍，在大方向上大體表現在以下各方面（可能仍有不周之處）：

第一，文化方面

（1）文化否定論：整體地否定人類既有之成就文化的全部內容，認係人為而非自然之產物。〔註1〕

（2）文化懷疑論：對人類文化崇高之地位或部分文化功能表示懷疑，認為是次於自然或有違自然之理。〔註2〕

〔註1〕 參閱勞思光：《中國哲學史》（臺北：華世出版社，民國 64 年 6 月初版），第
171、208～210 等頁。

〔註2〕 為王弼、郭象、張湛三人之一種主張，詳見本書第三章第三節所論。

（3）原始主義：對充滿機心的文明社會的厭棄，轉生出嚮往原始洪荒之情。〔註3〕

第二，政治方面

（1）無爲政治：聽任個人自治的「無爲政治」，是人類努力改善政治生活的最終亦最佳之目標。〔註4〕

（2）隱逸主義：選擇隱居生活，乃是對社會上不公不義之事加以抗議的表示。〔註5〕

（3）無政府主義：可能是期望促使所不滿的政權崩潰的手段。〔註6〕

第三，史觀方面

（1）歷史偶然觀：歷史往往是一串客觀的適應現象組合而成的，所謂「機緣巧合」是也；而個人主觀的、擁有目的的意志對歷史絲毫不起作用。換言之，在一大趨勢之下，一人之作爲根本微不足道，而否定了個人意志所產生的力量和作用。〔註7〕

（2）歷史命定觀：趨于所有人意設計之外，歷史本身有個既定的發展行程。在此意義下，尚可分爲兩種：一種是完全否定人有意識努力的歷史作用，認係白費功夫；一種是承認人的有意識努力，但人的努力充其量只能作不逾越歷史大行程的些許改變。〔註8〕

（3）歷史退化觀：人類質樸無文的洪荒時代才合乎自然，此後文明愈甚，離自然愈遠，歷史的進展呈現愈往後愈退化之趨勢，這類思想

〔註3〕　參閱本書第三章第三節所論，並該章註102。

〔註4〕　老子、莊子、王弼、郭象、阮籍、嵇康、張湛等人均有這種想法，詳見本書第三章第二節所論。

〔註5〕　阮籍、嵇康有此想法，詳見本書第四章所論。此外，葛洪也有，詳見拙作：〈葛洪——山林中的社會批評者〉（《食貨月刊》，復刊九卷，九期，民國68年12月出版）

〔註6〕　阮籍、鮑敬言、陶潛有此想法，三人均處於現實政權尚未崩潰之時。至如民國之劉師培在提出此想法後見及現實政權崩潰，經郭穎頤研究，方知此想只是一時權宜之手段，見氏作：〈無治主義與傳統思想——劉師培〉（發表於香港中文大學主編：《中國文化研究所學報》，四卷，二期，1971年12月出版，第523～535頁）故我亦懷疑阮、鮑、陶三人此想亦僅是手段。

〔註7〕　詳見本書第三章第四節所論。

〔註8〕　詳見本書第三章第五節所論，屬不允許有意志的。至於允許有意志的，見諸戴震之思想，梁啓超：《戴東原》（臺北：中華書局59年5月臺2版）有所論及，可參考。

的大前提以自然情態爲至善至美。〔註9〕

第四，處世態度方面

（1）異想天開思想：人經過挫折，感到無能爲力，遂放棄人爲的努力，這時不是說：「船到橋頭自然直」，便說：「一切順其自然」這是一種期望有奇跡出現助渡難關的想法。可使其免承應負之責，並因此養成消極心態而不圖進取。勉強可以說是一種變相的保守主義。〔註10〕

（2）個人思想：只求個人的率性適意，不太顧慮社會的法律、道德、習俗等規範的束縛。〔註11〕

（3）反形式思想：側重內在的實質，排斥外表的形式或虛僞的節文。〔註12〕

第五，道德方面

（1）天理說：人之道德行爲是一種出於天性的自行流露。〔註13〕

（2）倫理進化天擇說：人之道德行爲雖完全是透過人爲之致力所得，經過長期演化，遂習以爲常，而能自動自發，與自然無異。〔註14〕

〔註9〕 參見王煜：〈老莊論道之析裂淪降〉（香港中文大學主編：《中國文化研究研學報》，七卷，一期，1974 年 12 月出版），即論及老、莊兩人的歷史退化觀這種思想；至於王弼、阮籍、嵇康亦有這種想法，詳見本文第三章第三面節，第四章所論。

〔註10〕 作者一時之間找不到那一位思想家曾有過這種想法的言論，但不能否認這種想法在中國社會的日常生活領域相當普偏。

〔註11〕 劉伶的放浪形骸、罔顧禮法（見《晉書》，卷四十九，本傳）；嵇康〈幽憤詩〉中有云：「賤物貴身。」（見《嵇中散集》，卷一，第 4A 頁）；李贄言：「士貴爲己，務自適。」（引自容肇祖：《李卓吾評傳》，第 95 頁，臺北商務印書館，民國 62 年 12 月臺 2 版）以上數例均爲這種思想的典型代表。

〔註12〕 阮籍言：「清其質而濁其文。」（見《達莊論》）；嵇康言：「吾直性狹中，多所不堪。」（見〈與山巨源絕交書〉，《嵇中散集》，卷二，第 5A 頁。）；陶潛：《歸去來分辭》序云：「質性自然，非矯厲所得。」（見楊勇：《陶淵明集校箋》，第 266 頁，臺北：明倫出版社，民國 60 年 2 月再版）；均代表這種思想。

〔註13〕 袁宏及其後的宋明理學家均有此主張。錢穆：〈袁宏政論與史學〉云：「宋儒謂性即理，此義魏晉人遠已言之，如（袁）宏亦其證矣。……（袁宏）重爲儒家迴護，謂性理即自然，一若人文建設，皆本性理即無背自然也。」，引自氏作：《中國學術思想史論叢（三）》（臺北：東大圖書公司，民國 66 年 7 月初版），第 80～82 頁；在本頁上，錢氏認爲袁宏主張仁義出於自然之性理。

〔註14〕 這種想法以西哲史賓塞（H. Spencer, 1820～1903）最爲大家，詳見其作：《綜合

（3）倫理自然進步說：人之行使道德能力，從無到有、由低而高，完全是一種自然的演變。〔註15〕

第六，藝術方面

（1）山水思想：在藝術心情方面，總是嚮往並投身於毫無人工雕琢的山水等風景。〔註16〕

（2）素樸思想：在藝術作品方面，主張最好是不帶有人工的斧鑿之痕，而任感情自然流露於藝術作品中，不加以刻意修飾者爲佳。所謂「妙手天成」則爲箇中最高讚詞。而文章的華詞麗句總被譏爲斧鑿太過，刻意求工。〔註17〕

第七，科學方面

（1）反科學思想：好自然美之景物，惡人工之機巧，這是一種過抑機械發明的想法。〔註18〕

第八，其他

（1）本能自然說：人之七情六慾是一種天賦之本能，不待人爲之後天學習便會的。〔註19〕

上列諸項乃是前人研究有關自然思想之重要觀念，這或許還不完整，將來要不斷地再進一步對人物思想作深入探討，或可望分得更爲細膩。筆者目前思慮所及暫臚列於上，對於下述各章人物思想分析之時，裨有助於脈絡之清理。

就中國歷史而言，筆者提醒所當注意的是，前述自然思想意義上所浮現的各種主張，在人爲思想陣營中，也可能滲有；或是內容相仿而在理據上與自然思想大異其趣罷了，如無爲政治、隱逸主義、天理說、反科學思想等均是；或是方向相同但內容上有別，如歷史退化觀即是。

哲學》（*The Synthetic Philosophy*）。中國是否也有人具這種想法，尚有待檢證。

〔註15〕此想爲邏輯推論所得；中西雙方是否出現過這種想法，有待進一步考察並研求。

〔註16〕活躍於晉宋之際的宗炳爲這種想法的開山祖師，參閱徐復觀：《中國藝術精神》（臺北：學生書局，民國63年元月3版），第237～243頁。

〔註17〕這屬於藝術審美範疇，本文暫不論此。

〔註18〕這種想法可以顧炎武引《孟子・盡心篇》所言爲代表「恥之於人大矣，爲機變之巧者，無所用恥焉。」，見氏作《日知錄》（臺北：商務印書館，民國57年3月臺1版），卷十三，第52頁。此外，莊子和列子講得最聳人聽聞，茲不贅引。

〔註19〕這種想法在中國相當流行；嵇康亦云：「人性以從欲爲歡。」〈見〈難自然好學論〉，《嵇中散集》，卷七，第2A頁。

　　自然思想在某些程度上隱藏在各種社會的各個時期之中；有時，自然思想從隱身之處漸趨明亮，而與當時主流思想互爭長短；不但可與分庭抗禮，甚至居於凌駕之優勢。像孟子時代自然思想的代表──楊朱學派，則隱然與墨家成為當時「顯學」，而孟子大張旗鼓、口誅筆伐，正顯示出思想戰之激烈。次如魏晉時的玄學更是中國自然思想的中堅，會造成風靡一時的大好形勢。

　　人的思想往往交織在多元因素之中；有時，不管對時代或個人而言，自然思想的某一或某幾方面常依附於相對於它的人為思想處，而為其隱性因素？在某一適當時機，尋隙而出，發生某種程度的作用。這種自然思想伺機而出，忽隱忽顯，雖未在整個中國歷史發展過程中取得主導地位，但是在平衡與修正歷史主流──重人為的思想與行動──內涵，有其歷史意義。

　　但是，自然思想各個項目之中，在歷史上不必然全是隱性因素，像自然思想中處世態度意義方面的第一項──異想天開思想，對歷史上的大多數中國人而言，有時它尚是某些人的顯性因素呢，儘管有時又是某些人的隱性因素。

　　縱然在人為思想處於絕對優勢的時期，也無法遏抑自然思想中的某一、二項目也能與其並駕齊驅，共執時代之牛耳，像藝術方面那兩項目者然。

　　有些項目似乎在一顯露後迄今便成「絕響」了，但我們卻無法截然地說它永不再重顯，說不定在未來的某一時刻會再現，亦未可知，像文化否定論與文化懷疑論即是。

　　當然，自然思想與人為思想在歷史上錯綜複雜的關係，非前述所能完全概括，必須仰賴全盤研究才能確定。

　　在人的體認之下，自然與人為從實然世界所呈現的一雙對立的力量轉化成互為矛盾並兩極化的觀念，在先秦中國，這兩極思想的代表人，分別是老莊與荀子；而孔孟則處於這兩極的中央，代表著調和並折衷這兩極思想的重要大師。〔註20〕大體上，中國大一統以後的歷史鐘擺並非一直在這兩極間來回擺動，而是大部分時間在「人為」此極與「中點」附近之間擺動。換言之，在大部分時間裏，人為思想，尤其是兼重人為與自然的思想，才是中國歷史的主流，自然思想只是支流或是一道暗流。雖然，自然思想在中國歷史舞台

〔註20〕參閱宇同：《中國哲學問題史》（香港：龍門書店，1968 年 9 月影印版）第 425～432 頁。

上扮演重要角色的時間不長，但是，它隱藏在主流內部，對於思想體系有某些程度的間接作用。只是，我們一般人對於歷史主流其底部的暗流滋長或迴漩激盪，較之其外表的波濤洶湧或波平流緩，難於觀察並詳究，便遂以等閒視之。自來史家只在討論道家思想才略微提及自然思想，但也僅限於零星與片斷的，難及系統研究之萬一。至於自然思想與人為思想間在歷史發展上錯綜複雜的關係及其演變的軌跡為何，更甚少有人深論。作者作嘗試性的研究，疏陋在所難免。就在這種幾無憑藉之下，本書不但一時無法作縱橫上下二千年的中國自然思想的動態研究，更遑論以其與人為思想間消長、離合的關係來作探討。本書決定先從段落入手。經初步考察之下，中國自然思想似乎以魏晉時代最為昂揚，故取以作自然思想典型之個察研究。在時間斷限上，大體上自曹魏正始年開始（240～249），至東晉中葉（375～380）止，殆將有一百三十年光景。其間，在中國學術思想史上，正是玄學大昌而與佛學尚未交融或交融並不顯著之時。〔註21〕

　　人文社會之中極為複雜，各種事物有高度的彈性與動態性，而殊少純粹性，尤以思想為然。所以人文社會科學之研究，很少用截斷式的二分法。本書將中國思想劃分成人為與自然兩大陣營，並非單純二分式，而是對稱比較法，在兩極思想的中間部位，存在著光譜式的層次，表示出重疊面的深淺廣狹，從而進行各種比較。不僅重視相對觀念的探討，同時在同一方向而不同層次間的思想亦是研究的重點，本書底下表一以及其後各章節即為此一研究法之實踐。茲先簡述魏晉思想的學術背景，先論人為思想的陣營。至漢末建安前後，大體分化成兩派，其一是對儒家章句之學〔註22〕進行簡化工作，有學者稱之為「經學簡化運動」，〔註23〕可以馬融、鄭玄、虞翻、陸績、宋忠、荀爽為代表；〔註24〕其二，則以崔寔、仲長統、王符、徐幹、劉廙為代表的

〔註21〕據何啓民《魏晉思想與說風》（臺北：中國學術著作獎助委員會，民國56年3月初版），認為此後為另一新時代之降臨（見第214頁），何氏名之曰「玄釋之交融」，並專列一章予以細論（見第216～247頁）。

〔註22〕關於這方面的解析作品，可以屈萬里：《先秦漢魏易例述評》〈臺北：學生書局，民國58年4月初版）為代表，對於全盤問題的來龍去脈，有極精湛的說明。

〔註23〕見余英時：〈漢晉之際士之新自覺與新思潮〉，《新亞學報》，四卷，二期，第105～106頁。

〔註24〕參見湯用彤：《魏晉玄學論稿》（臺北：廬山出版社，民國61年10月初版），第134～135頁；賀昌群：《魏晉清談思想初論》（臺北：三人行出版社出版，

名法政論派，〔註 25〕曹操與諸葛亮可算是此派思想成功的實踐者。〔註 26〕前者影響及曹魏前期的何晏、夏侯玄、荀悅、桓範、蔣濟，以及正始年間的杜恕、荀融。後者則與曹魏開國迄正始年間的劉邵、鍾會、傅嘏、王凌、李豐、王廣爲代表的才性派，有其一脈相承的關係。〔註 27〕次言自然思想的陣營，魏晉自然思想可以上溯至東漢開國前後的嚴遵、揚雄，而後是王充，再下是建安年間的戴良、孔融，以及曹魏文帝、明帝兩朝的荀粲。〔註 28〕

接著，讓筆者嘗試勾畫一幅魏晉思想流變圖。魏正始以後，人爲與自然思想兩大陣營均各自分化成三系。前者第一系可以魏末的王祥、鄭沖、王覽、荀顗、王愷、羊琇等西晉佐命元勳爲代表；其第二系可以魏末的杜預，晉武朝的傅玄、段灼，晉惠帝、懷帝、愍帝三朝的傅咸、裴頠、張華，以及東晉上半期的王坦之、范寧、孫盛、干寶爲代表；其第三系可以魏末的向秀，晉武帝朝的衛瓘，晉惠帝、懷帝、愍帝三朝的王戎、王敦、阮瞻、樂廣、衛玠、庾敳，以及東晉上半期的王導、殷浩、阮放、阮裕、韓伯爲代表。後者第一系可以魏末的阮籍、嵇康爲代表；其第二系可以晉惠帝、懷帝、愍帝三朝的郭象，東晉上半期的張湛爲代表，此系爲魏正始年間的王弼所開創；其第三系可以魏末的劉伶、阮咸，西晉一朝的王衍、王澄、胡母輔之、阮脩、王尼，以及東晉上半葉的桓彝、畢卓、阮孚、謝鯤、羊曼、光逸爲代表。此外，游離在兩大陣營之間的，尚有魏末晉初的羊祜、皇甫謐，西晉一朝的摯虞，東晉上半期的葛洪、袁宏、李充等人，似乎勉強可以湊成一大派別。遂構成魏晉思想的七大流派。

筆者不妨將上述魏晉思想的背景與流派，以表解之如下：

民國 63 年 7 月 30 日初版），第 4～9 頁。

〔註25〕 參見湯用彤：《魏晉玄學論稿》，第 9～10 頁；蕭公權：《中國政治思想史（三）》（臺北：華岡出版有限公司，民國 60 年 3 月再版）第 309～314 頁。

〔註26〕 此意劉大杰已先言及，見所作：《魏晉思想論》（臺北：中華書局，民國 62 年四月臺四版），第 63～65 頁。

〔註27〕 參見前揭湯用彤：《魏晉玄學論稿》，第 13 頁。

〔註28〕 參見前揭湯用彤：《魏晉玄學論稿》，第 12～13 頁；又，余英時，〈漢晉之際士之新自覺與新思潮〉，《新亞學報》，四卷，二期，第 60～65 頁。

表一　魏晉自然思想背景暨譜系流變表

公元＼陣營	人　　為				自　　然		
9｜195	☆			嚴遵、揚雄	王充		
195｜219	崔寔、仲長統、王符、徐幹、劉廙、王粲	馬融、鄭玄、虞翻、陸績、宋忠、荀爽			戴良、孔融		
220｜239	劉邵、鍾會、傅嘏、王淩、李豐、王廣	荀悅、桓範、何晏、蔣濟、夏侯玄			荀粲		
240｜249		杜恕、荀融				王弼	
250｜264	王祥、鄭沖、王覽、荀顗、王琇、羊	杜預	向秀	羊祜	阮籍、嵇康		劉伶、阮咸、王衍、王澄
265｜289	傅玄、段灼		衛瓘	摯虞			
290｜316	☆	張華、裴頠、傅咸	王戎、王敦、阮瞻、樂廣、衛玠			郭象	胡母輔之、阮修、王尼
317｜380		王坦之、衛盛、范甯、孫寶	王導、殷浩、阮放、阮裕、韓伯	葛洪、李充、袁宏		張湛	桓彝、畢卓、阮孚、謝鯤、羊曼、光逸
流派	A	B	C	D	E	F	G

備註：

1.「‥‥‥」此線表示自然思想向人為思想浸潤之意。

2.「☆」表示有人，但在思想史上不具重要性，故不列舉。

3.流派愈靠左端，則人為程度愈強；愈靠右端，則自然程度愈強。

4.A、G兩極端派，思想造詣不高；B、F兩派分別為人為與自然思想兩大陣營的台柱。

　　關於本表上相關人等位置的確定和所據資料出處，在此只能略微說明，詳細情形還得有待進一步作更深入的研究，屆時勢必還會有一番增訂的。本書限於題目，其非魏晉自然思想部分，由於非關本書研究對象，只消明瞭大概情形即可，請讀者注意及之。茲分兩階段略述及下：

第一階段（西元 9～249 年）

1. 自然、人為思想兼綜方面

　　（1）嚴遵，寫有《道德指歸說目》（收在嚴可均輯：《全漢文》，卷四二，第 360 頁，臺北中文出版社）一文，內容充分顯示，《老子》一書中有著自然思想的因素和儒家經典人為思想因素合流的傾向。此意，徐復觀於其《兩漢思想史（二）》（臺北：學生書局，民國 65 年 6 月初版）第 488 頁，略有言及。讀者可以參考。

　　（2）揚雄，研究者多矣，而以徐復觀較為周詳。揚雄仿《老子》和《論語》兩書，分別寫成《太玄》和《法言》兩書，足見他分受儒道兩家影響。他在《法言》的〈問明篇〉中，將人力無法扭轉之事歸諸於自然的天；〈問道篇〉中，云：「或問天，曰：『吾於天與，見無為之為矣。』」（臺北：世界書局，民國 47 年 5 月初版，第 180 頁）；〈重黎篇〉中，云：「天不人不因，人不天不成。」（臺北：世界書局，民國 47 年 5 月初版，第 527 頁）；凡此均表示他人為與自然兼攝的思想。讀者可參考前揭徐復觀：《兩漢思想史（二）》，「揚雄論究」章，第 439～562 頁。

2. 自然思想方面

　　（1）王充，為今人爭相研究前熱門人物，其思想中高標自然之義，尤為大家耳熟能詳。茲引數語以明之：「人不能以行感天，天亦不隨行而應人。」（〈明雩篇〉）；「夫天地合氣，人偶自生也。猶夫婦合氣，子則自生也。」（〈物勢篇〉）；「夫天道自然，自然無為。……使應政事，是有為，非自然也。」（〈寒溫篇〉）；「天地合氣，萬物自生。猶夫婦合氣，子自生矣。」（〈自然篇〉）。餘不詳舉。以上四則引文分見臺北世界書局版的《論衡》，頁 311、頁 68、頁 293～294、頁 365。

　　（2）孔融，於《後漢書》有傳，他將王充「夫婦合氣，子自生矣。」之說，推演成「父之於子，當有何親？論其本意，實為情欲發耳！子之於母亦復奚為？譬如寄物瓶中，出則離矣。」（《後漢書》臺北鼎文版，卷七十，本

傳，第 2278 頁）這種激烈語讓曹操撿到違反禮俗的理由殺了他。

（3）戴良，於《後漢書》有傳，說他「論議尙奇，多駁流俗。」對於習於人爲思想的「流俗」而言，戴良偏自然思想的言論，當然就成了奇言怪語了。戴良守喪期間，飮酒食肉如故。有人不解地問他：「子之居喪，禮乎？」良曰：「然！禮所以制情佚也，情苟不佚，何禮之論！夫食旨不甘，故致毀容之實。若味不存口，食之可也。」（《後漢書》，臺北鼎文版，卷八三，本傳，第 2773 頁）足見，他主張率性自然，其言行實爲阮籍的前驅。

（4）荀粲，裴松之《三國志注》中，所引何劭：《荀粲傳》，爲荀粲最原始的資料。他是漢朝儒家學術思想的反動者，而傾向自然思想陣營。詳見何啓民於其〈漢晉變局中的中原士風〉（《中國歷史學會集刊》，第五期，第 5 頁）一文中，有精彩的析論。

3. 人爲思想方面

（1）荀爽，於《後漢書》有傳。他認爲天人之際，是以人爲主，以天爲輔的；如云：「遵法堯、湯，式是周、孔。合之天地而不謬，質之鬼神而不疑。人事如此，則嘉瑞降天，吉符出地，五韙咸備，各以其教矣。」（《後漢書》，鼎文版，卷六二，本傳，第 2053 頁。）；又云：「昔者聖人建天地之中而謂之禮，禮者，所以興福祥之本，而止禍亂之源也。人能枉欲從禮者，則福歸之；順情廢禮者，則禍歸之。推禍福之所應，知興廢之所由來也。……此誠國家之弘利，天人之大福也。」（《後漢書》，臺北鼎文版，卷六二，本傳）第 2055 頁）足見他是偏人爲思想的。

（2）宋忠，或作宋衷，於史無傳，據近人湯用彤、余英時等人的研究，論定他是上繼鄭玄的經學簡化運動，下開王弼易學的重要橋樑人物。

（3）虞翻，於《三國志》有傳。裴注引〈（虞）翻別傳〉云：「……臣聞周公制禮以辨上下。孔子曰：『有君臣，然後有上下；有上下，然後禮義有所錯。』是故，尊君卑臣，禮之大司也。」（《三國志》，臺北藝文版，卷五七，本傳，第 1082 頁）即引此文，便知虞翻爲一人爲思想論者。

（4）陸績，於《三國志》有傳。其中有一段記載很能顯示他的人爲思想：「孫策在吳，張昭、張紘、秦松爲上賓，共論四海未泰，須用武治而平之。（陸）績年少，末坐，遙大聲言曰：『昔管夷吾相齊桓公，九合諸侯，一匡天下，不用兵車。孔子曰：遠人不服，則脩文德以來之。今論者不務道德懷取之術，而惟尙武，績雖童蒙，竊所未安也。』昭等異焉。」（《三國志》，臺北藝文版，

卷五七，本傳，第1088頁）

（5）鄭玄、馬融兩人，於《後漢書》中均有傳，其於學術史上地位之崇高，久爲學界所熟知，有「馬鄭一家」之通稱；而偏向人爲之思想更無庸引文明之。此可參考陳品卿：《鄭玄》（收在《中國歷代思想家》〔臺北：商務印書館，民國67年6月初版〕第十三本），「鄭易歸本於人事」項下，第33頁。

（6）夏侯玄，其資料大部淹滅，只餘〈樂毅論〉以及在《三國志》本傳中，〈答司馬懿徵詢時政〉，等兩文。其中所呈露濃厚的人爲思想，請參見拙作：〈魏晉之際的變法派及其敵對者〉（《食貨月刊》，復刊十卷，七期，第9～10頁）

（7）桓範，其人的出身和經歷的分析，可見拙作；〈魏晉之際的變法派及其敵對者〉（《食貨月刊》，復刊十卷，七期，第16頁）其思想可見氏作〈世要論〉，據《三國志》裴注引《魏略》云：「範嘗鈔撮漢書中心諸雜事，自以意斟酌之。」又據盧弼《三國志集解》所引諸篇名，可知人爲思想傾向甚濃。

（8）蔣濟，《三國志》有傳，著有《萬機論》一書，因同行相輕，而與桓範有隙。此書已逸，現存輯本，錄有十六條，有濃厚的重儒輕法傾向，故屬人爲思想陣營。此可見本傳，盧弼《三國志集解》引文，第429頁云：「首陳爲政須賢佐，次誡用刑多濫，及三懲用兵之荼毒，四言用士宜拔奇取異，前代賤儒重刑名之禍，可爲殷鑒，五考定喪服，六評論古今人材。立言藹然，無慚儒者。」另外，唐人杜佑《通典》卷92「叔嫂服」條，轉載有〈萬機論〉中主張儒家經典有叔嫂服。此可印證盧弼對蔣濟思想論斷第五點所言。

（9）何晏，於《三國志》有傳，然不滿五十字，現存著作亦不多。根據何啓民的研究，他是偏向人爲思想陣營的。參見何啓民：《何晏》（收在《中國歷代思想家》〔臺北：商務印書館，民國67年6月初版〕第十四本）。

（10）荀悅：於《後漢書》有傳，有《申鑒》、《漢紀》兩書傳於世。基本上，他主張性有三品：「上下不移，其中人事存焉爾。」（見《申鑒》，雜言下篇，臺北商務版，第27頁）並由此推演出「三勢」之說：「有自然而成者；有待人事而成者，有失人事不成者；有雖加人事終身不可成者。」這就明白顯示，他主張人爲與自然是各有領域的。但是，他重視的是人爲力量。他說：「（人君）乘其三勢，以通其精，攝其兩端，以御其中。」（見《漢紀》，臺北商務版，卷六，呂后七年論，第52頁）這種理論較具體的說法，就成了：「若

教化之廢，推中人而墜於小人之域；教化之行，引中人而納於君子之塗。是謂章化。」（見《後漢書》，臺北鼎文版，卷六二，本傳，第 2060 頁）這就明白指出，人爲教化力量的一定作用了。

（11）荀融，於史無傳，僅見於裴松之《三國志注》，荀彧和鍾會兩傳注文中寥寥數語。由於他是王弼問難的對手，故可確定是人爲思想論者。湯用彤：《魏晉玄學論稿》（臺北：盧山出版社，民國 61 年 10 月臺一版），第 66 和 134 兩頁，均有所論，讀者可以參考。

（12）杜恕，於《三國志》有傳。他在重法的時代裡，獨標儒家。他曾如此批評法家：「今之學者師商韓而上法術，競以儒家爲迂闊，不周世用，此最風俗之流弊，創業者之所致愼也。」（《三國志》，臺北藝文版，卷十六，本傳，第 463 頁）又說：「人倫之大綱，莫重於君臣，立身之基本，莫大於言行。安上理民，莫精於政法，勝殘去殺，莫善於用兵。夫禮也者，萬物之體也。萬物皆得其體，無有不善，故謂之體論。」（見本傳，注引《杜氏新書》，第466 頁，臺北藝文版）足證他是一位人爲思想論者。

（13）崔寔、王符、仲長統、劉廙、王粲、徐幹六人，前三人於《後漢書》有傳，後三人於《三國志》有傳（仲長統在《三國志》亦有傳），均是兼重儒法的人爲思想論者。其重人爲思想方面，可以仲長統的話爲代表，他說：「人事爲本，天道爲末」，又說：「自審己善，而不復恃乎天道，上也；疑我未善，引天道以自濟者，其次也；不求諸己而求諸天者，下愚之主也。」（仲長統《昌言》殘文，見《群書治要》，卷四十五）

崔寔於其《政論》中說：「且濟時拯世之術，豈必體堯蹈舜然後乃理哉？期於綻補決壞，枝柱邪傾，隨形裁割，要措斯世於安寧之域而已。故聖人執權，遭時定制，步驟之差，各有云設。不彊人以不能，背急切而慕所聞也。」（見《後漢書》，臺北鼎文版，卷五十二，本傳，第 1726 頁）這是通權達變的改革思想；又說：「量力度德，春秋之義，今既不能純法八代，故宜參以霸政，則宜重賞深罰以御之，明著法術以檢之。自非上德，嚴之則理，寬之則亂。何以明其然？」〈見《後漢書》，臺北鼎文版，卷五十二，本傳，第 1727 頁）這是法家思想了。

王符寫有《潛夫論》一書，關於他的法家思想，可參閱王關仕：《王符》收在《中國歷代思想家》（臺北：商務印書館，民國 67 年 6 月初版）第十二本，第 16 頁。在此筆者就不引文並析論。

仲長統於其《昌言》中說：「作有利於時，制有便於物者，可爲也。事有

乖於數，法有翫於時者，可改也。故行於古有其迹，用於今無其功者，不可不變。變而不如前，易而多所敗者，亦不可不復也。」（見《後漢書》，臺北鼎文版，卷四十九，本傳，第 1650 頁）這是通權變的改革論調；又說：「或曰：善爲政者，欲除煩去苛，拜官省職，爲之以無爲，事之以無事，何子言之云云也？曰：若是，三代不足摹，聖人未可師也。君子用法制而至於化，小人用法制而至於亂。均是一法制也，或以之化，或以之亂，行之不同也。」（見《後漢書》，臺北鼎文版，卷四十九，本傳，第 1654 至 55 頁）此爲法家思想。

劉廙寫有《政論》一書，惜已迭。其重法思想只能靠間接方式得之。《三國志》，卷五十八，〈陸遜傳〉云：「南陽謝景善劉廙之先刑後禮之論。（陸）遜呵景曰：『禮之長於刑久矣，廙以細辯而詭先聖之教，皆非也。君今侍東宮，宜遵仁義以彰德音；若彼之談，不須講也。』」（臺北藝文版，第 1102 頁）由此可知，第一，陸遜爲一標準儒家論者，故反對劉廙唱反調；第二，劉廙「先刑後禮」之說，內容雖不得而知，不管刑法是當作達到禮的手段，或是優先順序，兼重法家思想總是可以確定的。

王粲於其〈儒吏論〉一文中，下結論說道：「吏服雅訓，儒通文法，故能寬猛相濟，剛柔自克也。」；前面是說：「言者八歲入小學，六甲五方書計之事。十五入大學，學君臣朝廷王事之紀，則文法典藝，其存於此矣。」（彙刻建安七子集，三餘堂藏板，《王仲宣集》〔此書藏於中央研究院歷史語言研究所〕，卷三，第 9A 至 B 頁）這是合儒家與法家於一爐共治的論點，兼重法家思想，極其明顯。

徐幹於《中論》，「智行第九」一文中，強調才幹比起德行來得重要。這是反儒近法之論。請參閱拙作：〈葛洪——山林中的社會批評者〉《食貨月刊》，復刊第九卷，9 期，民國 68 年 12 月，第 3 頁），有詳細的敘議，讀者可以參考。

（14）劉邵、傅嘏、鍾會、李豐、王廣五人均是才性名理家，前三人於《三國志》有傳，後兩人則否。有關他們論述的文字，請參閱以下兩文：（1）錢穆：〈略述劉邵人物志〉（見《中國學術思想史論叢（三）》，臺北東大圖書公司，民國 66 年 7 月翻版，第 53 至 60 頁）（2）湯用彤：〈論人物志〉（收載氏著《魏晉玄學論稿》，臺北盧山出版社，民國 61 年 10 月臺 1 版，第 1 至 23 頁）彼輩屬法家最順手的證據，莫過於劉勰：《文心雕龍・論說篇》云：「說之初霸，術兼名法，傅嘏、王粲校練名理。」（上海中華書局，四部備要，輯

注本，卷四，第 16A 頁）

第二階（西元 249 至 380 年）

1. 自然、人為思想兼綜方面

（1）摯虞，寫有《文章志》、《流別集》、《三輔決錄注解》等書，《晉書》有傳。基本上他認為人事努力有其一定的極限，如他說：「期運度數，自然之分，固非人事所能供御。……是故誠遇期運，則陶唐殷湯有所不為；苟非期運，則宋衛之君，諸侯之相，猶能有感。」（見吳士鑑、劉承幹《晉書斠注》，臺北新文豐版，卷五一，第 948 頁）；又說：「理盡而無所施者，固聖教之所不責也。」（見《魏晉南北朝文彙》，〈致齊王同牋〉，第 1493 頁，臺北中華文化事業有限公司）於此，清楚看出：他一則篤守儒家信念，一則承認天地間有儒家人為思想無能為力之處。再如他說：「修中和兮崇彝倫，大道綸兮味琴書；樂自然兮識窮達，詹無思兮心恆娛。」（見吳士鑑、劉承幹《晉書斠注》，臺北新文豐版，卷五一，本傳，第 947 頁）都在在顯示他兼重自然與人為的思想立場。

（2）李充，著有《學儀》、《尚書注》、《周易旨》、《釋莊論》等書，《晉書》有傳。他曾說：「革一代之弘利，垂千載之遺風，則非聖不立，然則聖人之在世，吐言則為訓辭，蒞事則為物軌，運通則與時隆，喪則與世弊矣。……聖教救其末，老莊明其本，本末之塗殊，而為教一也。」可見他儒道兼治，而以道學為本，儒學為末。於此，他一方面肯定聖人之作為，亦即人為有其一定的效果，一方面又不否定屬自然的「運」與「理」的主導作用。換言之，必須在時運與天理的允許下，人在聖人領導之下才有可能作為。儘管如此，他還是高標人的理性，置事之成敗於其次的：「然世有險夷，運有通坦，損益適時，升降惟理，道不可以一日廢，亦不可以一朝擬，禮不可以千載制，亦不可以當年止。」以上兩引文均見吳士鑑、劉承幹《晉書斠注》（臺北新文豐版），卷九二，《文宛傳・李充傳》，第 1538～1539 頁。

（3）羊祜，於《晉書》有傳，著有《老子傳》一書。他在〈請伐吳疏〉一文中，說道：「夫期運雖天所授，而功業必由人而成。不一大舉掃滅，則眾役無時得安，亦所以隆先帝之勳，成無為之化也。故堯有丹朱之伐，舜有三苗之征，咸以寧靜宇宙，戢兵和眾者也。」（見吳士鑑、劉承幹《晉書斠注》，臺北新文豐版，卷三四，本傳，第 688 頁）內中有兩層意思，第一，戰爭是達成無為政治的手段；第二，人世間的事情雖由天來決定，但也要人來完成。這是一種人

為與自然合流的思想。因此，他曾感歎道：「天下不如意，恆十居七八。」（見《晉書》本傳，第 689 頁）這就表示時機不成熟，人的努力是白費的。

　　（4）葛洪，於《晉書》有傳。關於其生平與人為思想部分，可參閱拙作：〈葛洪──山林中的社會批評者〉（《食貨月刊》，復刊九卷，九期，民國 68 年 12 月）關於其自然思想部分，時下學界尚無人研究；唯資料多在《抱朴子‧內篇》中，作者異日將另草一文，茲不引文並析論。

　　（5）袁宏，於《晉書》有傳。關於他人為與自然合流的思想，錢穆於其〈袁宏政論與史學〉（《中國學術思想史論叢（三）》，臺北東大圖書公司，民國 67 年 7 月初版，第 77 至 96 頁）一文中，有所論述，讀者可以參閱。

　2. 人為思想方面：（於《晉書》均有傳。）

　　（1）B 派諸人其人為思想顯而易見，茲不一一引文明之。

　　（2）B 派諸人均著文，大力發揚儒家思想精義，或從正面肯定儒家，如杜預的《春秋左氏傳集解》、范甯的《春秋穀梁傳集解》、干寶的〈晉紀總論〉、張華的〈封禪議〉、段灼的〈上表陳五事〉、傅玄和傅咸父子所上的諸奏議等作所示；或從側面抑道以揚儒，像裴頠的〈崇有論〉、王坦之的〈廢莊論〉、孫盛的〈老聃非大賢論〉和〈老子疑問反訊〉等文即是。

　　（3）C 派除向秀一人外，餘均略帶點自然思想，但基本上仍是人為思想的。就中，向秀、韓伯兩人思想的析論，可參考何啓民：《魏晉思想與談風》（臺北：中國學術獎助委員會，民國 56 年 3 月初版），116～120 頁，以及 211～214 頁；而衛瓘和衛玠父子、以及庾敳等三人，其思想於拙作：〈魏晉之際的變法派及其敵對者〉（《食貨月刊》，復刊十卷，七期，民國 69 年 10 月出版）一文中略有析論。（見該文第 25 頁）餘諸人茲不引文明之。

　3. 自然思想方面

　　表一中的 E、F、G 三派才是本書研究對象，詳細情形請讀本書。

　　上表所列人物之定位，乃從魏晉間人物著作、或《晉書》傳記文本中，發掘出其思想特質而分類之。這是假設性的大前提，其後對任何人物之深入研究，若發現其思想特質可屬於另一項目，當隨時調整其定位，希望透過將來不斷的努力，使此表逼近歷史真相。本書下列各章鑽研王弼、郭象、張湛、阮籍、嵇康等人之思想，亦即先以這些人作為研究這一時期自然思想之座標，所以本書的撰寫是此項新嘗試的一個起點。

關於以上思想七大流派，筆者不妨一一稍事介紹如下：

A 派非常講求儒家的信念，尤其在孝倫理上，用力最深，在這一派人物
上出現了好幾位中國史上著名的孝子，像二十四孝之一的王祥。唯此
派於儒家思想無多大建樹。

B 派爲儒家思想的守護神，他們不允許儒家以外的各家思想，尤其是道
家，侵入儒家的王國。他們比起漢代雜有陰陽五行色彩的儒家來，顯
得更純。他們有的從事儒家經典的注疏工作，有的仿春秋之筆寫史，
有的撰文評論當世得失，甚得儒家經世之遺意。

C 派每人多多少少受到自然思想的浸潤，而且也不太反對自然思想。他們
中有人像向秀，借助自然思想來強化或輔助人爲思想之不足。甚至他們
中有人如羊祜，視自然思想的實現人間爲終極目標，而人力的作爲只是
未達此目標的不得已之舉。

D 派個別差異性仍大，但大體上則左右逢源，而且並不熱衷於人爲與自
然的對立性的堅持，頗具有調和與折衷的味道。

而表一中的 E、F、G 三派才是本書所欲處理的重點所在，唯 G 派只是將
受到 E 派影響的反對禮法的思想化爲行動模式，其思想辯證性甚弱，故不予
討論。而 F 派只論及資料豐富的王弼、郭象、張湛三人；細究起來，王實與
郭、張不當屬同派，我們若取以印證前述之自然思想三種形態，則王當屬圖 E，
餘二人當屬圖 F。但是由於圖 E 與圖 F 若比起歸屬圖 C 的阮籍、嵇康的 E 派，
則卻有一個共通點，即他們的自然與人爲的範圍並不互相統屬，而揆諸圖 C
則人爲領域被包含在自然領域內。所以，筆者才將王、郭、張三人併作同一
派看待，而有別乎另一派的阮、嵇。本書即爲探討這兩派而作。

本書所謂「派」者，並非指政治團體，或有組織的社團，乃是爲了研究
分析方便，將相近的思想歸成一類之意。

至於，我所採用的相對於人爲思想的「自然思想」一辭，非來自西方
naturalism 一字的譯詞。西方的 naturalism 一辭其本身意義也相當繁富。依時代
先後而論，此辭有哲學、神學、科學、美術、文學等諸方面的意義。哲學上用
以表示「物質主義」、「享樂主義」、或任何「世俗主義，」（secularism）。神學
上，則與「泛神論」相提並論。美術上，意指摒棄歷史神話或寓言題材，企圖
在畫布上盡可能精確地模倣自然界眞實的形象，而與模倣的寫實主義有關。文
學上的意義，是將十九世紀科學上的發現和方法應用在文學上，以補寫實主義

之不足。至於科學上的意義，指的是將世界構想成可以抽繹出自然法則以解釋其因果關係的有機體——爲動、植、礦物及星辰等物之組合。〔註29〕簡言之，即民國初年提倡科學的學者所喜愛的用語：「科學主義」的同義字。

魏晉時人喜歡使用「自然」一辭，並從此一辭引申出一連串豐富的思想。而自然一辭，從現象的觀點看來，本涵有對孕育萬物的經驗世界的總稱。但本書所欲探討的自然思想則有別乎此義。有學者認爲，它還是魏晉以後才發展而成的通義；自然的原始語意當是「自己如此」。〔註30〕筆者所要討論的阮、嵇兩人的自然思想，主要止於相對於人爲的物之自己如此之意。而王、郭、張三人則進一步推求何以物能自己如此。在筆者考究之下，王、郭、張三人的自然思想，爲互成正反的、之間又多少互有關涉的兩組觀念群所組合而成。由正面的（positive）界定的意義是：物之本性自足。筆者所謂的自足有圓滿之意。所謂的本性，王、郭、張三人多少有點異同；其相同的，是指具備不學而能的本能，政治意義的自治能力，以及道德意義兼形上意義的超脫慾望一的可能性；其相異的，郭象則多了人人皆可以爲聖的潛能，張湛則多了有點形上意義的物皆可自生、自形、自明的秉賦。〔註31〕郭、張兩人並在人類歷史的進程上肯定其本身有不爲人所能改變的既定性質。由反面的（negative）界定的意義是：不使物自足之本性受到任何改變或破壞。

若撇開將反抗禮法化爲行動模式的這一派不談，按說魏晉自然思想仍有三系，即王弼是一系，阮、嵇是一系，郭、張又是一系。但據前論筆者已將王、郭、張三人併爲一系，再加上此三人的自然思想可分解出正反兩組不同的觀念群。因此，筆者即據以分成二章加以研討。而阮、嵇一則本屬同派，一則無正反觀念群可言，故可專章處理。以上三章分別構成本書的主體。

爲了更有效理解本書觀點，且容筆者試著探究魏晉自然思想興起的原因，以及試著尋出王弼、郭象、張湛三人生平與自然思想之間的相應關係。阮籍與嵇康其生平與自然思想之間的呼應甚爲明顯，可以在討論其思想時一

〔註29〕關於 naturalism 的意義，其比較簡明的著作，可見 Lilian R. Furst、Peter N. Skine 合著的 *Naturalism* 一書，收在 D. Jump 所主編的 *The Critical Idiom* 此一叢書中的第十三冊。不過本書偏向文學批評性質。該叢書臺灣有譯本，由顏元叔主譯，臺北黎明文化事業股份有限公司於民國 62 年 8 月發行初版。

〔註30〕見徐復觀：《中國藝術精神》（臺北：學生書局，民國 62 年元月三版），第 248 頁。

〔註31〕此一定義完全根據三人之資料研判所得，有關資料可分見以下兩章的討論，茲不贅引。

併處理，此處故略之。

　　自然思想當然源遠流長，而魏晉自然思想乃是由於長期以來環境不斷刺激，累積而成，而非形成於某時，而後大事普徧風靡於後代的；亦即與時代環境互相循環鼓盪、影響，相因相生，馴致波瀾壯闊，沛然興盛於國史！

　　論及魏晉自然思想興起的原因，若舉其犖犖大者，有以下四端：

第一，由百家學再興，演成老莊一枝獨秀

　　漢末諸子學復興，意味儒家經書不可獨尊，至少經書外尚有另一番學問天地存焉。漢末儒學重鎮之一的馬融，董理群經之外，又嘗注《老子》、《淮南子》、《離騷》等「離經叛道」之書。〔註32〕被當時視爲漢魏之際一代儒宗的董遇，「善治老子，爲老子作訓注，又善左氏傳，更爲作朱墨別異。」〔註33〕極受曹操推許，謂至老仍在讀書的袁遺，時人說他治學，遍讀諸子百家之書。〔註34〕

　　此外，王充、張衡、賈逵、盧植、鄭玄這些大學者，都是淹貫群經，並兼博通諸子百家之書的。〔註35〕盧植的學生高誘，約莫活躍於漢末以迄魏明帝世，除寫有《孟子章句》、《孝經注》外，尚有《淮南子注》（按：許慎亦有之）、《呂民春秋注》，這兩本書是秦末以迄漢初，有意綜合並結束百家學之紛紜，並集其大成之作。高誘於其〈呂民春秋序〉一文中，認爲該書「與孟軻、孫卿、淮南、揚雄相表裡，以爲大出諸子之右。」〔註36〕魏正始中，有位叫沐並的學者，時任三公府長史（按：他在曹爽與司馬懿正在明爭暗鬥下，擔任秘書長。），曾預作〈終制〉一文，告誡其子以儉葬之，文中所舉理由，即融合儒道兩家而陳詞。以其文長略之。〔註37〕

〔註32〕詳見范曄《後漢書》（臺北：鼎文版），馬融本傳。

〔註33〕見陳壽《三國志・魏志》（臺北：藝文印書館，盧弼集解本），卷十三，〈王肅傳〉，附〈董遇傳〉，裴松之注引《魏略》，第410頁。

〔註34〕見《三國志・魏志》，卷一，〈魏武本紀〉，裴松之注引《英雄記》，第29～30頁，云：「袁遺……若乃包羅載籍，管綜百氏。」

〔註35〕分見《後漢書》各人之傳。並參閱齊思和：〈補後漢書高誘傳〉，收入《周叔弢先生六十生日紀念論文集》，（香港：香港龍門書局，1967年影印2版），第289頁。

〔註36〕高誘：〈呂氏春秋序〉，收載氏著《呂氏春秋注》（臺北：世界書局，民國55年3月初版）。

〔註37〕詳見《三國志・魏志》，卷二十三，〈常林傳〉，裴松之注引《魏略》，第584～585頁。

這種情況到了晉朝尚有這種風氣，在晉武帝即位的第四年——泰始四年——六月，曾下一詔曰：「……思勤正典，無為庸末，致遠恐泥。」〔註38〕文中所謂的「正典」與「庸末」，即分別指儒經與諸子百家之書。顯見當時治百家學的風尚猶在，是以仍須下詔勸戒。在百家學中，隨著清談風氣的播揚，老莊之學最為一枝獨秀。今人著書論及此而令讀者知其一斑。〔註39〕而老莊思想中，自然思想色彩之濃，正是其特色，也是別家所無法與其比肩甚至抗衡者。

第二，有所因應於各種人為想法試驗之失敗

漢、魏政權的相繼失敗，有些人認為這是人為想法無法解決時代難題的明證。漢朝所獨尊的儒家，促使重人為的各項措施回應於時代；魏朝時，比儒家更人為的形名與法家之學當道。後者認為前者的儒家不夠人為才失敗，所以要提倡更人為的法家。關於此點，茲引一段文字以明之：

> 穀熟長呂岐善朱淵、袁津，遣使行學。還召用之，與相見，出署淵
> 師友祭酒、津決疑祭酒。淵等因各歸家，不受署。岐大怒，將吏民
> 收淵等，皆杖殺之。議者多非焉，（袁）渙教勿劾。主簿孫徽等以為，
> 淵等罪不足死，長更無專殺之義；孔子稱：「唯器與名，不可以假人。」
> 謂之師友，而加大戮，刑名相伐，不可以訓。渙教曰：「主簿以不請
> 為罪，此則然矣；謂淵等罪不足死，則非也。夫師友之名，古今有
> 之；然有君之師友，有士大夫之師友。夫君置師友之官者，所以敬
> 其君也，有罪加於刑焉，國之法也。今不論其罪，而謂之戮師友，
> 斯失之矣。主簿取弟子戮師之名，而加君誅臣之實，非其類也。夫
> 聖哲之治，觀時而動，故不必循常，將有權也。間者世亂，民陵其
> 上，雖務尊君卑臣，猶或未也，而反長世之過，不亦謬乎？！」遂
> 不劾。〔註40〕

前引之事，發生於曹操控制下、名存實亡的漢建安年間。袁渙那番話，值得注意的是，政治秩序視為目的，列為優先考慮，凡與政治牴觸者，可以不予考慮；道德只是手段，若道德不利此一目的，則逕予否定之。這就是由人為

〔註38〕見吳士鑑、劉承幹《晉書斠注》（臺北：新文豐出版公司，民國68年2月初版），卷三，〈晉武帝紀〉，第69頁。

〔註39〕見何啓民：《魏晉思想與談風》（臺北：學術著作獎助委員會初版，民國56年3月），第四至五章。

〔註40〕見陳壽《三國志·魏志》（臺北：藝文印書館，盧弼集解本），卷十一，〈袁渙傳〉，裴松之注引《魏書》，第346頁。

的儒家德治思想，升高爲更人爲的法家法治思想。

　　同樣的爭論，亦出現在同時的孔融與邴原的對談上，孔融同意袁渙的想法，而爲邴原所指責。〔註41〕可見類似這種問題在當時相當嚴肅，而與袁渙「心同理同」的想法，亦必所在多有。筆者無法估量袁渙對曹操的建言，究竟產生多大影響，但筆者可以確定，曹操走更人爲的法家路線乃是歷史事實。這與其說這是曹操個人的作風，不如說時代的某股風潮在曹操的作爲上反映出來。

　　然而，正始年間，有人不如此主張，反而「反其道而行」，力主自然。這時，偏離儒家的兩個極端——比儒家更人爲的形名與法家結合之學，以及自然思想兩者，都在實驗階段。標舉前者思想大纛的曹爽集團，獲得掌政之機會。而司馬氏奪權成功，遂回走儒家之路。

　　對漢政權失敗因感人爲思想無補時用，而興自然思想者，此中代表人物厥爲王弼。至對魏政權失敗更感覺到人爲思想的無用，進倡自然思想者，是爲郭象。及晉政權喪失中原河山，執自然思想如張湛輩，更堅信人爲儒家思想之不足恃；相反地，執人爲思想如干寶、范寧等人，則歸罪於清談名士毀棄儒家人爲思想。

　　總之，傾向人爲或傾向自然的兩股思想，在漢晉之際以後，都在實驗狀況下存在著，而呈現出一副互相起伏、並峙的景觀。

第三，抗議並譴責人爲之虛僞形式作風

　　司馬氏在奪曹魏政權過程中，一反曹爽集團所爲，走回頭路——再倡儒家禮與孝之道德規範，並以儒家政治理想中之堯舜禪讓作爲其政治標竿，以補救「忠」字之不足。而阮籍、嵇康憤其得位之不光明卻飾以道德，雖不敢明言其政治之非，卻勇於指摘其道德、禮教之僞；這種人爲的道德與禮教，不是眞道德、眞禮教，故倡導自然道德與禮教爲眞道德、眞禮教，並作爲對司馬氏政權之抗議。

第四，取以強化無爲政治之宣導

　　司馬氏晉政權成立後，皇權之基不固，世族朝臣爲永遠享有臣僚較大的權力，遂主無爲政治。晉代大臣如羊祜等人均有此論。揆其無爲政治的內涵，無非是：第一，皇帝不勞民傷財，盡量與民休息；第二，皇帝付與臣僚相當

充分的權力，自己不用專權，而責成臣僚。關於此點，筆者將另文探討。

　　以上是有關自然思想興起原因試探，接著嘗試尋訪王弼、郭象、張湛三人生平及其與自然思想之間的對應關係。

王弼生平及其時代

　　王弼於正史無傳，只在裴松之《三國志注》中，錄有何劭：《王弼別傳》一文，是為古今欲了解王弼生平的最重要之依據。

　　他一生只有短短的二十四年，前半生處於曹魏皇權伸張時期，心智早熟的他難免接觸到，兩漢帝國經長期累積所遺下的種種時代大難題；後半生則遭逢曹魏權臣秉政時期，也正是思想史上有名的「正始玄風」大暢的時候，有人求變心切，有人堅持傳統。

　　在前一時期裡，由於他源自荊州學派的豐厚家學，〔註42〕使他成為當時最有資格論述鄭玄以來經學的人。這也意味著當時學術環境已培養出一位，反省傳統文化的超級高手。根據中國一向藉思想解決問題的思維傾向，〔註43〕王弼及其若干時人見及當時中國的無力統一，便很可能更加確定傳統文化有問題的看法。當然也有人一百八十度地反其道而「想」，認為是沒認真發揚傳統文化所致。

　　在後一時期裡，他會見了當時許多思想界的學者官吏，諸如，何晏、裴徽、傅嘏、劉陶、鐘會等名流，對他均極為賞識。關於王弼於此時期清談界中光芒四射的表現，前人多有言及，〔註44〕以其無關本文宏旨，可以不論。此處值得我們留意的，無非是他思想與時人最大的分野，以及彼此各自嚴守自然與人為思想的立場。換言之，王弼及其時人面對同一問題，卻思索出完全背道而馳的看法。

　　史載王弼於初見權臣曹爽之時，其即席建言並不為後者所喜，〔註45〕可

〔註42〕關於王弼家學如何助其奠定崇高學術地位的情況，可參見林麗真：《王弼》（收在《中國歷代思想家》第十五本，臺北：商務，民國67年6月初版），第8～10頁。

〔註43〕參見毓生：《中國意識的危機》（臺北：全國出版社，民國68年三月翻版），第26～30頁。林氏稱此思維方式為「有機式的一元論」。本書以英文寫成，書名叫 *The Crisis of Chinese Consciousness*。

〔註44〕參見何啓民：《魏晉思想與談風》（臺北：學術著作獎助委員會，民國56年3月初版），第82～95頁。

〔註45〕參見盧弼《三國志集解》（臺北：藝文印書館），卷九，〈鍾會傳〉，附王弼傳，

能性之一，便是雙方看法的差距過大。或許有人會認為這種推測太過武斷，那麼，請容許筆者比較一下，王弼與曹爽集團旗下大將之一的夏侯玄思想，雙方思想的歧異性便立見分曉。

根據本書後面析論顯示，王弼是位文化其次論者，他思想中不怎麼重視儒家古聖先賢所揭櫫的政治理想，這是不難索解的事。相反地，夏侯玄於其〈樂毅論〉一文中，追尋往古儒家聖王理想的味道，就非常濃厚了。〔註46〕

儘管在當時的思想界中，人爲思想與自然思想交疊出許許多多的派系；但是，王弼主自然思想的鮮明旗幟，在當時顯得清晰而突出。他在思想上爲何堅持「與時異趨」，後文於論其思想時，當再詳細說明。

郭象生平及其時代

唐代完成的《晉書》雖爲郭象立傳，然語焉不詳。關於他的籍貫就有河南和河內兩種說法，但無論如何總是在當時政治文化中心——洛陽——附近，屬於中央直轄區內。他歷官豫州牧〔東海王越任之〕長史、司徒掾、黃門侍郎、太傅〔東海王越任之〕主簿，從以上一生簡單任職來看，可知他是先後擔任地方首長、中央宰相、皇帝、宗室權臣的侍從幕僚；復從他先後受當時權臣東海王越的賞識和重用而言，做的是表面地位不高，但退居幕後定計、掌實權的人。史書說司馬越「甚見親委，遂任職分權，熏灼內外。」，並說：「由是素論去之。」〔註47〕要之，當時是認爲名士以不管事爲清高的，可能郭象很有幹才且極有作爲，乃至政壇樹敵不少，以致被目爲俗士。

雄心勃勃的東海王越，以武帝親姪，現任皇帝——懷帝——堂兄的身分輔政，在晉室慘遭「八王之亂」（按：司馬越亦在八王之列）的潰敗之局後，有心對政局妥爲整頓，此可從他大量引用海內賢士可知。當然，東海王越亦有他的政治野心，他恢復漢末州牧之號，並學曹操自領兗、豫兩州之牧，而「挾天子以令諸侯」。司馬越與郭象先後同死於「永嘉之禍」前夕——永嘉五年（西元 311 年）。

郭象寫的《莊子注》，大概在東海王越重用他之前——西元三〇五年，因

裴松之注引何劭：《王弼別傳》，第 681 頁。

〔註46〕有關〈樂毅論〉一文的析論，請參見拙作：〈魏晉之際的變法派及其敵對者〉（《食貨月刊》，復刊第十卷，第七期，民國 69 年 10 月出版），第 9～10 頁。

〔註47〕見吳士鑑、劉承幹《晉書斠注》（臺北：新文豐，民國 68 年 2 月初版），卷五十，本傳，第 931～932 頁。

此他極可能在官僚體系之外冷眼旁觀：晉朝開國兢兢業業的十五年以及武帝平吳中國復歸統一的志得意滿的十年政局（按：有關此時的政況，筆者已草就〈晉武帝朝政研究〉一文，未刊稿），張華、裴頠助賈后輔佐惠帝的九年政局，以及「八王之亂」嚴重的後五年。總之，他的立說是在一個大希望中隱藏著大危機的這四十年期間完成的。有學者指出郭著文本要在為西晉一統政局提供君主與世族共治的理論。〔註48〕

揆諸郭象的思想，通體觀之是位不完全文化否定論者，而對社會組織、政治體制有其一定功能的承認。關於此，他主張君主交出大權責成於臣僚的無為政治，以及反對流于形式的道德的講求。他的無為政治理論正好為權臣東海王越輔政政治行動予以舖路和支持；而他對謹飭自飾、好講形式道德人物的厭棄，相對地表現出他勇於任事、不顧物議的風格。

張湛生平及其時代

張湛於《晉書》無傳，故生平不詳。有學者推測，約活躍于西元三三〇至四〇〇年之時，〔註49〕筆者若扣去他的童、少年，則他在懂事後大概會歷經東晉穆、哀、廢、簡文、孝武、安諸帝，一共六朝，看到外戚庾氏兄弟、邊帥桓溫父子、朝臣謝安家族、宗室會稽王道子等，在政治舞台上的起落。東晉一朝在重重內憂外患之下求生存成為王室第一要務。它先講求政治上的權力均衡，〔註50〕若有餘力才進行外患之抵抗，此「攘外必先安內」之旨也。在抵抗外侮成為其次考慮的前提之下，政府雅不願邊帥帶兵北伐，實憂懼邊帥「功高震主」。就王室行權力均衡術而言，宗室、外戚、朝臣、邊帥都是均衡運作場中的幾股主要勢力，其中詳情當另草一文：〈東晉諸政治勢力的消長離合與國勢興衰的關係〉以明之，〔註51〕此不贅敘。如此外在環境究予張湛何等之刺激，並由此轉生出何種的反應，以及此一反應是否與其《列子注》有

〔註48〕參見余英時〈名教危機與魏晉士風的演變〉收載氏著《中國知識階層史論》（臺北：聯經出版社，1980 年 8 月初版），頁 330、337、346、350～351，以及 367。

〔註49〕見容肇祖：《魏晉的自然主義》〈臺北：商務印書館，民國 59 年 8 月臺一版〉，第 76 頁。

〔註50〕參見毛漢光：〈五朝軍權轉移及其對政局之影響〉，《清華學報》，新八卷，第一、二合期，1970 年。

〔註51〕近年有位青年學者馬以謹已先我一步完成我多年的構想。馬小姐的博士論文《東晉初期政治勢力的成形與推移》（嘉義：國立中正大學歷史研究所，民國 95 年 7 月），讀者可以覆按。

關，筆者很難明白指出。但有學者指出東晉初年社會上情禮衝突，是張湛著書立說的淵源所在。〔註52〕

筆者從他在〈列子注序〉提到：「湛聞之先父曰：吾先君與劉正輿、傅穎根，皆王氏之甥也，並少游外家……」，〔註53〕可知張家與當世大家琅琊王氏有親戚之誼，只是王家在成帝以後政治上走因循路線，無何表現，〔註54〕此或可說明張湛其祖父嶷和父親曠，分別當正員郎和鎮軍司馬的小官的事實。〔註55〕筆者再從《晉書・范寧傳》，提到范寧向張湛索取目疾藥方，時官中書侍郎（五品），〔註56〕以及《隋書經籍志》著錄《列子》八卷，下注道：「東晉光祿勳（三品）張湛注。」，〔註57〕大體上可作如下判斷：張湛極可能一直當皇帝侍從性質的清要之官。而當時政治上的熱門路線當從當權的外戚、宗室、朝臣、以及邊帥方面去求的，張湛不此之圖，因之在政治上即無所作為，轉而有餘暇在學術上求表現。

筆者若取張湛不趨炎附勢的行徑，以及身為皇帝侍臣眼見皇室於困難重重中猶力求生存並暗圖壯大的辛酸，印證於其思想中，第一肯定上下名分關係，第二不以意志與智計之可行，第三以命定論為其思想核心等三項，似乎不無有可對應之處。

以上所陳包括自然與人為間互動的各種理念類型、歷史上各個方面的自然思想、魏晉自然思想的背景暨譜系流變、自然思想的定義和章節安排說明、魏晉自然思想興起的原因，以及主要三位思想家生平等。底下筆者即展開析論的工作。

〔註52〕參見余英時〈名教危機與魏晉士風的演變〉收載氏著《中國知識階層史論》（臺北：聯經出版社，1980年8月初版），頁356～357。

〔註53〕見張湛：《列子注》（中華書局，四部備要本）

〔註54〕見毛漢光．《我國中古大士族之個案研究──瑯琊王氏》，《中央研究院歷史語言研究所集刊》，第三十七本，1967年。

〔註55〕見楊勇校箋本《世說新語》〈臺北：明倫書局，民國60年2月再版），注引《張氏譜》，第571頁。

〔註56〕見吳士鑑、劉承幹《晉書斠注》（臺北：新文豐版），卷七十五，〈范寧傳〉，第1293頁。

〔註57〕見《隋書》（臺北：宏業書局，民國63年7月初版），卷三十四，〈經籍志〉三，第1001頁。

第二章 從正面來界定王、郭、張的自然思想

本書導論部分即已陳明本章將從正面界定思想的方式來挖掘以王弼、郭象,以及張湛為代表的,這一魏晉自然思想流派的思想底蘊。本章會就這三位思想家其在這方面的思想內容一一述之於後。

第一節 由正面來界定王弼自然思想的義蘊

就王弼自然思想從正面所界定的意義而言,雖然筆者很難獲致明顯的資料,一如後面對郭象以及張湛所作之界定,以說明「物之本性自足」之論。但經筆者細心推敲之下,這種內涵還是有的。王弼在注解《周易》損卦象辭:「損益盈虛,與時偕行。」一句時說:

> 自然之質,各定其分,短者不為不足,長者不為有餘,損益將何加
> 焉?非道之常,故必與時偕行也。〔註1〕

這番話是說「自然」的本質,是不許物之天定之本分,有隨時增減的變化存在。理由是,「道」的常態是根本不變的。這雖頗有命定論的意味,但隱約之間仍有「物之本性自足」這層意義在。倘若有人覺得這樣推論太過武斷,那麼,且讓筆者以另一角度加以說明。王弼說:

〔註1〕 見王弼:《周易注》,卷四,第 13A 頁,臺北中華書局,民國 63 年 7 月臺三版。
　　　　（下同此版本）

> 居中得正，極於地質。任其自然而物自生，不假脩營而功自成，故
> 不習焉而無不利。〔註2〕

這是說據「自然」之理，物皆自生自成，絲毫不假外力加以「脩營」，而改變
其本然之性。王弼既然明言物之生成不借外力，而是全賴己力，那麼此一己
力必須「自足」不爲功。遂由此得知王弼一定走的是「物之本性自足」之路，
是可斷言的。既然如此，於是乎，也不必多學習了。王弼說：

> 不學而能者，自然也。喻於學者，過也。故學不學以復眾人之過。

〔註3〕

　　然而，或許會有人反對筆者這種說法，這是基於王弼接受老子經驗世界
中一切事物和現象，爲外於超越經驗世界的「無」所決定的思想。王弼在《周
易》復卦象辭：「復見天地之心乎。」句下，注云：

> 復者，反本之謂也。天地以本爲心者也。凡動息則靜，靜非對動者
> 也；語息則默，默非對語者也。然則天地雖大，富有萬物，雷動風
> 行，運化萬變，寂然至無，是其本矣。故動息地中，乃天地之心見
> 也。若其以有爲心，則異類未獲具存矣。〔註4〕

此處將經驗世界的現象，簡化成動與靜兩種存在形態；但彼此非對立關係，
而是前者爲後者所決定，亦即經驗世界的根本所在。而「靜」只是「無」作
用在經驗世界的一種表現。所以，「無」才是高居經驗世界的主宰地位，而不
是「有」。王弼曾取此復卦之意以解《老子》，王弼說：

> 以無爲用，則莫不載也。故物無焉，（按：據牟宗三，「物」當衍，
> 見其《才性與玄理》，頁165）則無物不經有焉。則不足以免其生。
> （據牟宗三，「免」字於義不通，當爲「延」或「久」，見其《才性
> 與玄理》，頁165）是以天地雖廣，以無爲心；聖王雖大，以虛爲主。
> 故曰：以復而視，則天地之心見。至日而思之，則先王之至親也。
> （按：據牟宗三，「至」當爲「志」，見其《才性與玄理》，頁165）
> 故滅其私而無其身，則四海莫不瞻，遠近莫不至。殊其己而有其心，
> 則一體不能自全，肌骨不能相容。〔註5〕

〔註2〕 見王弼：《周易注》，卷一，第6A頁。
〔註3〕 見王弼：《老子注》（臺北：藝文印書館，民國60年1月再版），六十四章，
　　　　第31A頁。（下同此版本）
〔註4〕 見王弼：《周易注》，卷三，第四B頁。
〔註5〕 見王弼：《老子注》，三十八章，第1B頁。

當然，這兩處「無」與「有」的關係講得有點曖昧。要想清楚看出兩者關係，得求之於別處《老子注》上。

王弼講「無」與「有」的關係，有以下兩個重點：第一，就時間秩序而言，物呈現的形式是「無」先於「有」。王弼說：

> 凡有始於無。故未形無名之時，則為萬物之始。及其有形有名之時，則長之、育之、亭之、毒之，為其母也。昔日道以無形無名始成萬物。以始以成，而不知其所以，玄之又玄也。〔註6〕

又說：

> 妙者，微之極也。萬物始於微而後成，始於無而後生。故常無欲，空虛〔其懷〕，（按：據嚴靈峯：〈陶鴻慶老子王弼注勘誤補正〉，「空虛」下應補「其懷」二字）可以觀其始物之妙。〔註7〕

第二，就體用關係而言，「無」是體，「有」是用。王弼說：

> 凡有之為利，必以無為用。欲之所本，適道而後濟。故常有欲，可以觀其終物之徼。〔註8〕

又說：

> 無者，有之所以為利，皆賴無以為用也。〔註9〕

可見王弼之為一「崇無論」（按：此崇無論，非對待於裴頠崇有論而說，乃是就自然思想的陣營分化成崇有、崇無兩路而立說的）者，是無庸置疑的。

這更可從他對「無」特性的描述見出一般。

「無」是超時間的，王弼說：

> 窮極虛無，得道之常，則乃至於不有極也。〔註10〕

「無」是超空間的，王弼說：

> 道者，無之稱也。無不過也，無不由也。況之曰道，寂然無體，不可為象。〔註11〕

總之，「無」不是經驗世界中的人藉諸感官經驗可以把握住的東西。當然

〔註6〕見王弼：《老子注》，一章，第1A至B頁。
〔註7〕見王弼：《老子注》，一章，第1B頁。
〔註8〕見王弼：《老子注》，一章，第1B頁。
〔註9〕見王弼：《老子注》，十一章，第9B頁。
〔註10〕見王弼：《老子注》，十六章，第14B頁。
〔註11〕見王弼：《論語釋疑・述而篇》：「志於道」下注文，引自邢昺：《論語正義》，臺北藝文印書館，嚴靈峯編：《無求備齋論語集成》，冊二，卷七，第2B頁。

也就不是經驗世界中任何自然力所能破壞。王弼說：

> 無之爲物，水火不能害，金石不能殘。〔註12〕

而且，崇信「無」之心堅定的話，即連猛獸與利刃也無法損害其分毫。緊接上一句，王弼說：

> ……用之於心，則虎兕無所投其齒角，兵戈無所容其鋒刃，何危殆之有乎？〔註13〕

「無」一方面外於或超越經驗世界已如上述。另一方面卻又決定經驗世界。於此，王弼秉承《老子》一書譬喻，於其十一章：「三十輻，共一轂，當其無，有車之用。」句下，注云：

> 轂所以能統三十輻者，無也。以其無能受物之故，故能以實統眾也。
> 〔註14〕

這是說車之轂與輻，爲經驗世界可見之實在之物，而車之所以能有行駛之作用，乃完全是受外於或超越經驗世界的「無」所決定。至此，筆者得進一步追究，此一「無」是否即是兩漢時代決定經驗世界的有意志的天或神。王弼在注《老子》與《周易》時，各有一則提及神。其一是：

> 神不害自然也，物守自然。則神無所加，神無所加，則不知神之爲神也。〔註15〕

在此處，筆者還可看得到，神之高高在上於經驗世界之物的遺跡；但是物若與「自然」的原理不違背的話，神便無以作用及他，隱約之間，神與「自然」的原理其地位是相若的。筆者且再看另一則：

> 統說觀之爲道，不以刑制使物，而以觀感化物者也。神則無形者也，不見天之使四時，而四時不忒；不見聖人使百姓，而百姓自服也。
> 〔註16〕

此處透露神不宰制物，而在使物自理，如此神即是「自然」；換句話說，神是無意志的，它無法決定物。後來韓康伯注《周易》，亦即承襲王弼這一理念，像：

〔註12〕見王弼：《老子注》，十六章，第15A頁。
〔註13〕見王弼：《老子注》，十六章，第15A頁。
〔註14〕見王弼：《老子注》，十一章，第9B頁。
〔註15〕見王弼：《老子注》，六十章，第26A，頁。
〔註16〕見王弼：《周易注》，卷二，第11A頁。

——夫變化之道，不爲而自然，故知變化者，則知神之所爲。〔註17〕

——於此言神者，明八卦運動，變化推移，莫有使之然者。神則元物，妙萬物而爲言也。則雷疾風行，火炎水潤，莫不自然相與爲變化，故能萬物既成也。〔註18〕

——神也者，變化之極，妙萬物而爲言，不可以形詰者也。故曰：陰陽不測。嘗試論之曰：原夫兩儀之運，萬物之動，豈有使之然哉？莫不獨化於大盧，欻爾而自造矣。造之非我，理自玄應，化之無主，數自冥運。故不知所以然，而況之神。是以明兩儀以大極爲始；言變化而稱極乎神也。夫唯知天之所爲者，窮理體化，坐忘遺照。至盧而善應，則以道爲稱。不思而玄覽，則以神爲名。蓋資道而同乎道；由神而冥於神也。〔註19〕

　　綜上所述，知王弼所謂之神已與兩漢時代有意志的神大異其趣，而與「無」是一樣的，都是決定經驗世界的東西。

　　已知神是合乎「自然」之道，而「無」是否也如此呢？當然也必須是，否則必否定上述所言。

　　王弼在《老子》二十五章：「人法地，地法天，天法道，道法自然。」句下，注云：

　　　法道也，道不違自然，乃得其性。法自然者，在方而法方，在圓而法圓。於自然無所違。〔註20〕

前引「道者，無之稱也。」此處言「道不違自然。」可見「無」即是「自然」的異字同義。那麼，王弼的「自然」豈不成了經驗世界中萬物主宰或決定者，而所謂「物之本性自足」爲王弼自然思想從正面所界定的涵義云云，不啻無根之談？對於這一疑惑，筆者擬作下列分析：

　　就崇無論而言，經驗世界的一切雖爲外於或超越它的「無」所決定。但是此「無」的表現形式是「自然」，也就是說把決定權交由經驗世界的事物自身。且讓筆者換個方式說明吧，經驗世界的一切事物一定得依據超越它的一個道理來運作，這個道理就是經驗世界的一切事物自行決定自己。從表面上

〔註17〕見韓康伯：《周易注》，卷七，第7B頁。

〔註18〕見韓康伯：《周易注》，卷九，第2B頁。

〔註19〕見韓康伯：《周易注》，卷七，第4A至B頁。

〔註20〕見王弼：《老子注》，二十五章，第25A頁。

看，似乎經驗世界事物自身不能而由另一物的「無」來決定。實際上不然。
爲何會產生這種易令人誤解的情形呢？筆者以爲，漢魏之交思想界在本質上
甫擺脫兩漢天意決定論的思潮之際，難免在形跡上仍循著外於或超越經驗世
界的某物決定經驗世界的一切的此一決定論的語言邏輯表達方式。儘管它刻
意在強調不是天意而是「無」來決定經驗世界，其實「無」的本質就是自然，
換言之，即是物之自己決定自己。假設 A 是有意志的天，B 是物自身，C 是
無。茲就語言邏輯表達方式而言，決定論的標準語句是：A 決定 B；而典型自
然思想的語句是：B 爲自己之主。如今說不是 A 而是 C 決定 B，從外貌上看
的確一副十足的決定論。然而 C 是任 B 自行決定自己之意，換言之，即是 B
爲自己之主。再就這兩種思想內在辯證的邏輯而論，決定論是 A 決定 B 是一
理；而自然思想的 C 是一理，來決定 B。茲舉例以明之，王弼說：

> 天地者，形之名也；健也者，用形者也。夫形也者，物之累也。有
>
> 天之形，而能永保無虧，爲物之首，統之者，豈非至健哉？〔註21〕

文中，「天」是物自身，即 B；而「健」是「無」，即 C。前者之發生作用決
定於後者，亦即前者爲後者所宰制。又說：

> 地也者，形之名也；坤也者，用地者也。夫兩雄必爭，二主必危。有
>
> 地之形，與剛健爲耦，而能永保無疆，用之者不亦順乎。若夫行之不
>
> 以牝馬，利之不以永貞，方而又剛，柔而又圓，求安難矣。〔註22〕

文中，「地」是物自身，即 B；而「坤」是「無」，即 C。前者之爲後者所決定，
乃顯而易見之事。因此天意決定論與自然思想兩者在思想內在辯證的邏輯方
面，其風格完全迥異。及郭象「崇有論」出現，不管在語言邏輯表達方式方
面，或是在思想內在辯證邏輯方面，才顯示出令人一目瞭然的自然思想的基
調。這在下一節會講到。

綜上所述，王弼的「崇無論」，雖然形式上不脫兩漢天意決定論的色彩，
但在本質上的確是地地道道的自然思想。

當筆者後文從正面界定郭象、張湛兩人自然思想時，都將會演繹出「反
目的性」的另一層意義來──姑且稱之爲反目的論。王弼於此倒也有，但卻
非由演繹而來。王弼說：

〔註21〕見王弼：《周易注》，卷一，第 2A 頁。
〔註22〕見王弼：《周易注》，卷一，第 5B 頁。

自生則與物爭；不自生則物歸也。〔註23〕

又說：

無私者無爲於身也，身先身存，故曰：能成其私也。〔註24〕

都是懷抱利害觀點，認爲漫無目的反而能得到該目的，而蒙其利，像「物歸」、「成其私」等語即是。王弼的反目的論方面，在《老子注》一書中，說得最具體而透澈的，莫不過於：

天地任自然，無爲無造，萬物自相治理，故不仁也。仁者必造立施化，有恩有爲。造立施化則物失其眞。有恩有爲，列（按：疑當作「則」）物不具存。物不具存，則不足以備載矣。地不爲獸生芻，而獸食芻；不爲人生狗，而人食狗。無爲於萬物，而萬物各適其所用，則莫不瞻矣。若慧由己樹，未足任也。〔註25〕

此段文字是說，經驗世界（天地）遵循自然之理，根本無意行仁，卻反得到仁的效果。緊接著他以樂器設譬，來說明這種反目的論。他說：

橐，排橐也。籥，樂籥也。橐籥之中，空洞無情無爲。故虛而不得窮屈；動而不可竭盡也。天地之中蕩然任自然，故不可得而窮，猶若橐籥也。〔註26〕

這是說經驗世界像是橐籥的樂器，依照自然之理運作，其所發揮的功能無窮無盡。以下又說：

愈爲之則愈失之矣。物樹其惡，（按：據牟宗三，惡當爲「惠」，見其《才性與玄理》，頁146）事錯（按：據牟宗三，同措，見上書同頁）其言，不濟不言不理，必窮之數也。橐籥而守數（按：據牟宗三，同書同頁，謂「數」字衍）中，則無窮盡。棄己任物，則莫不理。若橐籥有意於爲聲也，則不足以共吹者之求也。〔註27〕

己之於物，若想物物均能產生效果，則己必須放棄這種企圖，猶如樂器之於吹者，樂器無意於奏出音樂，才能使吹者一顯身手，吹出美妙之音樂一樣。不過，《老子注》中的反目的論說得再好，也敵不過《老子微旨例略》所言。〔註28〕

〔註23〕見王弼：《老子注》，七章，第6B頁。
〔註24〕見王弼：《老子注》，七章，第6B頁。
〔註25〕見王弼：《老子注》，五章，第4B至5A頁。
〔註26〕見王弼：《老子注》，五章，第5B頁。
〔註27〕見王弼：《老子注》，五章，第5B頁。
〔註28〕在該書中，王弼說：「凡物之所以存，乃反其形；功之所以剋，乃反其名。

王弼在注解《老子》五十九章：「治人事天莫若嗇。」句時，如此說：

莫若猶莫過也。嗇，農夫。農夫之治田，務去其殊類，歸於齊一也。
全其自然，不急其荒病，除其所以荒病。上承天命，下發百姓，莫
過於此。〔註29〕

這番話有三個重點，第一，其前部講由殊類歸於齊一，顯示在尋求統攝經驗
世界之理，這是道家以簡御繁的祈嚮，〔註30〕不在本文論內；第二，其後部

夫存者不以存爲存，以其不忘亡也。安者不以安爲安，以其不忘危也。故保
其存者亡，不忘亡者存。安其位者危，不忘危者安。善力舉秋毫，善聽聞雷
霆。此道之與形反也。安者實安，而曰非安之所安存者實存，而曰非存之所
存。伕王實尊，而曰非尊之所爲。天地實大，而曰非大之所能。聖功實存，
而曰絕聖之所立。仁德實著，而曰棄仁之所存。故使見形而不及道者，莫不
忿其言焉。夫欲定物之本者，則雖近而必自遠以證其始。欲明物之所由者，
則雖顯而必自幽以敘其本。故取天下之外以明形骸之內，明伕王孤寡之義，
而從道一以宣其始。故使察近而不及流統之原者，莫不誕其言以爲虛焉。是
以云云者各申其說，人美其亂。或迁其言，或譏其論，若曉而昧，若分而亂，
斯之由矣。」；另處又說：「故絕聖而後聖功全。棄仁而後仁德厚。夫惡強非
欲不強也，爲強則失強也。絕仁非欲不仁也，爲仁則僞成也。有其治而乃亂，
保其安而乃危；後其身而身先，身先非先身之所能也。外其身而身存，身存
非存身之所爲也。」

〔註29〕見王弼：《老子注》，五十九章，第 24B 頁。

〔註30〕關於王弼以簡御繁思想的資料，於其《老子注》中求「常」心切可見。其所
追求禦繁之「簡」，認爲是突破現象界中物之興替無常而進入永恆不變之
「常」。而此「常」又是現象界中諸具體事物之抽象之理，不可藉感官經驗
以認知。關於求「常」之資料，見其《老子注》，一章，第 1A 頁：「可道之
道，可名之名，指事造形，非其常也，故不可道不可名也。」（按：此又與
後文論及的王弼「無名論」有關）；又，十六章，第 14A 頁：「歸根則靜，
故曰靜。靜則復命，故曰復命也。復命則得性命之常，故曰常也。」，以及
同頁：「常之爲物，不偏不彰，無皦昧之狀，溫涼之象，故曰：知常曰明也。
唯此復乃能包通萬物，無所不容。失此以往，則邪入乎分，則物離其分，故
曰：不知常則妄作凶也。」又其《周易注》，《周易略例》，卷十，「明象」
章，第 1B 至 2A 頁：「夫象者，何也？統論一卦之體。明其所由之主也。夫
眾不能治眾。治眾者至寡者也。」，又同卷，第 3A 頁：「寡者，眾之所宗也。」，
所言以至寡統眾之理，即以簡御繁之理。又，同卷，第 3A 至 B 頁：「一卦
五陽而一陰，則一陰爲之主矣。五陰而一陽，則一陽爲之主矣。夫陰之所求
者陽也；陽之所求者陰也。陽苟一焉，五陰何得不同而歸之。陰苟隻焉，五
陽何得不同而從之。故陰爻雖賤而爲一卦之主者，處至少之地也。」這也便
是採以簡御繁之理來解釋卦理。關於此，湯用彤：《魏晉玄學論稿》（臺北：
盧山出版社，民國 61 年 10 月臺一版），第 99 頁；劉大杰：《魏晉思想論》
（臺北：中華書局，民國 62 年 4 月臺四版），第 24 頁；以及余英時：〈漢晉
之際士之新自覺與新思潮〉，《新亞學報》，四卷，二期，第 100 至 101、103、

講無爲政治，後文自有所論。第三，其中間講：「全其自然，不急其荒病！除其所以荒病。」正是此處所要討論之所在。其所謂之「自然」，指的是事物之本性。是說種田此一事，不要在有荒病後才謀補救，這只是治標；要在無荒病之前妥爲預防，這才是治本。而此本必是循事物本性之自然。這是爲了強調其文中的「荒病」與「所以荒病」而強分爲治標與治本之說，只是表面之意；其實，更進一步之意，應是：若據自然之理，就不可能有荒病之事產生。基於這種認識，他認爲平息世上邪、淫、盜、訟等惡劣行爲的產生；不在事發後使用政治法律的人爲力量去加以制裁，而在遵循自然之理——像「存誠」、「去華」、「去欲」、「不尙」，使無從產生這種事，這才是根本之計。他說：

> 夫邪之興也，豈邪者之所爲乎，淫之所起也，豈淫者之所造乎？故閑邪在乎存誠，不在善察。息淫在乎去華，不在茲章。絕盜在乎去欲，不在嚴刑。止訟在乎不尙，不在善聽。故不攻其爲也，使其無心於欲也。謀之於木兆，爲之於未始。如斯而已矣。〔註31〕

綜上所論，王弼從正面界定的自然思想的內涵，雖並不豐富，但是所作的「物之本性自足」這一點，讀者將會發現它與其後之郭象、張湛等人的是同其取徑的。更由於王弼是「崇無論」者，故易讓人誤會「物之本性自足」之正確性。筆者對於這種誤解的澄清，確有著墨過多以致「反客爲主」之嫌，可也不得不予細論。

第二節　由正面來界定郭象自然思想的義蘊

郭象的自然思想，若從正面來界定其意義，則他是承認物之本性自足無待外求此一觀點，這可從他藉莊子之言：「民如野鹿，端正而不知以爲義，相愛而不知以爲仁，實而不知以爲忠，當而不知以爲信。」，其下注云：「率性自然，非由知也。」〔註32〕清楚地看出義、仁、忠、信諸德，爲民天賦之性，不符後天的學習而後能的。他非常重視此一觀點，認爲傳統選擇模範人物作爲彷傲對象的學習方法，是會使自足的本性喪失掉，他謂之爲「失

---

104 等頁：均有言及。

〔註31〕見王弼：《老子徵旨例略》（錄自正統道藏正一部豉字號）見嚴靈峯校並跋，民國45年，臺北藝文印書館出版。（下同此版本）

〔註32〕見郭象：《莊子注》，外篇，卷五，〈天地第十二〉，第12A頁。

我」，而把「失我」當成人類世界之大患。〔註33〕關於這點，後面仍有所論述。而且，郭象藉此進一步強調，這種本性自足有著物各自異的特質，〔註34〕比如他說：

> 夫長者不爲有餘，短者不爲不足；此則騈贅皆出於形性，非假物也。然騈與不騈，其性各足。而此獨騈枝，則於眾以爲多，故曰侈耳。而惑者或云非性，因欲割而棄之，是道有所不存，德有所不載，而人有棄財，物有棄用也，豈是至治之意哉？夫物有小大，能有少多。所大即騈，所多即贅。騈贅之分，物皆有之，若莫之任，是都棄物之性也。〔註35〕

因此，郭象認爲每個人不能以己之所是，而強人所同：

> 夫志各有趣，不可相效也。故因其自搖而搖之，則雖搖而非爲也。因其自蕩而蕩之，則雖蕩而非動也。故其賊心自滅，獨志自進，教成俗易，悶然無述，履性自爲，而不知所由，皆云我自然矣。〔註36〕

既然，誠如郭象所說：「萬物萬情，趣舍不同。」，好像宇宙中有一主宰力量決定了它，使它這樣；但在郭象尋求之下，並無此一宰力量；因此，他很自信地推論道：「則明物皆自然，無使物然也。」〔註37〕又說：「凡物云云，皆自爾耳，非相爲使也，故任之而理自至矣。」〔註38〕郭象爲了說明事物本身有其非出於己力與外力的行程，這番「自然」的道理，他不惜大費筆墨，從具體經驗世界到抽象形上世界，反復說明不已。

先看經驗世界，其中動止、死生、盛衰、廢興等現象，郭象認爲是「自

〔註33〕見郭象：《莊子注》，外篇，卷四，〈胠篋第十〉，第 15A 頁：「此數人者（按：指有史以來眼力最佳的離朱、手藝最佳的工倕、辨音最佳的師曠、口才最佳的楊墨、德行最佳的曾史）所稟多方，故使天下躍而效之。效之則失我。我失由彼，則改爲亂主矣。夫天下之大愚者失我也。」

〔註34〕牟宗三於其《才性與玄理》（臺北：學生書局，民國 64 年 11 月再版）一書中，在論及魏晉人對才性之看法時，認爲魏晉人有物各自異此一認識。見該書，頁 50、57。愚意，郭象亦有此一認識，不知是否即沿襲才性論者而來，抑心同以致理同？

〔註35〕見郭象：《莊子注》，外篇，卷四，〈駢拇第八〉，第 1A 頁。

〔註36〕見郭象：《莊子注》，外篇，卷五，〈天地第十二〉，第 8A 頁。

〔註37〕見郭象：《莊子注》，內篇，卷一，〈齊物論第二〉，第 15A 頁：「萬物萬情，趣舍不同。若有眞宰使之然也，起索眞宰之眹迹，而亦終不得。則明物皆自然，無使物然也。」

〔註38〕見郭象：《莊子注》，內篇，卷一，〈齊物論第二〉，第 15A 頁。

然而然，非其所同而然。」〔註39〕而從日夜的交替循環，體悟到：「代故以新」的道理，然後推而擴之，觀察到「天地萬物變化日新，與世俱往。」，並無任何東西使它如此發生（萌之），而是「自然而然耳。」〔註40〕

　　再就形上世界中的道而言，郭象極力建立物之行程非己力與外力所決定的自然觀念，而排除物之如此乃另有一力量所決定的使然觀念。在《莊子》：「天不得不高，地不得不廣，日月不得不行，萬物不得不昌，此與道興。」句下，郭象注云：

　　　　言此皆不得不然而自然耳，非道能使然也。〔註41〕

此外，像：

　　　　——季眞曰：道莫爲。接子曰：道或使。或使者，有使物之功也。
　　　　物有自然，非爲之所能也。由斯而觀，季眞之言當也。〔註42〕

　　　　——誰得先物者乎哉？吾以陰陽爲先物，而陰陽者即所謂物耳。誰
　　　　又先陰陽者乎？吾以自然爲先之，而自然即物之自爾耳。吾以此至
　　　　道爲先之矣，而至道者乃至無也。既以無矣，又奚爲先？然則先物
　　　　者誰乎哉？而猶有物無已。明物之自然，非有使然也。〔註43〕

　　　　——知道者，知其無能也。無能也，則何能生我？我自然而生耳，
　　　　而四支躰五臟精神己不能而自成矣。又何有意乎生成之後哉？達乎
　　　　斯理者，必能遣物分之知，遺益生之情，而乘變應權，故不以外傷
　　　　內，不以物害己而常全也。〔註44〕

而道家奉爲至高無上境界中的德性——眞，就郭象看來，也是絲毫「不假於物，而自然也。」〔註45〕內中所言「不假」，就是非被決定之意。

　　復次，郭象更由此衍生由「無待」與「獨化」兩個觀念。所謂「無待」，即指物之本身即條件，即是目的，而不仰賴外在之物爲其存在的條件。誠如

〔註39〕見郭象：《莊子注》，外篇，卷五，〈天地第十二〉，第7A頁：「此言動止、
　　　　死生、盛衰、廢興未始有，但皆自然而然；非其所同而然，故放之而自得也。」
〔註40〕見郭象：《莊子注》，內篇，卷一，〈齊物論第二〉，第14B頁：「日夜相代，
　　　　代故以新也。夫天地萬物變化日新，與時俱往，何物萌之哉？自然而然耳。」
〔註41〕見郭象：《莊子注》，外篇，卷七，〈知北遊第二十二〉，第27B頁。
〔註42〕見郭象：《莊子注》，雜篇，卷八，〈則陽第二十五〉，第31A頁。
〔註43〕見郭象：《莊子注》，外篇，卷七，〈知北遊第二十二〉，第32B頁。
〔註44〕見郭象：《莊子注》，外篇，卷六，〈秋水第十七〉，第十四，頁。
〔註45〕見郭象：《莊子注》，內篇，卷三，〈大宗師第六〉，第5B頁。

有學者說的，郭象的「無待」有兩層意義。其一是可與「獨化」比附而觀的宇宙論的意義。其二是自我境界意義，即等於莊子所揭櫫之至高無上的境界──逍遙。〔註46〕先就前者而言，郭象在注《莊子》:「吾所待及有待而然者耶？」一語時說道:

> 若責其所待而尋其所由，則尋責無極，卒至於無待，而獨化之理明矣。〔註47〕

此意謂就萬事萬物追根究底的結果，亦只是物自身之變化爲非任何力量所決定（獨化），並不依靠其他條件（無待）。「無待」與「獨化」均表物之最後義的一體兩面的說法。郭象曾具體地舉形影俱生的「無待」例子，來駁斥一般影待形，形待造物者這種追索條件無窮盡的「有待」的說法。他說:

> 世或謂罔兩待景，景待形，形待造物者，請問夫造物者有邪，無邪。無也，則胡能造物哉？有也，則不足以物眾形，故明乎眾形之自物，而後始可與言造物耳。是以涉有物之域，雖復罔兩未有不獨化於玄冥者也。故造物者無主，而物各自造，物各自造，而無所待焉。此天地之正也，故彼我相因，形景俱生，雖復玄合，而非待也。明斯理也，將使萬物各反所宗於體中，而不待乎外，外無所謝，而內無所衿，是以誘然皆生，而不知所以生，同焉皆得，而不知所以得也。今罔兩之因景，猶云俱生，而非待也。則萬物雖聚而共成乎天，而皆歷然莫不獨見矣。故罔兩非景之所制，而景非形之所使，形非無之所化也。則化與不化，然與不然，從人之與由己，莫不自爾，吾安識其所以哉？故任而不助，則本末內外，暢然俱得泯然無迹。苦乃責此近因，而忘其自爾，宗物於外，喪主於內，而愛尚生矣。雖欲推而齊之，然其所尚已存乎胸中，何夷之得有哉？〔註48〕

再就後者而言，郭象說:

> ……故乘天地之正者，即是順萬物之性也，御六氣之辯者，即是遊變化之途也。如斯以往，則何往而有窮哉？所遇斯乘，又將惡乎待哉？此乃至德之人，玄同彼我者之逍遙也。苟有待焉，則雖列子之

〔註46〕參見勞思光:《中國哲學史：第二卷》，（臺北：華世出版社，民國64年6月初版）頁180～181頁。

〔註47〕見郭象:《莊子注》，內篇，卷一，〈齊物論第二〉，第30A頁。

〔註48〕見郭象:《莊子注》，內篇，卷一，〈齊物論第二〉，第30A至B頁。

輕妙，猶不能以無風而行；故必得其所待，然後逍遙耳；而況大鵬乎？夫唯與物冥而循大變者，爲能無待而常通，豈自通而已哉？又順有待者使不失其所待；所待不失，則同於大通矣。〔註49〕

　　既然，現象界中物之生成端賴主觀自己之作用，無待於客觀的條件之作用，那麼，他是否反對道家自老莊以來以至王弼的「無」生「有」——現象界中的一切（即有），爲超乎此的本體界中的「無」所從出——的說法呢？是的。請看下列的陳述與辯解：

　　——無既無矣，則不能生有，有之未生，又不能爲生；然則生生者誰哉？塊然而自生耳。自生耳，非我生也。我既不能生物，物亦不能生我；則我自然矣。自己而然，謂之天然。天然耳，非爲也，故以天言之。以天言之，所以明其自然也。……夫天且不能自有，況能有物哉？故天也者，萬物之總名也。莫適爲天，誰主役物乎？故物各自生，而無所出焉，此天道也。〔註50〕

　　——夫無不能生物，而云物得以生，乃所以明物生之自得，任其自得，斯可謂德也。〔註51〕

　　——非無不得而爲有也，有亦不得化而爲無矣，是以，夫物之爲物，雖千變萬化，而不得一爲無也。不得一爲無，故自古無未有之，時而常存也。〔註52〕

　　郭象多多少少也了解如此說法，與老莊有別。而且這種差別也太過明顯，所以他不得強自辯解一番以自圓其說。他說：

　　夫老莊之所以屢稱無者，何哉？明生物者無物，而物自生耳，自生非爲生也，又何爲於已生乎？〔註53〕

這就有點強作解人了。又說：

　　一者，有之初，至妙者也。至妙故未有物理之形耳。夫一之所起，起於至一，非起於無也，然莊子之所以屢稱無於初者何哉？初者未生而得生，得生之難而猶上不資於無，下不待於知，突然而自得此

―――――――――――――――――――――――

〔註49〕見郭象：《莊子注》，內篇，卷一，〈逍遙遊第一〉，第 5B 至 6A 頁。
〔註50〕見郭象：《莊子注》，內篇，卷一，〈齊物論第二〉，第 13A 頁。
〔註51〕見郭象：《莊子注》，外篇，卷五，〈天地第十二〉，第 6A 至 B 頁。
〔註52〕見郭象：《莊子注》，外篇，卷七，〈知北遊第二十二〉，第 32B 頁。
〔註53〕見郭象：《莊子注》，外篇，卷四，〈在宥第十一〉，第 23A 頁。

生矣，又何營生於已生；以失其自生哉？〔註54〕

這就進一步，從「有」說到「一」了，其中最可注意的一句話是「下不待於知」，如此一來便走入「不可知論」（agnosticsm）的領域。〔註55〕這也是講「無待」義的必然歸趨。

關於郭象講自然思想，講成「不可知論」的證據，有以下數則：

（一）郭注齊物論：「人之生也，固若是芒乎？其我獨芒，而人亦有不芒者乎？」一語時說：「凡此上事皆不知所以然而然，故曰芒也。今夫知者皆不知所以知，而自知矣；生者不知所以生，而自生矣。萬物雖異，至於生而不由知，則未有不同者也。故天下莫不芒也。」〔註56〕

（二）郭注則陽：「安危相易，禍福相生，緩急相摩，聚散以成，此名實之可紀，精之可志也。」一語時說：「過此已往，至於自然，自然之故，誰知所以也。」〔註57〕

（三）「道在自然，非可言致者也。」〔註58〕

（四）「皆不知所以然而自然耳。自然耳，不爲也。」〔註59〕

據此，自然是率性的一種表示，則性爲何物，亦不可知矣。郭象說：

夫率性直往者，自然也，往而傷性，性傷而能改者亦自然也。庸詎知我之自然，當不息黥補劓；而乘可成之道以隨夫子邪，而欲棄而勿告，恐非造物之至。〔註60〕

如此，性既不可知，則何爲性之正，則又可自說自話了。這就是郭象自然思想的致命傷，以其範圍不定，彈性太大也。

性（或性命聯稱）的確是義蘊太過籠統空泛，但透過一番功夫的實踐，亦可合乎性之要求。首先每個人要對其本性自足這一點深具信心，如此便不至於

〔註54〕正郭象：《莊子注》，外篇，卷五，〈天地第十二〉，第 6A 頁。

〔註55〕湯用彤不如此講，在其：《魏晉玄學論稿》（臺北：盧山出版社，民國 61 年 10 月初版），頁 56 如此說：「由向、郭義，則自然與因果相悖，故反佛者亦嘗執自然以破因果，如范之神滅論是矣。」

〔註56〕見郭象：《莊子注》，內篇，卷一，〈齊物論第二〉，第 10A 頁。

〔註57〕見郭象：《莊子注》，雜篇，卷八，〈則陽第二十五〉，第 20B 頁。

〔註58〕見郭象：《莊子注》，外篇，卷七，〈知北遊第二十二〉，第 25A 頁。

〔註59〕見郭象：《莊子注》，內篇，卷一，〈逍遙遊第一〉，第 3B 頁。

〔註60〕見郭象：《莊子注》，內篇，卷三，〈大宗師第六〉，第 12A 頁。

效法極富聲譽的人。就郭象看來，名人的作爲只餘本質的糟粕而不具精神，吾人無法對名人作爲的模仿當作溝通本質的橋樑，如此非但不能直接達到最高層次的本質界，而且這種間接的取徑徒然增加到達本質的距離。〔註61〕爲何說名人的作爲只餘本質的糟粕而不具精神，根本不值效法呢？郭象的理由是：

> ……顧自然之理，行則影從，言則嚮隨。夫順物則名迹斯至，而順物者非爲名也。非爲名則至矣，而終不免乎名，則孰能解之哉？故名者影嚮也。影嚮者，形聲之桎梏也。〔註62〕

此處明白顯示言與行本身並無目的性，並非爲影才行，也並非爲嚮才言。這才合乎自然之理，但是影與嚮又是怎樣產生的呢？這只是一種必然的無意的「副產品」。此段文字雖然主要在陳述現象界中可見的只是事物本性運作後無意的「副產品」，這些都是糟粕而非精神或本性。但也因此透露給我們讀者一件重要觀點：自然有「無目的性」之含義——構成郭象的反目的論。郭象一直告訴我們後人不要刻意要求什麼，即所謂無心，因爲如此才不會有目的性，而不致違背了自然。郭象說：

> 出處默語，常無其心，而付之自然。〔註63〕

又說帝王的當然人選須有「無心」之素養：

> 夫無心而任乎自化者，應爲帝王。〔註64〕

而這也便是《莊子·應帝王》篇的大意：

> ……誠應不以心，而理自玄符。興變化升降，而以世爲量，然後足爲物主，而順時無極，故非相者所測耳，此應帝王之大意也。〔註65〕

郭象更舉現象界之水作爲無心之象徵：

> ……夫水常無心，委順外物。故雖流之與止，鯢桓之興龍躍，常淵然白若，未始失其靜默也。夫至人用之則行，捨之則止。行止雖異，而去默一焉。〔註66〕

總之，從正面界定郭象的自然思想，則有以下八個思想要素：「物不假外

〔註61〕參見郭象：《莊子注》，內篇，卷二，〈德充符第五〉，第24B頁。關於此，可參考牟宗三：《才性與玄理》（臺北：學生書局，民國64年11月再版），頁122。

〔註62〕見郭象：《莊子注》，內篇，卷二，〈德充符第五〉，第24B頁。

〔註63〕見郭象：《莊子注》，外篇，卷四，〈在有第十一〉，第19B頁。

〔註64〕見郭象：《莊子注》，內篇，卷三，〈應帝王第七〉，第18A頁。

〔註65〕見郭象：《莊子注》，內篇，卷三，〈應帝王第七〉，第21B頁。

〔註66〕見郭象：《莊子注》，內篇，卷三，〈應帝王第七〉，第22B頁。

求」、「物各自異」、「物不爲任何內外在力量的決定者，無使然因素」、「無待與獨化」、「崇有論」、「不可知論」、「求所以迹論」、「反目的論」等。

第三節　由正面來界定張湛自然思想的義蘊

張湛的自然思想，若從正面加以界定，也跟郭象一樣，承認物之本性自足，無待外求此一觀點，他說：

> 天尚不能自生，豈能生物，人尚不能自有，豈能有物，此乃明其自生自有也。〔註67〕

又說：

> 夫生者自生，形者自形，明者自明，忽然自爾，固無所因假也。〔註68〕

他更以南方人乘船，北方人騎馬此一事實來說明這層道理。他認爲這種「南船北馬」完全是人因應地理環境，「自然而能」的結果，根本無須「假學於賢智」。〔註69〕這種不學而能最適合說明本性自足此一觀點。張湛認爲這一自足之本性，雖然是先天具有的，若能完全掌握（得性之極），便是進入「和」之境界。這樣的話，才能「應理處順，則所適常通。」〔註70〕

他也因此承認物各自異此一觀點。他說：

> 聖人順天地之道，因萬物之性，任其所適，通其逆順，使群異各得其方，壽夭咸盡其分。〔註71〕

又說：

> 質，性也。既爲物矣，則方員、剛柔、靜躁、沈浮各有其性。〔註72〕

又說：

〔註67〕見張湛：《列子注》（臺北：中華書局，「四部備要」本，子部，據世德堂本校刊），卷一，〈天瑞第一〉，第16B至17A頁。（下仿此版本）

〔註68〕見張湛：《列子注》，卷五，〈湯問第五〉，第10A頁。

〔註69〕見張湛：《列子注》，卷五，〈湯問第五〉，第12A頁：「夫方士所資，自然而能。故吳越之用舟，燕朔之乘馬，得之於水陸之宜，不假學於賢智。慎到曰：治水者茨防決塞，雖在夷貊相似如一，學之於水，不學之於禹也。」

〔註70〕見張湛：《列子注》，卷二，〈黃帝第二〉，第1A頁：「稟生之質，謂之性。得性之極，謂之和。故應理處順，則所適常通，任情背道，則遇物斯滯。」

〔註71〕見張湛：《列子注》，卷五，〈湯問第五〉，第10A頁。

〔註72〕見張湛：《列子注》，卷一，〈天瑞第一〉，第3B頁。

生各有性，性各有所宜者也。〔註73〕

又說：

萬品萬形，萬性萬情，各安所適，任而不執，則鈞於全足，不願相

易也，豈智所能辨哉？〔註74〕

張湛為了強調本性自足此一觀點，他以反面的不假外求此一理念來反復

說明不已，像：

——自然者，不資於外也。〔註75〕

——至純至眞，即我之性分，非求之於外，愼而不失，則物所不能

害，豈智計勇敢而得冒涉艱危也。〔註76〕

——此皆無所因，感自然而變者也。〔註77〕

——自然無假者，則無所失矣。〔註78〕

——自然者，都無所假也。〔註79〕

——天地無從生而自然生。〔註80〕

而外於人的事理，本身也是自足的，不必假手人力才會產生作用：

形物猶事理也，事理自明，非我之功也。〔註81〕

張湛認為人因本性自足故不為客觀條件所決定，他曾說：

……有形之自形，無形以相形也。〔註82〕

這就是所謂的「無待」的觀念了，他說：

夫眼耳鼻口，各有攸司。令神凝形廢，無待於外，則視聽不資眼耳，

臭味不賴鼻口。故六藏七孔四肢百節，塊然尸居，同為一物，則形

奚所倚？足奚所履？〔註83〕

又說：

〔註73〕見張湛：《列子注》，卷一，〈天瑞第一〉，第4B頁。

〔註74〕見張湛：《列子注》，卷五，〈湯問第五〉，第8A頁。

〔註75〕見張湛：《列子注》，卷二，〈黃帝第二〉，第2A頁。

〔註76〕見張湛：《列子注》，卷二，〈黃帝第二〉，第5B頁。

〔註77〕見張湛：《列子注》，卷一，〈天瑞第一〉，第7A頁。

〔註78〕見張湛：《列子注》，卷四，〈仲尼第四〉，第18B頁。

〔註79〕見張湛：《列子注》，卷五，〈湯間第五〉，第10A頁。

〔註80〕見張湛：《列子注》，卷一，〈天瑞第一〉，第3A頁。

〔註81〕見張湛：《列子注》，卷四，〈仲尼第四〉，第18A頁。

〔註82〕見張湛：《列子注》，卷一，〈天瑞第一〉，第3A頁。

〔註83〕見張湛：《列子注》，卷二，〈黃帝第二〉，第4B至5A頁。

凡滯於一方者，形分之所閡耳，道之所遠，常冥通而無待。〔註84〕

　　物之本性既已自足，當然不必取法聖人所爲，因爲那只是形迹，而不是所以爲聖之所在。張湛說：

> 孔丘之博學，湯武之干戈，堯舜之揖讓，羲農之簡朴，此皆聖人因世應務之麤述，非所以爲聖者。所以爲聖者，固非言迹之所逮者也。
> 〔註85〕

又說：

> 夫聖人……故俯仰萬機，對接世務，皆形迹之事耳。冥絕而灰寂者，固泊然而不動矣。〔註86〕

又說：

> 帝王之功德，世爲之名，非所以爲帝王也。揖讓干戈果是所假之塗？
> 亦奚爲而不假幻化哉。但駭世之迹，聖人密用而不顯焉。〔註87〕

此處所言之帝王指的是三皇五帝，亦即是聖人。他們的功德，世人加以命名，但卻無法符其名之實——「所以爲帝王」。換言之，世人所知僅是形迹，所以張湛說：

> 夫聖人之道，絕於群智之表，萬物所不闚，擬見其會通之迹，因謂之聖耳。豈識所以聖也。〔註88〕

形迹雖是由實質而來，但已不具實質之眞性，呈現的是一種假象——張湛謂之爲「僞」。聖人是眞實無欺的，但是世人取法他的形迹，結果造成假象。〔註89〕而世上所求的名，都是違反本性，都是抱有目的（有所爲而爲）的，而眞實是無法由虛假而獲致的。〔註90〕但他並不全然反對獲取名譽，他只是反對刻意去追求的名，認爲是「僞名」；反之，由於做好事而爲人所稱許以致得善人之名，這種名他稱之爲「實名」，是不求而自來的。〔註91〕

〔註84〕見張湛：《列子注》，卷一，〈天瑞第一〉，第5A頁。
〔註85〕見張湛：《列子注》，卷四，〈仲尼第四〉，第4B至5A頁。
〔註86〕見張湛：《列子注》，卷四，〈仲尼第四〉，第3A頁。
〔註87〕見張湛：《列子注》，卷三，〈周穆王第三〉，第6A頁。
〔註88〕見張湛：《列子注》，卷四，〈仲尼第四〉，第3A頁。
〔註89〕見張湛：《列子注》，卷七，〈楊朱第七〉，第2A頁：「僞，實之迹也，因事而生。致僞者，由堯舜之迹，而聖人無僞也。」
〔註90〕見張湛：《列子注》，卷七，〈楊朱第七〉，第1B頁：「夫名者，因爲以求眞，假虛以招實，矯性而行之，有爲而爲之者。豈得無勤憂之弊邪？」
〔註91〕見張湛：《列子注》）卷七，〈楊朱第七〉，第1B至2A頁：「爲善不以物名，

　　張湛一反時人「形動影隨，聲出響應。」之說，而同意郭象所說：言與
行本身不具目的性，並非為響才言，也並非為影才行。他說：

　　夫有形必有影，有聲必有響，此自然而竝生，俱出而俱沒，豈有相
　　資前後之差哉？郭象注莊子，論之詳矣。而世之談者，以形動而影
　　隨，聲出而響應。聖人則之以為喻，明物動則失本，靜則歸根，不
　　復曲通影響之義也。〔註92〕

因此，張湛的自然思想，也涵有不具「目的性」的意義。此即筆者所謂的反
目的論，而張湛謂之為「無心」之說。他曾說：

　　夫順天理而無心者，則鬼神不能犯也，人事不能干。若迎天意，料
　　倚伏，處順以去逆，就利而違害。此方與逆害為巨對，用智之精巧
　　耳，未能使吉凶不生，禍福兼盡也。〔註93〕

此處，前段所言之「順天理」，即指根據自然思想之理，如此便可「無心」，
那麼，鬼神與人事都不能干犯。後段講的是不「無心」的害處。又說：

　　理苟無心，則無所不為，亦無所為。〔註94〕

這麼一來，「無心」成了行為的準繩了。又說：

　　汎然無心者，無東西之非己。〔註95〕

這就把無心說成了避免物議之絕妙利器了。張湛在談到「樂天知命」此一論
題時，他認為無心是超越世俗之樂之知的橋樑：

　　都無所樂，都無所知，則能樂天下之樂，知天下之知，而我無心者
　　也。〔註96〕

總之，張湛利用功利的手法，一再鼓吹「無心」之好處。此外，張湛在《列
子・仲尼篇》：「黃帝之書云：至人居若死，動若械。」下，注云：

　　此無心之極。〔註97〕

這就表示「無心」之最高造詣，是道家所亟亟追求的「靜」的境界。

　　張湛的自然思想，在正面界定的義涵方面，一則無法走出郭象所建構的

　　名自生者，實名也；為名以招利而世莫知者，偽名也。為名則得利者也。」
〔註92〕見張湛：《列子注》，卷一，〈天瑞第一〉，第8B頁。
〔註93〕見張湛：《列子注》，卷六，〈力命第六〉，第8B頁。
〔註94〕見張湛：《列子注》，卷六，〈力命第六〉，第9A頁。
〔註95〕見張湛：《列子注》，卷四，〈仲尼第四〉，第3B頁。
〔註96〕見張湛：《列子注》，卷四，〈仲尼第四〉，第2B頁。
〔註97〕見張湛：《列子注》，卷四，〈仲尼第四〉，第9A頁。

理論體系一步，一則在思想要素上要少多了，只餘「物各自異」、「物不假外求」、「求所以遮」、「反目的論」等四項。雖然，張湛寫的《列子注》後於郭象（死於永嘉五年，即西元 311 年）至少有半世紀之久；但是，在這一路思想上居然沒能發揚光大，反而有明顯遜色之處。更怪的是，他退回王弼「崇無論」的老路去。﹝註98﹞這就可以肯定的說，從魏晉一路發展下來的自然思想，到此已開始呈現沒落。

﹝註98﹞ 關於張湛「崇無論」的意見，主要分見如下：（一）《列子注》，卷一，〈天瑞第一〉，第 5B 頁：「至無者故能爲萬變之宗也。」；（二）同書同卷，第 8A 頁：「有之爲有，恃無以爲生，言生必由無，而無不生有。此運通之功，必賴於無，故生動之稱，因事而立耳。」；（三）同書同卷；第 5A 頁：「夫不能自生，則無爲之本。無爲之本，則無留於一象，無係於一味，故能爲形氣之主，動必由之者也。」；（四）同書，卷六，〈力命第六〉，第 8A 頁：「夫死生之分，修短之期，成定於無，爲天理之所制矣。」

第三章　從反面來界定王、郭、張的自然思想

從本書導論得知，若由反面來界定王、郭、張三人的自然思想，簡言之，即不使物自足之本性受到破壞或改變。他們均視相對於自然的任何出自人意的作為，為破壞或改變物自足之本性的大敵。因此，他們必須反對任何出自人意的作為；基此，本章第一節即在追索三人所反對的人為的內涵。其次，第二、三節則討論據以而主張的無為，應用在政治與文化兩方面，所分別衍生出的無為政治與文化懷疑論兩種看法。照說，文化是人為的結晶，理當棄絕，但是，三人均都肯定屬其中一環節的政治體制，認為可以有不合人為意味的政治形態，即無為政治。這點構成郭象一人對文化所持態度之特質，而使其否定文化不得完整。餘二人對文化所持態度之特質倒不在此，且各自不同：王弼認為文化不重要，張湛雖根本否定文化之種種，但如認為只在某一時刻，其中之一的道德才有一用之價值。他們既反對人為，那麼，不僅人的努力大可不必，而且人類歷史的發展更不需要一絲一毫人之意志灌注其中；因為依自然之理，歷史的發展本身也是本性自足的。所以，才有歷史偶然觀與歷史命定觀的出現，本章取以分論於四、五兩節。至於第六節則對郭、張兩人自然思想內在矛盾加以疏解。

第一節　反對人為

就王弼反對任何出自人意的作為而言，他說：

> 順自然而行，不造不始，故物得至而無轍迹也。〔註1〕

〔註1〕　見王弼：《老子注》，二十七章，第26A頁。

又說：

> 不塞其原，則物自生，何功之有？不禁其性，則物自濟，何爲之恃？
> 物自長足，不吾宰成，有德無主，非玄如何？凡言玄德，皆有德而
> 不知其主出乎幽冥。〔註2〕

這是物自有其自足之本性，不爲任何所主，自己自會生成，乃至發展（演進），只要不禁塞它那自足之本性，何必要有所作爲（即文中之「何功」與「何爲」。）呢？這就點出爲何反對出自人意的作爲，無非是依據自然之理。因爲「自然已足，爲則敗也。」〔註3〕所謂「自然已足」，等於是說經驗世界中物所能活動的最大極限，是處在合乎自然思想的範疇之內，凡越出界限的必然無能爲力。王弼若順著自然思想的口脗，應當如此說就行了；他卻不此之圖，轉而有點強辭奪理地採取利害的觀點說：「爲則敗也。」，認爲各種人爲的努力都無法達成目的，終究會導向失敗一途。他又認爲各種人爲的努力，必將失去自足本性的純眞，而流於虛僞。這才是自然思想式的說法。王弼說：

> 智慧自備，爲則僞也。〔註4〕

又說：

> 大巧因自然以成器，不造爲異端，故若拙也。〔註5〕

這是王弼以其自然思想解釋老子的「大巧若拙」。王弼認爲最好的工藝品，非出自人之手藝而是自然生成的，換言之，天工賽過人工。這話可引申爲，最美好的事或物必不出於人爲之努力。

在所有「爲」之中，王弼最反對的是動用聰明與放縱欲望這兩事，王弼在《老子》三章：「常使以無知無欲。」下，注云：

> 守其眞也。〔註6〕

所謂眞，指的是保住自足之本性，勿使發生變化或遭致破壞。所以，王弼很贊成老子守愚之說，因爲「愚謂無知守眞，順自然也。」〔註7〕相反地，「明謂多見巧詐，蔽其樸也。」〔註8〕此處的「樸」與「眞」同義，一個人太過聰

〔註2〕 見王弼：《老子注》，十章，第9A頁。
〔註3〕 同前，二章，第2B頁。
〔註4〕 同前。
〔註5〕 同前，四十五章，第10B頁。
〔註6〕 同前，三章，第3B頁。
〔註7〕 同前，六十五章，第31A頁。
〔註8〕 同前。

明，必然流於耍手段、弄權謀，因而障蔽了他自足的本性，本性受到障蔽，其結果遂與變化或破壞，毫無二致。但是，一個人生而有智，又將怎麼辦呢？無妨，王弼說：

　　雖有其智，自任其智。不因物於其道，必失。故曰：雖智大迷。〔註9〕

此意是任智自由發展，怎麼任法呢？無非是自己不能抱有任何目的，而要執守自然之理隨客觀條件以成（即文中所言的「因物於道。」）這就是後文所述「因」、「順」之理。（見本章第四節）當然此處反目的論的字面意義不太顯著，茲再看王弼的另一說法：

　　雄先之屬，雌後之屬也。知為天下先也，必後也。是以聖人後其
　　身而身先也。谿不求物而物自歸之。嬰兒不用智而合自然之智。

〔註10〕

這是運用道家以反得正的手法來說明反目的之說，並獲致反對智力的觀點。王弼藉著反目的論——無意於爭取某物，反而能獲得此物；而刻意爭取反而取不到——的理路，來說明智力的不足取，主張一如嬰兒之純眞——「不用智而合自然之智。」。換言之，動用智力就是違反反目的論。所以，主張反智論〔註11〕的理由之一是根據反目的論。

　　王弼主張反智之說的另一理由，完全是站在利害的觀點立論的。基於這種理由，他反對智力的看法其內容可分兩方面來講。先就一般人我關係而言，一人之智有限，不思借助反與眾人之智較量，勝負之判不難想像：

　　甚矣，害之大也，莫大於用其明矣。夫在智則人與之訟；在力則人
　　與之爭。智不出於人，而立乎訟，地則窮矣；力不出於人，而立乎
　　爭，地則危矣。未有能使人無用乎其智力乎己者也。如此則己以一
　　敵人，而人以千萬敵己也。〔註12〕

次就政治上下統屬關係而言，有兩個重點：第一，在上者為了統治方便，必須提倡反智之說，也就是主張愚民政策。王弼一再強調人民的智慧若是被誘導出來的話，必定機詐百出，馴致治理不易，像：

〔註9〕　同前，二十七章，第27A頁。
〔註10〕　同前，二十八章，第27B頁。
〔註11〕　關於反智論，可參閱余英時：〈反智論與中國政治傳統〉以及〈『君尊臣卑』
　　　　　下的君權與相權〉兩文，均放在氏作《歷史與思想》（臺北：聯經出版社，民
　　　　　國65年九月第一版）一書中。
〔註12〕　同前，四十九章，第13B至14B頁。

——民多智慧則巧僞生，巧僞生則邪事起。〔註13〕

——多智巧詐，故難治也。〔註14〕

——智猶治也，以智而治國，所以謂之賊者；故謂之智也。民之難
治以其多智也。當務塞兌閉門，令無知無欲。〔註15〕

此處之所以不直接將引文的「多智（慧）」說成「豐厚的智慧」，是因為如此
的話君主必定無能將原本智慧很高的人民弄成智慧很低。想來，只有在智慧
雖是先天性很高，但不經後天之誘導亦無法激揚出來的情形，君主才能行使
其愚民政策。第二，由於上行下效的關係，在上者不動用智慧，人民亦必效
法之，王弼說：

任術以求成，運數以求匿者，智也。玄覽無疵，猶絕聖也。治國無
以智，猶棄智也。能無以智乎？則民不辟，而國治之也。〔註16〕

反之，在上者動用智慧（指發揮他精明幹練之能力），勢必奸僞大興，治理困
難。王弼說：

而以智術動民，邪心既動，復以巧僞防民之僞，民知其術防，隨而
避之，思惟密巧，奸僞益滋，故曰：以智治國，國之賊也。〔註17〕

又說：

又何爲勞一身之聰明，以察百姓之情哉？夫以明察物，物亦競以其
明應之。以不信察物，物亦競以其不信應之？〔註18〕

這番意見，王弼還動用兩層理由加以說明，第一層是：

夫天下之心不必同其所應，不敢異則眞肯用其情矣。〔註19〕

這是說統治者強人所同的結果，只是徒然使百姓不以眞情對他。第二層是：

夫天地設位，聖人成能，人謀鬼謀。百姓與能者，能者與之，資者
取之。能大則大，資貴則貴。物有其宗。事有其主。如此則可冕旒
充目，而不懼於欺，黈纊塞耳，而無戚於慢。〔註20〕

〔註13〕 同前，五十七章，第22B頁。
〔註14〕 同前，六十五章，第31B頁。
〔註15〕 同前。
〔註16〕 同前，十章，第8A至B頁。
〔註17〕 同前，六十五章，第31B頁。
〔註18〕 同前，四十九章，第13B頁。
〔註19〕 同前。
〔註20〕 同前。

這番理由就是我們下面要講的無為政治的內容了。這是說物物均能自理，不勞統治者費心。

王弼除了反對使用智慧外，也反對增長知識：

> 然則學求益所能，而進其智者也。若將無欲而足，何求於益？不知而中，何求於進？夫燕雀有匹，鳩鴿有仇，寒鄉之民，必知旃裘。自然已足，益之則憂。故續鳧之足，何異截鶴之頸？畏譽而進，何異畏刑？唯阿美惡，相去若何？故人之所畏，吾亦畏焉。未敢恃之以為用也。〔註21〕

可見王弼之智，指的是不學而能的範疇，實際上，在人事的現象界中，有許多是非學才能的。王弼為了堅持其反智之說，他似乎根本無視於此一事實。這是他反對智力之說的一大缺陷。

前面講王弼反智之論時，有兩則資料是智力與欲望一齊反的。現在我們就接著講反對欲望之說。一如前面論及反對智力時所言，王弼也以嬰兒或赤子作為達到無欲的最高境界。像：

> ——皆使和而無欲，如嬰兒也。〔註22〕

> ——……任自然之氣，致至柔之和。能若嬰兒之無所欲乎。則物全而性得矣。〔註23〕

王弼並取利害觀點以強調無欲之好處：

> 赤子無求無欲，不犯眾物。故毒蟲之物，無犯之人也。含德之厚者，不犯於物，故無物以損其全也。〔註24〕

人若沒慾求，的確不致與人發生利害衝突的。王弼更曾以魚、鳥為食（慾）亡作譬，使人頓感有慾為害之大：

> ……器之害者，莫甚乎兵戈；獸之害者，莫甚乎兕虎。而令兵戈無所容其鋒刃，虎兕無所措其爪角，斯誠不以欲累其身者也，何死地之有乎？夫玩壇以淵為淺，而鑿穴其中。鷹鸇以山為卑，而增巢其上。矰繳不能及，網罟不能到。可謂處於無死地矣。然而卒以甘餌入於無生之地，豈非生生之厚乎？故物苟不以求（按：「求」疑當作

〔註21〕同前，二十章，第17A至B頁。

〔註22〕同前，四十九章，第13B頁。

〔註23〕同前，十章，第8A頁。

〔註24〕同前，五十五章，第19B頁。

「米」。）離其本，不以欲渝其真。雖入軍而不害，陸行而不可犯
也。赤子之可，則而貴信矣。〔註25〕

此段後面明言慾望只會破壞自足本性之純真。但當王弼講到沒有慾求之好處
時，居然得出「雖入軍而不害，陸行而不可犯也。」的神奇之論。

王弼亦將反慾之說落實到政治的領域來，他認為一個在上者如能心無慾
求，那麼，老百姓亦必跟進，如此就返回自足本性之純樸了：

上之所欲，民從之速也。我之所欲，唯無欲。而民亦無欲，自樸也。
〔註26〕

當時儘管王弼將無慾的好處講得天花亂墜，要人滅絕慾求的確是很難辦
到的；所以，王弼在註文中顯示出很欣賞能辦到的老子所具有的那分自負：

眾人無不有懷有志，盈溢胸，故曰：皆有餘也。我獨廓然無為無欲
若遺失之也。〔註27〕

那麼，反對「為」的話，是否就是主張「無為」呢？是的。王弼認為無為才
合乎自然之理。王弼曾在《老子》五十六章：「知者不言。」句下，注云：「因
自然也。」又在「言者不知。」句下，注云：「造事端也。」〔註28〕可見「自
然」是不造作事端的。王弼說：

道，無形不繫，常不可名。以無名為常，故曰：道常無名也。樸之
為物，以無為心也，亦無名也。故將得道莫若守樸。夫智者可以能
臣也，勇者可以武使也，巧者可以事役也，力者可以重任也。樸之
為物，憒然不偏，近於無有，故曰：莫能臣也。抱樸無為，不以物
累其真，不以欲害其神，則物自實而道自得也。〔註29〕

此處，說得道莫若守樸，以及抱樸就是無為。而前述「道者，無之稱也。」；
此處說：「樸之為物，以無為心也。」再加上，前述已證知：「無」即是「自
然」。於是乎，無為是合乎自然之道的。而文中已明言，「抱樸無為」的結果，
就不會讓自己以外之物斲喪其自足之本性（不以物累其真）。這更可證明筆者
所作的推論——無為合乎自然之理——之無誤。

若從反面來界定郭象的自然思想，筆者可以發現他非常嚴格地劃分自然

〔註25〕同前，五十章，第15A至B頁。
〔註26〕同前，五十七章，第22B至23A頁。
〔註27〕同前，二十章，第18A頁。
〔註28〕同前，五十六章，第21A頁。
〔註29〕同前，三十二章，第30B至31A頁。

（性分之內）與人為（性分之外）兩個互不相容的領域。在自然的領域中，物之本性自足，萬不可跨越至人為領域內，如此便是為，便是有心，便會殘害本性，以致違反自然。

郭象說：

> 人之生也，理自生矣。直莫之為而任其自生。斯重其身而知務者也。若乃忘其自生，謹而矜之。斯輕用其身而不知務也，故五藏相攻於內，而手足殘傷於外也。〔註30〕

這段文字，前半段即是陳述人不為即擁有自足之本性，這樣才是重身知務。後半段述說反其道而行的結果，人之內外兩方面都將受到破壞與傷害。又說：

> 任其自然，天也；有心為之，人也。〔註31〕

此處就說明了「有心為之」這種富有目的性的刻意追求，便一腳踏進了人為的領域，而違反了自然。郭象更連連運用二分法——動與靜；天理與人慾——來加強這層觀念的說服性：

> 人生而靜，天之性也；感物而動，性之欲也。物之感人無窮，人之逐欲無節，則天理滅矣。真人知用心則背道，助天則傷生，故不為也。〔註32〕

但是郭象並未很具體地為我們指出「為」的全部內容。筆者所能確定的只是一點，人使用智慧便是一種「為」。因為郭象曾說：「斷棄知慧而付之自然也。」〔註33〕為何知道人使用智慧是一種「為」呢？由郭象在《莊子》：「去知與故，循天之理。」一語下，注云：「天理自然知，故無為其間。」〔註34〕不但得知智慧是一種「為」；而且也知道智慧還分自然的非自然的兩種呢。果然，郭象在別處就說：「謀而後知，非自然知。」〔註35〕此處的「謀」意味著人刻意去改變必然之事的企圖或作為，這就有主張命定論的跡象了。為免大家對於這樣解釋「謀」有誇張或不實之懷疑。茲再舉一例。郭象曾在《莊子》：「曰吾思夫使我至此極者而弗得也。父母豈欲吾貧哉？天無私覆，地無私載，天地豈私貧我哉？求其為之者而不得也。然而至此極者，命也夫。」一

〔註30〕見郭象：《莊子注》，內篇，卷二，〈德充符第五〉，第23B頁。
〔註31〕同前，雜篇，卷八，〈庚桑楚第二十三〉，第9A頁。
〔註32〕同前，內篇，卷三，〈大宗師第六〉，第3A頁。
〔註33〕同前，雜篇，卷八，〈庚桑楚第二十三〉，第8B頁。
〔註34〕同前，外篇，卷六，〈刻意第十五〉，第2A頁。
〔註35〕同前，雜篇，卷八，〈庚桑楚第二十三〉，第8B頁。

語下，注云：「言物皆自然，先爲之者也。」〔註36〕可見他認爲一切自有其
要走的行程，「爲」只是徒然，並無濟於事。而「謀而後知」的謀，就是「爲」。
此外，郭象又說：

　　絕學去教而歸於自然之意也。〔註37〕

這是說「學」與「教」都是人智慧的結晶，屬於人的文化遺產。他認爲這都
是理當棄絕的。可見與老莊一樣，有文化否定論的傾向。（但總與文化否定論
間隔一層）

　　俗云：「巧奪天工」，人爲手藝之美爲巧，但是否可以因此升格登進自然
領域的堂奧呢？郭象毫不容情地劈頭便否決了這種念頭，他說：「自然故非巧
也。」〔註38〕接著加以大張撻伐一番：

　　——世以任自然而不加巧者爲不善治也。揉曲爲直，屬騖習驥，能
　　爲規矩以矯拂其性，使死而後已，乃謂之善治也，不亦過乎！〔註39〕

　　——巧者，有爲以傷神器之自成；故無爲者，因其自生而任其自成，
　　萬物各得自爲。蜘蛛猶能結網，則人人自有能矣，無貴於工倕也。
　　〔註40〕

　　——夫以蜘蛛結蜄之陋，而布網轉丸，不求之於工匠，則萬物各有
　　能也。所能雖不同，而所習不敢異，則若巧而拙矣。故善用人者，
　　使能方者能方，圓者爲圓，各任其所能，人安其性。不責萬民以工
　　倕之巧，故衆技以不相能似拙，而天下皆自能則大巧矣。夫用其自
　　能，則規矩可棄，而妙匠之指可擺也。〔註41〕

以上第一則只責備一般人重巧之非，而餘二者才指出非之所在——均藉蜘蛛
自行結網以喻人之本性自足以自生、自成，乃至自有能矣；巧者爲也，爲則
傷自然之性。惟第三則中尚引申出政治意義的無爲，筆者姑且稱之爲無爲政
治。

　　張湛在列子引楊朱之語，提到人之生死、賢愚、貴賤非人之能力所能主
宰時，注云：

〔註36〕同前，內篇，卷二，〈大宗師第六〉，第18A頁。
〔註37〕同前，外篇，卷七，〈知北遊第二十二〉，第31B頁。
〔註38〕同前，內篇，卷三，〈大宗師第六〉，第3A頁。
〔註39〕同前，外篇，卷四，〈馬蹄第九〉，第8A頁。
〔註40〕同前，雜篇，卷十，〈天下第三十三〉，第21B頁。
〔註41〕同前，外篇，卷四，〈胠篋第十〉，第14B至15A頁。

指自然爾，非能之所爲也。〔註42〕

人對於這幾方面的無能爲力有其自知之明；但卻不信他有些能力亦有其極限，致力所至，不僅徒勞無功，反而更破壞了其自足之本性。張湛的自然思想從反面來加以界定，就是基於這層認識，因此他反對所有會破壞自足之本性的人爲因素。他說：

> 夫萬事可以理推，不可以器徵。故信其心智所知，而不知所知之有極者，膚識也。誠其耳目所聞見，而不知視聽之有限者，俗士也。至於達人融心智之所滯，玄悟智外之妙理，豁視聽之所閡遠，得物外之奇形。若夫封情慮於有方之境，循局步於六合之間者，將謂寫載盡於三墳五典，歸藏窮於四海九州。焉知太虛之遼廓，巨細之無垠，天地之爲一宅，萬物爲游塵，皆拘短見於當年，昧然而俱終。故列子闡無內之至言，以擔心智之所滯；恢無外之宏唱，以開視聽之所閡。使希風者不覺矜伐之自釋，束教者不知桎梏之自解。故刳斫儒墨，指斥大方，豈直好奇尚異而徒爲夸大哉？悲夫，聃周既獲譏於世論，吾子亦獨以何免之乎？〔註43〕

此處，講到一般人的體驗能力（即文中所云之心智）以及感官經驗（即文中所言之耳目），是有其極限的。但是一般人均無此認識，以爲古來的儒家經典已總括了所有的知識。其實只有達人才能超越這體驗能力與感官經驗之局限，而別有所知與所得。並以之作爲列子倡無內無外之說以攻擊風俗教化——一種約束人心，維護社會秩序的文化力量——之理由。這也就是張湛在另一處所言：「不爲外物視聽改其度也。」〔註44〕之所本。藉此，張湛引申出凡是採取智力、言語、仁德去面對經驗世界的舉動，全屬人爲的，亦即是違反自然的。張湛說：

> 夫能使萬物咸得其極者，不犯其自然之性也。若以識知制物之性？
> 豈順天之道哉？〔註45〕

這是說若以認知能力（即文中所言之識知，亦即智力）去理解物之本性，則必違背自然之理。又說：

〔註42〕見張湛：《列子注》，卷一七，〈楊朱第七〉，第3A頁。
〔註43〕同前，卷五，〈湯問第五〉，第2B至3B頁。
〔註44〕同前，卷六，〈力命第六〉，第9A頁。
〔註45〕同前，卷四，〈仲尼第四〉，第18A頁。

……此明用智計之不如任自然也。〔註46〕

這就明白表示智計之運用是無濟於事的，比不上讓物依其自然之理去自行發展。又說：

> 比方亦復欲全自然，處無言無知之域，此即復是遣無所遣，知無所
> 知。遣無所遣者未能離遣，知無所知者，曷嘗忘知，固非自然而忘
> 言知也。〔註47〕

這是說合乎自然思想要求的是忘掉言語（文字）與知解之使用。但即使做到「無言無知」的地步，仍是未達自然之理。在道家者流看來，言語只是徒然增加掌握物之真相的障礙——所謂「言語道斷」也。又說：

> 自然生耳，自然泰耳。未必由仁德與智力。然交履信順之行，得騁
> 一己之志，終年而無憂虞，非天福如之何也。〔註48〕

此處雖然講的是命運的好壞並非決之於仁德與智力之有無或高下。但亦可看出對仁德與智力之輕視。

張湛亦反對人為領域中可奪天工之「巧」。他說：

> ……自然而然，非由人事巧拙也。〔註49〕

這是說，人事若拙固然不成，即巧亦然。又說：

> ……明用巧能，不足以贍物；因道而化，則無不周。〔註50〕

而說得最清楚的，莫過於——

> 近世人有言，人靈因機關而生。何者，造化之功至妙，故萬品成
> 育，運動無方；人藝麤拙，但寫載成形，塊然而已，至於巧極則
> 機乎造化。似或依此言而生此說（按：指《列子》提到有人造娼
> 優給周穆王）而此書既自不爾，所以明此議者，直以巧極思之無
> 方，不可以常理限，故每舉物極以袪近惑，豈謂物無神主也？斯
> 失之遠矣。〔註51〕

此段前半在敘述巧可奪天工之時論，後半在替《列子》辯解不應有此之論。顯見他反對巧可奪天工——亦即達到自然之性。

〔註46〕同前，卷六，〈力命第六〉，第 11A 頁。
〔註47〕同前，卷四，〈仲尼第四〉，第 8A 頁。
〔註48〕同前，卷六，〈力命第六〉，第 6B 頁。
〔註49〕同前，卷六，〈力命第六〉，第 3A 頁。
〔註50〕同前，卷八，〈說符第八〉，第 3B 頁。
〔註51〕同前，卷五，〈湯問第五〉，第 17B 頁。

第二節　無爲政治

根據「無爲」之旨，照說政治制度是一種人爲產物，理當加以揚棄。但是，王弼認爲有一種政治形態是不違反「無爲」之旨的，爲了便於討論，筆者姑且稱之爲無爲政治。老子曾就統治者與被統治者之關係，理出五種形態。老子認爲最好的一種爲「太上，下知有之。」，王弼於其下注云：

> 太上謂大人也。大人在上，故曰：太上。大人在上，居無爲之事，
> 行不言之教，萬物作焉，而不爲始。故下知有之而已，言從上也。
> 〔註52〕

顯然，王弼將老子這種最好的政治形態解釋成無爲政治。王弼認爲無爲政治是各種政治形態之極致。他說：

> ……誰知善治之極乎？唯無可舉，無可形名，悶悶然而天下大化。
> 是其極也。〔註53〕

又說：

> 以無爲爲居，以不言爲教，以恬淡爲味，治之極。〔註54〕

爲什麼主張無爲政治呢？從王弼散亂無章片片斷斷的注文中，可以尋出三種理由。

第一種理由，王弼認爲無爲政治是「道」落實到政治領域的應然法必然的功能反應。換言之，「道」是無爲政治的指導原則。而別忘了「道法自然。」；所以等於是說，無爲政治是合乎自然之理的一種政治形態。王弼說：

> 從事謂舉動。從事於道者也。道以無形無爲，成濟萬物。故從事於
> 道者，以無爲爲君，不言爲教，縣縣若存，而物得其眞，與道同一
> 體。故曰：同於道。〔註55〕

雖然，王弼這段文字講的是在經驗世界中各方面依據「道」行事的話，「無爲」與「不言」便成了他的主宰（爲君），成了他師法的對象（爲教）；而屬於經驗世界某一方面的政治界亦不當有所例外才對。

第二種理由，前述「靜」是「無」表現在經驗世界的一種對待於「動」的形態。而「無」的名稱是「道」，因此「靜」亦是合乎「道」的可見的形態。

〔註52〕見王弼：《老子注》，十七章，第15A頁。
〔註53〕同前，五十八章，頁23B。
〔註54〕同前，六十三章，頁29A。
〔註55〕同前，二十三章，頁23A。

以之運用於政治上，便是不要多所作爲——保持一稱靜態。王弼在《老子》
六十章：「治大國若烹小鮮。」句下，注云：

> 不擾也，躁則多害，靜則全眞。故其國彌大，而其主彌靜，然後乃
> 能廣得眾心矣。〔註56〕

這是說，在政治上不擾民的話，便能不失自足之本性（全眞）。一個國君愈是
在政治上維持靜態，才能大獲民眾之擁護。靜的相反爲躁爲動，害處就多了。
什麼害處？當然無非是不能「廣得眾心」。這完全從利害觀點著眼。王弼後來
更擴大「靜」的好處，說成民眾自行會歸順於守靜的君主：

> 靜而不求，物自歸之也。〔註57〕

爲何能如此？王弼的說明，其說服力非常薄弱，他說：

> 以其靜故能爲下也。牝，雌也。雄，躁動貪欲；雌，常以靜，故能
> 勝雄也。以其靜復爲下，故物歸之也。〔註58〕

爲何說靜比動好？或是說靜在地位上超過動呢？王弼在《老子》十六章：「吾
以觀復。」句下：注云：

> 以虛靜觀其反復，凡有起於虛，動起於靜。故萬物雖竝動作，卒復
> 歸於虛靜，是物之極篤也。〔註59〕

要注意的是，此處講的動靜，是屬於現象而非本體意義。

第三種理由，王弼從利害的觀點，一則強調無爲的屬吉，他在《周易》
離卦象辭下，注云：

> ……處下離之終，明在將沒，故曰：日昃之離也。明在將終，若不
> 委之於人，養志無爲，則至於臺老有嗟，凶矣。故曰：不鼓缶而歌，
> 則大臺之嗟，凶也。〔註60〕

固然，《周易》的吉凶之說本就具有濃厚的利害觀點色彩，王弼只是很巧妙地
加以利用，使與其無爲政治之說連成一氣。王弼在另一面則強調，政治上行
「無爲」必然「功成事遂」：

> 居無爲之事，行不言之教，不以形立物，故功成事遂，而百姓不知

〔註56〕同前，六十章，頁25B。
〔註57〕同前，六十一章，頁27A。
〔註58〕同前。
〔註59〕同前，十六章，頁13B。
〔註60〕見王弼：《周易注》，卷三，頁12A。

所以然也。〔註61〕

總之，王弼一方面根據自然之理，從其稱呼上的「道」，及其於現象界所呈現的「靜」態，引申出政治領域行「無為」之可行並可信；另一方面他又曉以利害，加強實行無為政治的說服力。

有趣的是，王弼認為實行無為政治的最佳時刻是政權剛轉移的時候：

> 改命創制，變道已成，功成則事損，事損則無為。故居則得正而吉，征則躁擾而凶也。〔註62〕

這是大別於當時魏朝初建大行其道的法家看法——政權初立正是百廢待舉、大事作為的絕佳機會。

就王弼無為政治其所指涉的內容而言，可說者有三：

第一，由於上行下效的關係，統治者若無為，被治者不必被管，就能自動自發作好他們分內的工作。王弼說：

> ……能無以為乎，則物化矣。所謂道常無為，侯王若能守，則萬物自化。〔註63〕

王弼又設譬以明之，他說：

> 言天地相合，則甘露不求而自降。我守其真性，無為則民不令而自均也。〔註64〕

這是將統治者與無為比成天與地，統治者依自然之理行事，不必多所命令，百姓所為自會合乎統治者之要求；這種情形一如天地相合，甘露不經人的祈求自行下降一般。

第二，增加臣下的權責，於權限範圍內任他盡情發揮其聰明才智，而毫不干涉他。王弼在《周易》臨卦下，注云：

> 處於尊位，履得其中。能納剛以禮，用建其正，不忌剛長而能任之，委物以能而不犯焉。則聰明者竭其視聽，知力者盡其謀能。不為而成，不行而至矣。大君之宜，如此而已。故曰：知臨，大君之宜，吉也。〔註65〕

而在釋「未濟」卦時，也是這種論調：

〔註61〕見王弼：《老子注》，十七章，第 16A 頁。
〔註62〕見王弼：《周易注》，卷五，頁 10B。
〔註63〕見王弼：《老子注》，十章，頁 8B 至 9A。
〔註64〕同前，三十二章，頁 31A。
〔註65〕見王弼：《周易注》，卷二，第 10B 頁。

> 夫以柔順文明之質,居於尊位,付與於能而不自役,使武以文,御剛以柔,斯誠君子之光也。付物以能而不疑也,物則竭力,功斯克矣。〔註66〕

這兩則資料在在顯示,王弼認定國君自有拔取並區別人才的天賦本領。但王弼在注《老子》書中,有一處說道:

> 不尚賢能,則民不爭。不貴難得之貨,則民不為盜。不見可欲,則民心不亂。常使民心無欲無惑,則無棄人矣。〔註67〕

其實這段注文,是王弼襲自《老子》第三章的經文,他曾於下注云:

> 賢猶能也。尚者,嘉之名也。貴者,隆之稱也。唯能是任,尚也曷為?唯用是施,貴之何為?尚賢顯名,榮過其任,為而常校能相射。貴貨過用,貪者競趣,穿窬探篋,沒命而盜。故可欲不見,則心無所亂也。〔註68〕

這兩則資料都是為了防止人民爭求富貴榮華,而為支配慾與佔有慾所害;表面上看似乎是與責成臣下令其發揮長才之說相矛盾。其實不然。請注意第二則注文的:「唯能是任,尚也何為?唯用是施,貴之何為?」這一句話,意謂選官只要任用那有才能的人,何必刻意提倡賢能政治?購物只要夠用就好,何必加意營聚?可見王弼的「任能(賢)」——即無為政治中君責成臣使發揮其才——是固守在自然之理的陣地上立論的;而「尚能(賢)」——即刻意提倡「任能」——是棄守了自然之理的陣地,因為,凡事只要刻意提倡,就落入目的論之網絡中,反與自然之理為敵了。當然,王弼在注文中的理由並非如此,而是說尚能的結果,會造成名實不符。

第三,反對國君以使用刑法作為逼人民就範的一種手段。王弼說:

> ……善治政者,無形、無名、無事、無政可舉,悶悶然,卒至於大治。故曰:其政悶悶也。其民無所爭競,寬大淳淳,故曰:其民淳淳也。〔註69〕

又說:

> 立刑名,明賞罰,以撿姦偽,故曰:察察也。殊類分析,民懷爭競,

〔註66〕同前,卷六,頁12B。
〔註67〕見王弼:《老子注》,二十七章,頁26B至27A。
〔註68〕同前,三章,頁3A至B。
〔註69〕同前,五十八章,頁23A。

故曰：其民缺缺也。〔註70〕

這兩則資料均顯示王弼對於形名之學（按：當時其學兼有名、法兩家色彩）的厭棄。他認為循名責實，厚賞重罰的作風反而會與政治大治的企盼相乖違。

有時國君採行刑罰，是痛恨人民的不歸附；但是王弼認為這只有徒然引起人民更加不滿，以致叛亂益形高張。王弼曾利用注解《周易》困卦時，說出這種想法：

> 不能以謙致物，物則不附。念物不附，而用其壯猛，行其威刑，異方愈乖，遐邇愈叛。刑之欲以得，乃益所以失也。〔註71〕

由於反對國君專意刑罰的此一構想本身無何難解之處，而所當措意者，其唯可行性的問題。是以王弼只在使其理由化方面多所舖陳，期能為人所接受。他循著自然之理的路徑，大肆指陳國君使用刑罰治國是違反「自然」的。他說：

> 以道治國，則國平。以正治國，則奇正起也。以無事則能取天下也。上章云：其取天下者常以無事。及其有事，又不足以取天下也。故以正治國則不足以取天下，而以奇用兵也。夫以道治國，崇本以息末。以正治國，立辟（疑當作「群」）以攻末，本不立而末淺，民無所及，故必至於（疑下缺「以」字）奇用兵也。〔註72〕

此處講的雖是反對使用武力，而非刑罰，但對自然之理而言，其妨害國家之治平以及人民之生計，武力更甚於刑罰。文中之「道」，即合於自然之「道」。又說：

> 立正欲以息邪，而奇兵用多；忌諱欲以恥貧，而民彌貧。利器欲以強國者也，而國愈昏多。皆舍本以治末，故以致此也。〔註73〕

王弼認為外於以及超越經驗世界的「道」是本，是具有絕對屬性的；而經驗世界的一切，是末，是具有相對屬性。經驗世界中人物各種作為，若不依循「道」，而使用經驗世界中之假定是正的辦法，必然相對地因應而生出奇的弊害。此處講的「利器」，王弼曾在另一處有所解釋：

> 利器，利國之器也。唯因物之性，不假刑以理物，器不可觀，而物

〔註70〕同前。
〔註71〕見王弼：《周易注》，卷五，頁7A至B。
〔註72〕見王弼：《老子注》，五十七章，頁22A。
〔註73〕同前，頁22B。

> 各得其所，則國之利器也。示人者任刑也，刑以利國則失矣。魚脫
> 於淵，則必見失矣。利國器而立刑以示人，亦必失也。〔註74〕

此處所說的行「唯因物之性」以致「而物各得其所」，明白顯示自然之理。並
因此引申出反對刑罰之思想。王弼認為立刑制人之害處，一如魚脫離賴以為
生的深淵一般。所以王弼才說：

> 因物自然，不設不施，故不用關鍵。繩約而不可開解也。此王者皆
> 言不造不施，因物之性，不以形制物也。〔註75〕

王弼又抬出聖人反對刑法來加強一般人對這種想法的信念。王弼說：

> ……若乃多其法網，煩其刑罰，塞其徑路，攻其幽宅。則萬物失其自
> 然，百姓喪其手足，鳥亂於上，魚亂於下。是以聖人之於天下，歙歙
> 焉，心無所主也。為天下渾心焉，意無所適莫也。無所察焉，百姓何
> 避？無所求焉，百姓何應，無避無應，則莫不用其情矣。人無為舍其
> 所能而為其所不能，舍其所長而為其所短。如此則言者言其所知，行
> 者行其所能，百姓各皆注其耳目焉，吾皆孩之而已。〔註76〕

又說：

> 聖人不立形名以檢於物，不造進向以殊棄不肖。輔萬物之自然，而
> 不為始。故曰：無棄人也。〔註77〕

其實，王弼所謂的聖人與神一樣，他只要實質上是聖人，不必要多所作為馴
至妨害甚至殘害人民，而讓人知曉他是聖人：

> 道洽則神不傷人。神不傷人則不知神之為神。道洽則聖人亦不傷人。
> 聖人不傷人則不知聖人之為聖也。猶云不知神之為神，亦不知聖人
> 之為聖也。〔註78〕

因此，王弼認為只有政治敗壞的時候才會靠刑罰控制人心，相反地，統治者像
神或聖人一樣無所舉措讓人覺得一無存在，那麼，這正是「道」昂揚的時候：

> 夫恃威網以使物者，治之衰也；使不知神聖之為神聖，道之極也。
>
> 〔註79〕

〔註74〕同前，三十六章，頁 34B。
〔註75〕同前，三十七章，頁 26B。
〔註76〕同前，四十九章，頁 14A 至 B。
〔註77〕同前，二十七章，頁 26B。
〔註78〕同前，六十章，頁 26A。
〔註79〕同前。

　　以上所述，是王弼依據自然之理宣揚反刑罰思想之說辭。此外，王弼更從利害的觀點，認為以刑制民，一方面引起人民之無法承受，另一方面引起人民之反抗。那麼，政治體制勢必崩解：

　　　清靜無爲，謂之居。謙後不盈，謂之生。離其清靜，行其躁欲；棄其謙後，任其威權。則物擾而民僻，威不能復制民，民不能堪其威，則上下大潰矣，天誅將至。故曰：民不畏威，則大威至。無狎其所居，無厭其所生。言威力不可任也。〔註80〕

　　關於「無爲政治」，郭象立意糾正一般人僅只於政治領袖「垂衣裳而天下治」的錯誤觀念。他以為：

　　　無爲者，非拱默之謂也，直各任其自爲，則性命安矣。〔註81〕

可見，無爲政治下的國君，並非一事不管，他所爲的是，設法使他統轄下的每一分子自己管理自己（自治）。郭象認為這樣才是「無爲政治」之精意所在：

　　　提挈萬物使復歸自動之性，既無爲之至也。〔註82〕

這是尊重每人人格並意志的想法。

　　其所以要如此主張的理由，可以找到的證據有四則，主要也是一本其自然思想的物之本性自足的理論而來。他說：

　　　足能行而放之，手能執而任之。聽耳之所聞，視目之所見，知止其所不知，能止其所不能。因其自用，爲其自爲。恣其性內而無纖芥於分外，此無爲之至易也。無爲性命不全者，未之有也。……率性而動，動不過分，天下之至易也。〔註83〕

這一則完全發揮本性自足的觀點。另外三則，則本此觀點配合其他理念而成。其一，郭象運用他思想中兩束重要理念；求「所以迹」義與「玄同彼我」義。這是郭象論辯的兩把利刃，詞性均涵有價值判斷的成分。「迹」指的是物之自足本性的糟柏或徒具形式不合精神之意。〔註84〕而「玄同彼我」，指的是人我之間對立之消融的無上境界之意。郭象說：

〔註80〕同前，七十二章，頁36A。
〔註81〕見郭象：《莊子注》，外篇，卷四，在宥十一，頁19A。
〔註82〕見郭象：《莊子注》，外篇，卷四，在宥十一，頁27A。
〔註83〕同前，內篇，卷二，人間世第四，頁18B。
〔註84〕關於「迹」義，可參考湯用彤：《魏晉玄學論稿》（臺北：盧山出版社，民國61年10月初版），頁120～121；賀昌群：《魏晉清談思想初論》（臺北：三人行出版社，民國63年7月初版），頁40～41；牟宗三：《才性與玄理》（臺北：學生出版社，民國64年11月再版），頁187～195。

> 夫劃地而使人循之，其迹不可掩矣，有其己而臨物，與物不冥矣。故
> 大人不明我以耀彼，而任彼之自明，不德我以臨人，而付人之自得。
>
> 故能彌貫萬物而玄同彼我，泯然與天下為一，而內外同福也。〔註85〕

此處的「與物不冥」正好與「玄同彼我」相反。其中，大人使人云云，可知
談的是政治形態中上下權力關係的問題。雖然其中並無「無為」之字眼，但
是從它裏面談的是理想政治形態當如此的意思看來，當屬他主張的無為政治
的推論，應不至有何問題的。其二，郭象說：

> 宥使自在則治，治之則亂也。人之生也，直莫之蕩。則性命不過，
> 欲惡不爽。在上者不能無為，上之所為而民皆赴之。故有誘慕好欲，
> 而民性淫矣。故所貴聖王者，非貴其能治也，貴其無為而任物之自
> 為也。〔註86〕

這番意見，也是說一個人「為」的話，就是踰越了自己自足的本性行事，將
會導致無窮的慾望。在上的國君「為」，難免「上行下效」，在下的百姓也跟
著「為」了，結果，百姓陷入慾望的大海中載浮載沈了。這是一種不「無為」
的話，便會有何害處的思考方式。而最後一則，則是上述兩者理由之綜合：

> 神人無用於物，而物各得自用，歸功名於群才，與物冥而無迹，故
> 免人間之害，處常美之實。此支離其德者也。〔註87〕

揆諸郭象無為政治的內容，有兩點值得注意。其一，規定政府處理民事
的最大範圍僅為照顧百姓之生計。郭象說：

> 夫民之德小異而大同。故性之不可去者，衣食也；事之不可廢者，
> 耕織也。此天下之所同而為本者也。守斯造者，無為之至也。〔註88〕

其二是有關君位權限的劃分，郭象認為君主在位，負責拔取人才，而賦予臣
僚極大便宜之權以完成政務。他曾將君主比成工人，臣僚比成斧頭；工人無
法砍樹，砍樹非靠斧頭不可。這是一種君主有明足以用人，臣下有能足以任
事的構想，而完全合乎自然之理。郭象說：

> 夫工人無為於刻本，而有為用斧。主上無為於親事，而有為於用臣。
> 臣能親事，主能用臣；斧能刻木，而工能用斧。各當其能，則天理

〔註85〕見郭象：《莊子注》，內篇，卷二，〈人間世第四〉，頁19A。
〔註86〕同前，外篇，卷四，〈在宥十一〉，頁17A至B。
〔註87〕同前，內篇，卷二，〈人間世第四〉，頁18A。
〔註88〕同前，外篇，卷四，〈馬蹄第九〉，頁8B。

自然，非有爲也。若乃主代臣事，則非主矣；臣秉主用，則非臣矣。
故各司其任，則上下咸得，而無爲理至矣。〔註89〕

郭象本此譬喻，以說明其君臣權限的劃分的構想。類似這種說辭，有以下四
則：

——夫無爲也，則群才萬品，各任其事，而自當其責矣。〔註90〕

——君任無爲而委百官，百官有所司，而君不與焉。二者俱以不爲
而自得。則君道逸，臣道勞。勞逸之際不可同日而論之也。〔註91〕

——天王不材於百官，故百官御無事。而明者爲之視，聽者爲之聽，
知者爲之謀，勇者爲之扞，夫何爲哉？玄默而已，而群材不失其當。
則不材乃材之，所至賴也。故天下樂推而不厭，乘萬物而無害也。
〔註92〕

——夫在上者患於不能無爲而代人臣之所司，使咎繇不得行其明
斷，后稷不得施其播種。則群才失其任，而主上困於役矣。故冕旒
垂目而付之天下，天下皆得自爲，斯乃去爲而去不爲者也。故上下
皆無爲矣。但上之無爲則用下，下之無爲則自用也。〔註93〕

其中，最後一則講到「天下皆得自爲，斯乃無爲而去不爲者也。」這就超出
了狹義政治的範圍，而涉及世界觀與人生觀了。實際上，郭象的世界觀與人
生觀，是一種無爲政治意義的擴大：

夫無爲之體，大矣。天下何所不爲哉？故主上不爲冢宰之任，則伊
呂靜而司尹矣。冢宰不爲百官之所執，則百官靜而御事矣。百官不
爲萬民之所務，則萬民靜而安其業矣。萬民不易彼我之所能，則天
下之彼我靜而自得矣。故自天子以至於庶人，下及昆蟲，孰能有爲
而成哉！是故彌無爲而彌尊也。〔註94〕

無爲政治是建築在降低君權這一點上，當然不爲當時想要獨攬大權的君主
所喜。他所面臨的反對力量是他所無法抗衡的。但是他並不因喊聲過低而

〔註89〕同前，外篇，卷五，〈天道第十三〉，頁 17B。
〔註90〕同前，外篇，卷五，〈天道第十三〉，頁 15B。
〔註91〕同前，外篇，卷四，〈在宥第十一〉，頁 28A 至 B。
〔註92〕同前，內篇，卷二，〈人間世第四〉，頁 16B 至 17A。
〔註93〕同前，外篇，卷五，〈天道第十三〉，頁 17B。
〔註94〕同前，外篇，卷五，〈天道第十三〉，頁 16A。

不喊：

> 夫能令天下治，不治天下者也。故堯以不治治之，非治之而治者也。今許由方明既治，則無所代之，而治實由堯。故由子治之言，宜忘言以尋其所況。而或者遂云：治之而治者堯也；不治而堯得以治者，許由也。斯失之遠矣。〔註95〕

這是經由堯與許由間的君臣分工關係的典故，郭象認為不可拘泥《莊子》文中表面字義，而誤解堯不行無為政治。事實上，郭象對於《莊子》文中不合其理論系統的言論，都以「得意忘言」（不要太拘泥字義）的手法曲解《莊子》之意而牽就己意。〔註96〕他認為當權者之所以不行無為政治，主要是因有此誤解：

> 夫治之由乎不治，為之出乎無為也，取於堯而足，豈借之許由哉？若謂拱默乎山林之中，而後得稱無為者，此莊老之談所以見棄於當塗，當塗者自必於有為之域而不反者，斯之由也。〔註97〕

其實，郭象把問題看得太過簡單了。

事實上，郭象的無為政治理論，還有一項實行上的困難，他避而不論。對於他所說國君具備聖人之性，擁有選拔人才那分能力，到底只是假定，這分假定固是根據他本性自足的理論而來。從已有的歷史看來，擁有選拔人才那分能力的國君實在太少了。難道這也是一種無法避免的命定？是的。

張湛將反對人為之概念，反映在政治上，當然便是我們所稱的無為政治。他在《列子·仲尼篇》：「不治而不亂，不言而自信，不化而自行。」下，注云：

> 為者則不能化，此能盡無為之極也。〔註98〕

這就是一般所熟知的無為之論了。又說：

> 自賢者即上所謂孤而無輔；知賢則知者為之謀，能者為之使物，無棄才則國易治也。〔註99〕

這就是主張國君當多賦予臣僚權責。

〔註95〕同前，內篇，卷一，〈逍遙遊第一〉，頁6B。
〔註96〕參考湯用彤：《魏晉玄學論稿》（臺北：盧山出版社，民國61年10月初版），頁119。
〔註97〕見郭象：《莊子注》，內篇，卷一，〈逍遙遊第一〉，頁6B。
〔註98〕見張湛：《列子注》，卷五，〈湯問第五〉，頁17B。
〔註99〕見張湛《列子注》，卷八，〈說符第八〉，第3A頁。

　　但是無爲並非張湛最終目標，最終目標當是藉著「無爲」而達到「無不爲」。而這時的「爲」，才不致於違反自然之性。他說：

　　　居宗體備，故能無爲而無不爲也。〔註100〕

這是說合乎自然之要（文中所謂的居宗體備），才能透過無爲，最後才達到「無不爲」。

　　張湛又說：

　　　心既無念，口既無違，故能恣其所念，縱其所言，體道窮宗，爲世
　　　津梁。終日念非我念，終日言非我言。若以無念爲念，無言爲言，
　　　未造於極也。所謂無爲而無不爲者如斯。則彼此之異於何而求？師
　　　資之意，將何所施？故曰：內外盡矣。〔註101〕

這是就境界或過程來看，無不爲才是極致，才是終點。無爲還不是。問題是，無不爲的具體內容爲何，張湛並無說明。

第三節　文化懷疑論

　　以王弼、郭象、張湛爲代表的這一系的魏晉自然思想，對文化的功能抱持保留的態度，呈現著偏離文化範疇以解決問題的傾向；因此，在本質上可以稱之爲文化功能懷疑論。此處所謂的文化，泛指人類爲求適應環境的所有成就，從物質屬性的製作到非物質屬性的價值和規範都在包括之列；具體地說，勉強區分爲三層面：第一層面是器物製作，第二層面是政治體制與社會組織，第三層面是倫理道德規範。〔註102〕這三層面之次第大抵合乎文化發展的先後秩序。但是，王、郭、張三人對於文化的認識，主要著重在相對於原始的此一意義上，比較偏向上述現代學者所說的第二、三兩層面。

　　對西方人而言，人類對於自己文化起懷疑的思想，可能的原因之一就是

〔註100〕見張湛：《列子注》，卷四，〈仲尼第四〉，頁 2B。
〔註101〕同前，卷二，〈黃帝第二〉，頁 4B。
〔註102〕近年國內討論文化問題的學者，大體都很能接受這三層面的畫分。在此不必贅引各書。最習見的一本，爲錢穆：《文化學大義》（臺北：正中書局，民國41 年 1 月初版），其中第三章：文化的三階層，頁 7～23。至於文化功能學派的一代大師已 B. Malinowski 於其《文化論》 *What Is Culture*（重慶商務印書館，有費孝通等人之譯本，民國 33 年 7 月初版）之中，認爲文化有四方面，即物質設備、精神方面的文化、語言、社會組織。吳文藻認爲語言可併入精神方面的文化中。見費氏等譯本，頁 80。

懷念原始洪荒之情的延伸或激發。這種「念舊之情」似乎並不隨著人類文化成就的成長而遞減，反而如在有增無已之中；而成了近代西方一些文學作品中常見的主題之一——返樸歸真的思想。〔註103〕換言之，中國魏晉時代的文化功能懷疑論，可以與近代西方文學界取得共鳴；惟兩者最大的歧異點，是中國思辯性甚濃，西洋反是而著重情感性。就中國文化功能懷疑論而言，魏晉時代的並不算「千古絕唱」，仍可向上追溯到先秦時代的老、莊思想之中；亦即，此一思想誕生於先秦時代之後，便沈靜了相當時期，直到魏晉時代才又引起注意；所不同的，魏晉僅止於懷疑文化功能，而先秦則越此而達否定文化，遂變成如勞思光所言的「文化否定論」〔註104〕我們若專從同樣反映此一思想的時代相同點——重重危機——上看，似乎可以這麼說：時代弊病之叢生，前途之多艱，難免令人興起懷疑整個文化系統是否具有意義的問題。當然這只是筆者的猜測之辭，因為時代的危機重重與文化功能懷疑論的產生，兩者之間缺乏堪稱堅固的必然關係；中國許多危機重重的時代並不產生文化功能懷疑論。也許裡面涉及危機程度的問題——危機要到什麼地步才能產生文化功能懷疑論，如此，不但更難以進行辯解與分析，而且還患了以唯一因素解釋複雜歷史現象的毛病。

揆諸中外歷史，人類很本不會有過成功地運用此想法實現於現實世界，將來有無實現之日，我們不敢說；至少就目前而言，是不可能的。尤其在今天認同文化功能意識仍然很高的中國，更是不可能。今天全世界的有心之士，大抵都在積極並樂觀地建設屬於我們這一代的文化——完全與文化功能懷疑論背道而馳。至此，我們不禁要問：為何魏晉時代的中國會有人提出這種不太可能實現的思想，而且堅信不已認為有可能實現？本書很想藉由內緣的觀

〔註103〕十九世紀以來一些歐美小說家和詩人的作品，像 Conrad Joseph *Heart of Darkness*, D. H. Lawrance *The Rainbow*, Herman Melville *Moby Diek*, W.B. Yeats *Two Songs from a Play*, T.S. Eliot *The Waste Land* 等等，喜歡處理摒棄文明的心願為其主題，或描寫深入蠻荒，或以象徵筆法以寄託懷古之思，或以遠古神話以與原始世界取得內在的共鳴；這些，西方文評家稱之為「原始主義」(primitivism)。有關探討西方原始主義的書，臺灣尚可找到 Michael Bell *Primitivism* 一書的譯作——張實源譯，由臺北黎明文化事業公司出版。

〔註104〕見氏作：《中國哲學史第一卷》（臺北：華世出版社，民國 64 年 6 月初版），第 170、208、209 等頁。此外，林毓生於其〈五四新文化運動中的反傳統思想〉一文中，說：「道家主張宇宙萬物皆生於『無』，社會與道德秩序的起源無法在這是激烈的否定主義哲理中尋得解答。」該文發表於《中外文學》三卷，12 期，民國 64 年 5 月出版。

點嘗試加以解決（藉由外緣的考察，本節論及王弼之處多少説了一點），但尚未成功。難道說，人類歷史上愈是不會實現過的想法，堅信此一想法的人愈是躍躍欲試，而忽略了其可行性的反省？事實上，就人心理言，人對於不曾實驗過的即使眞正不具可行性的構想，大抵是不甘心在未經實驗過便捨棄的。然而，王、郭、張三人思辯性太強而幾乎無個人情感宣洩的「註作」，卻不適合筆者採取心理學的觀點去解決此一難題。

　　由於王弼對《老子》一書的推崇，所以，當他說：「老子之書，其幾乎可一言而蔽之。噫！崇本息末而已矣。」〔註105〕時，無異即在假老子之口，宣告人類歷史的發展，長期以來處在一種本末倒置的尷尬危機之中。爲了挽救這種危機，他建立了一種新的價值標準（體系），謀篡雄踞人類歷史發展的中心地位多年的傳統文化的寶位，以奪其主宰人類命運的大權。王弼這種重新將人類歷史發展安頓在一新的座標上的企圖，並非他一人所獨有，而是代表當時相當廣泛的心靈渴望。〔註106〕王弼只是充當他們立論的最佳代言人，並爲他們設計出此一新座標以滿足其渴望。王弼爲此新座標尋求並建構一個新的中心，以取代舊有的改造世界必須基於人類既有成就傳統文化——此一中心；並將決定其存在的可能以及運作之有意義，完全操持在這個新的中心手裡。〔註107〕因此，與其說王弼所建構的新座標及其新中心是針對已接受文化

〔註105〕見王弼：《老子微旨例略》。

〔註106〕同時的何晏（著有「道論」、「德論」、「無名論」）、裴徽（據《三國志》（臺北藝文版），《魏志》，卷二十九，〈管輅傳〉，頁697上，裴松之注引〈管輅別傳〉，說裴氏「每論易及老莊之道，未嘗不注精於嚴瞿之徒也。」）、鐘會（著有《老子注》）、阮籍（著有《通老論》、《達莊論》）、嵇康（據其〈與山巨源絕交書〉云「……不涉經學，又讀老莊，重增其放。……老子、莊周是吾師也。」。）等人亦喜好《老子》之書。筆者以爲以上諸人在學術上有一共同興趣，實表示對於時局，亦有一異於一般固守儒家經典的知識分子的共同想望。我這種推論是很能符合美國學者齊納尼基 Florion Znaiecki 所提的「社會圈」（social circle）論：「社會圈向思想家提出某些要求，一旦思想家能夠滿足其社會圈的要求，他便會繼續獲得該社會圈的喝采和支援。」（見洪鐮德：《現代社會學導論》，臺北商務印書館，民國63年10月二版，頁117）揆諸王弼生前大受傳誦、何晏所激賞，而其圈內人的郭象被譽爲：「王弼之亞」（據《世説新語校箋》（臺北明倫版），上卷，文學第四，頁158，劉注引《文士傳》，言郭象「時人咸以爲王弼之亞。」），可知王弼爲該圈內之翹楚。

〔註107〕王弼：《老子微旨例略》云：「……故其（指《老子》一書）大歸也，論大始之原，以明自然之性；演幽冥之極，以定惑罔之迷。因而不爲，損而不施，崇本以息末，守母以存子。」，再者，其《老子注》，第三十八章，第4A至B

洗禮的人類社會（即名教世界）加以厭棄與否定，毋寧說是王弼想改變浸潤在文化中的人們對既有文化的過份仰仗之心。他一再強調人類既有成就——偏在文化中的道德層次——並不是中心屬性之物的「本」，它所應有的地位只是外於以及次於中心的「末」。〔註108〕這個人類歷史發展的新的座標體系，以及主宰人類命運的此一新的中心的建構，無殊於規畫一幅人類美好新世界的藍圖。

王弼隨即展開一系列的使此一藍圖理由化的奮鬥。為了使此一奮鬥期於有成，王弼研究以往先秦諸子中重要的幾家的學術成果。經過一番詳慎的評估之後，認為儒、墨、名、法、雜五家思想全都處在王弼認為的舊有中心的執著上；只有道家擺脫這種執著的糾纏。〔註109〕所以，道家的路徑成了他體現理由化的思想泉源。儘管王弼取具有一些退出社會，否定時代使命的思想成分的道家經典——老子——加以注解，但是它卻一反道家所為，懷抱儒家

頁云：「……仁義，母之所生，非可以為母……捨其母而用其子，棄其本而適其末……雖極其大，必有不周，雖盛其美，必有憂患。」；可見人類文化中的道德（王弼具體分開講成「仁義」），只是王弼所建的「新中心」（王弼謂之本，或母）所從出的「子」或「末」；它的存在，完全是全「新中心」的決定，所謂的「守母以存子」。

〔註108〕王弼：《老子微旨例略》云：「夫形以檢物，巧偽必生；名以定物，理恕必失；譽以進物，爭尚必起；矯以立物，乖違必作；雜以行物，穢亂必興。斯皆用其子，而棄其母。物失所載，未足守也。」；又，同書云：「故竭聖智以治巧偽，未若見質素以靜民。欲興仁義以敦薄俗，未若抱朴以全篤實。多巧利以興事用，未若寡私欲以息華競。故絕司察，潛聰明，去勸進，剷華譽，棄巧用，賤寶貨；唯在使民愛欲不生，不在攻其邪也。故見素朴以絕聖智，寡私欲以棄巧利。皆出崇本以息末之謂也。夫素朴之道不著而好欲之美不隱，雖極聖明以察之，竭智慮以攻之，巧愈思精，偽愈多變，攻之彌甚，避之彌勤，則乃愚智相欺，六親相疑，朴散真離，事有其姦，蓋捨本而攻末，雖極聖智，愈致斯災，況術之下此者乎。」；又，同書：「夫聖智才之傑也，仁義行之大者也。巧利用之善也。本苟不存而興此三美。」諸說的反對看來，可知，他將創造文化的聖智，以及文化中道德意義的仁義，視為次於中心（即他所謂的本或母）的「末」。

〔註109〕王弼對於儒、墨、名、法、雜五家的駁斥，見其《老子微旨例略》：「而法者尚乎齊同，而刑以檢之；名者尚乎定真，而名以正之；儒者尚乎全愛，而譽以進之；墨者尚乎儉嗇，而矯以立之；雜者尚乎眾美，而總以行之。……然致同塗異，至合趣乖；而學者惑其所致，迷其所趣。觀其齊同則謂之法；觀其定真則謂之名；察其純愛則謂之儒；鑒其儉嗇則謂之墨；見其不係則謂之雜。隨其所鑒而正名焉，順其所好而執意焉。故使有紛紜憒錯之論，殊趣辯拁之爭，蓋由斯矣。」

高度的社會參與感以及時代使命意識。於是乎，古典成了找尋改革理由或是提供靈感的淵泉。這是因為在基本上，他同意人類社會秩序的維護，有賴上下階層的設置。（按：對於上下階級的設置，王、郭兩氏均主張要有權力作基礎；張氏則不以為然，認為只要上下名分關係即可）這與儒家核心主張之一：「勞心者治人，勞力者治於人。」（孟子語）同一步調。王弼並不因反對儒家堅持「舊有中心」而故意與儒家其他各種立論唱反調。

王弼將「舊有中心」安排在他建構的新座標的次要地位的想法，是一種對人類文化功能貶抑得足以驚世駭俗的表示。其所以如此的理由，若從外緣來加以考察，不難發現有兩件客觀的事實，在理論上很可以使他採擇此一想法。

第一，追尋儒家理想並力圖實踐的政權——漢帝國——的崩解，難免使人懷疑儒家一些中心信念，包括以道德和法律維護人類社會秩序的文化行為，進而導致人們對上述文化行為產生不值採信的情緒甚至想法。要知儒家對於堅持王弼所認為的舊有中心最力。既然舉世公認奉行以道德和法律維護社會秩序成功的政權，最後不僅無法克盡其維護之職，而且「以身殉之」。那麼，在人類文化體系中從事各種興革的考慮，是完全沒有必要的。

第二，緊接漢朝之後的魏朝經曹操、曹丕、曹叡、曹芳祖孫四代的苦心擘劃，政治上走的是「亂世用重典」的法家路線。其實政治圈中仍承漢末法家政論抬頭的餘緒，一直在熱烈討論如何使形名之學運用在政治上，藉以強化法家政治的功能。這是在促使一種理想——如何使舉世的真正人才盡納入政治權力運作結構中——實現的努力。但這種努力似乎功效不著，因而證明是枉費心機。王弼曾受何晏賞識，推薦給當時專政的曹爽。不想王弼第一次與曹爽見面，便大談他的理論，而為曹爽所輕。〔註110〕可見他與當時當權派的心態是有所背離的。他的宦途失意亦與此不無關連。而王弼即死於曹爽集團傾覆那一年——正始十年（西元249年），享年才二十四歲。

〔註110〕見陳壽：《三國志》（臺北藝文版，盧弼集解本），《魏志》，卷二十八，〈鍾會傳〉，第681頁上，裴注引何劭：〈王弼別傳〉云：「晏既用……又議用弼……以弼補台郎。初除，覲爽，請間爽屏左右，而弼與論道，移時無所他及。爽以此嗤之。」此又可見王弼之注老，不在尋一「無為」以用作支持曹爽專政的理論根據。他實在是針對傳統中國皇帝制度作通則性的評論。從而證知湯用彤、任繼愈合著的《魏晉玄學中的社會政治思想略論》（上海：人民出版社，1956年2月初版），其言論之有問題。

　　前述曾提及王弼有過站在純理論立場對儒、墨、名、法、雜五家思想，作歷史性的回顧，並作綜合評估。而事實上，他親歷以儒家之道立國的漢朝傾覆於其降生前不久在先，接著又身預謀以法、名二家思想解決時代困境的魏朝結果效果不佳於後，這種實際的經歷很能強化他對自己提出的主張深具信心。

　　前述講過神或聖人要無所爲而使人民不覺其存在，王弼稱之爲「上德之人」，反之則爲「下德之人」：

> 是以上德之人，唯道是用，不德其德，無執用用，（按：據牟宗三，「用」字當作「爲」。見其《才性與玄理》，頁 165）故能有德而無不爲。不求而得，不爲而成。故雖有德而無德名也。下德求而得之，爲而成之，則立善以治物，故德名有焉。求而得之，必有失焉。爲而成之，必有敗焉。善名生則有不善應焉。〔註111〕

這是說，「上德之人」只求「實至」，不管「名歸」；「不德之人」爲求「名歸」，則挾有目的性，以致不能「實至」，加之，落入相對環界中，有得必有失，有成必有敗，有了好名聲後，壞名聲也就接踵而至。王弼接著又說：

> 故下德爲之而有以爲也。無以爲者，無所偏爲也。凡不能無爲而爲之者，皆不德也，仁義禮節是也。〔註112〕

這就認定「仁義禮節」是一種出於人爲的結果，合該不要，這就與「文化否定論」有關了。實際上，我們若再往下看王弼所言，即知不是此等意思。以下王弼藉「無爲」觀念反省道德問題時，產生另一種意思。王弼在《老子》三十八章：「上德不德，是以有德；下德不失德，是以無德。上德無爲而無以爲，下德爲之而有以爲，上仁爲之而無以爲，上義爲之而有以爲，上禮爲之而莫之應，則攘臂而扔之。故失道而後德，失德而後仁，失仁而後義，失義而後禮。夫禮者，忠信之薄而亂之首。前識者，道之華而愚之始。是以大丈夫處其厚，不居其薄；處其實，不居其華。故去彼取此。」下，注云：

> （一）本在無爲，母在無名。棄本捨母，而適其子，功雖大焉，必有不濟，名雖美焉，僞亦必生。不能不爲而成，不興而治，則乃爲之。
>
> （二）故有宏普博施仁愛之者，而愛之無所偏私。故上仁爲之而無

〔註111〕見王弼：《老子注》，三十八章，頁 1B 至 2A。
〔註112〕同前，頁 2A。

以為也。愛不能兼，則有抑抗正真而義理之者。忿枉祐直，助彼攻此。物事而有以心為矣。故上義為之而有以為也。直不能篤，則有游飾修文禮敬之者。尚好修敬，校貴往來，則不對之間，忿怒生焉。故上禮為之，而莫之應，則攘臂而扔之。

（三）夫大之極也，其唯道乎？自此已往，豈足尊哉？故雖盛業大富，而有萬物，猶各得其德。雖貴以無為用，不能捨無以為體也。（按：牟宗三將「捨」解為「居」，見其《才性與玄理》，以下稱氏作，用亦可解通，實不必要由「捨」而「舍」，由「舍」而「居」）不能捨無以為體，則失其為大矣。所謂失道而後德也。以無為用，德其母。故能己不勞焉，而物無不理。下此已往，則失用之母。不能無為而貴博施。不能博施而貴正直。不能正直而貴飾敬。所謂失德而後仁。失仁而後義，失義而後禮也。

（四）夫禮也（按：據牟宗三，「也」當作「之」，見氏作，頁166）所始；首於忠信不篤，通簡不陽。（按：據牟宗三，「陽」當作「暢」，見氏作，頁166）責備於表機微爭制。夫仁義發於內，為之猶偽。況游外飾而可久乎？故夫禮者，忠信之薄，而亂之首也。

（五）前識者，前人而識也，即下德之倫也。竭其聰明以為前識，役其智力以營庶事，雖德其情，姦巧彌密。雖豐其譽，愈喪篤實。勞而事昏，務而治薉，雖竭聖智，而民愈害，舍己任物則無為而泰。

（六）守夫素樸，則不順典制。聽彼所獲，棄此所守，識道之華而愚之首。（按：據牟宗三，「識」字於義不順，當作「誠」，見氏作，頁 167）故苟得其為功之母；則萬物作焉而不辭也。萬物存焉而不勞也。

（七）用不以形，御不以名。故仁義可顯。禮敬可彰也。夫載之以大道，鎮之以無名。則物無所尚，志無所營。名任其貞（真？），事用其誠。則仁德厚焉。行義（誼？）正焉。禮敬清焉。棄其所載，舍其所生，用其成形，役其聰明，仁則誠焉（按：

據牟宗三，「誠」字當作「薄」，見氏作，頁 167）。義其競焉，
禮其爭焉，故仁德之厚，非用仁之所能也。行義（誼）之正，
非用義之所成也。禮敬之清，非用鐘之所濟也。載之以道，
統之以母。故顯之而無所尚，彰之而無所競。用夫無名，故
名以篤焉。用夫無形，故形以成焉。守母以存其子，崇本以
舉其末，則形名俱有，而邪不生。大美配天，而華不作。故
母不遠，（按：據牟宗三，「遠」當作「違」，見氏作，頁 167）
本不可失。仁義，母之所生，非可以為母。形器，匠之所成，
非可以為匠也。捨其母而用其子，棄其本而適其末。名則有
所分，形則有所止。雖極其大，必有不周。雖盛其美，必有
憂患。功在為之，豈足處也？〔註113〕

王弼這番意見，由於太長，故分段如前述，茲逐一加以疏解。第一段，王弼
認為，「無為」是「本」，「無名」是「母」；而人類文化的第三層面——道德
禮法——只是「本」和「母」所從出之「末」和「子」。如果捨棄「本」和
「母」，而專講究道德禮法；即使有所作為得功勞再大，終究必會無法成事，
培植聲譽得名望再好，終究虛偽也必會產生。由於不遵從「無為」，因此才
創出道德禮法以補偏救弊。這就與《老子》十八章：「大道廢有仁義」如出
一轍，王弼於其下注云：「夫無為之事，更以施慧立善道進物也。」〔註114〕
也是這個意思。

第二段，大意是說仁、義、禮節三者，是在「每下愈況」情形之下逐一
轉生而出的。換言之，如果將仁、義、禮節當成一種對策的話，是無法徹底
解決問題的，只是徒然不斷在制作新對策，然而，問題依舊不知伊於胡底。

第三段，王弼以大小比較的觀點，來證明道、德、仁、義、體五者是呈
現一種由大至小的逐漸下降的排列秩序。他認為「道」是無窮大，因為它有
「無」的作用以決定萬物。而「德盛業大，富有萬物」的人（想必是國君）
屬於「德」的層次，但由於他受「無」的宰制，無法脫離「無」作為他的本
體，所以他不算是大。不過，「德」到底尚屬「母」（按：有決定者，產生者
之意）的一種，其下的仁、義、禮就不是了。〔註115〕

〔註113〕同前，頁 2A 至 4B。
〔註114〕同前，十八章，頁 16A。
〔註115〕本段，何啓民於其《魏晉思想與談風》，頁 87，與我有不同之解釋。

　　第四段，顯然王弼的價值觀是內高於外的。所以屬於內的仁義，王弼認為依仁義而行會流於作僞；於是，低於內的屬於外的禮，當然更是不濟於事了。因而據以推論出老子所言：「夫禮者，忠信之薄，而亂之首也。」此處的推論，其說服力甚是薄弱。

　　第五段，借「前識者」一辭，以發揮其聰明或智力均無濟於事之說，不如任物自行處理，這也便是王弼據自然之理的無爲說辭。

　　第六段，在說無爲便可得道，得道便有何益處。似乎與王弼所要解釋的「誠道之華，而愚之首。」無關。

　　第七段，是說，仁、義與禮敬的彰顯，不是以感官經驗可以掌握的現象，而是以超現象的大道作用來的；〔註116〕以及不是由可命名之物而是由不可命名之物運作來的。〔註117〕如此才不會有目的性（所謂物無所尚，志無所營），

〔註116〕關於自然之理非感官經驗所能掌握之證據，可見如下數則：（一）王弼：《老子注》，十二章，頁10A：「夫耳目口心，皆順其性也，不以順性命，反以傷自然，故曰：聾盲爽狂。」；（二）同書，十四章，頁11B：「無狀無象，無聲無響，故能無所不通，無所不往，不得而知。更以我耳目體，不知爲名，故不可致詰，混而爲一也。」；（三）同書，十七章，頁16A：「自然其端兆，不可得而見也，其意趣不可得而觀也。」；（四）同書，二十三章，頁21B：「聽之不聞名曰希。下章言道之出言談兮，其無味也，視之不足見，聽之不足聞，然則無味不足聽之言，乃是自然之至言也。」；（五）同書，四十一章，頁7B：「聽之不聞，名曰希，不可得之音也；有聲則有分，有分則不宮不商矣。分則不能統衆，故有聲者非大音也。」；（六）同書，四十一章，頁7B：「有形則有分，有分者不溫則炎，不炎則寒。故象而有形者非大象也。」；（七）同書，四十一章，頁8A；「凡此諸善皆是道之所成也。在象則爲大象，而大象無形。在音則爲大音，而大音希聲。物以之成而不見其成形，故隱而無名也。貸之非唯供其乏而已，一貸之則足以永終其德，故曰善貸也。成之不如機匠之裁無物，而不濟其形，故曰善成。」

〔註117〕關於王弼無名之論，可參見何啓民：《魏晉思想與談風》（臺北：中國學術獎助魏員會，民國56年3月初版），頁86；牟宗三：《才性與玄理》（臺北：學生書局，民國64年11月再版），頁137〜139，150，152，153；唐君毅：《中國哲學原論——原道篇：貳》〈香港：新亞研究所，民國65年8月修訂再版），頁363〜367。唯容肇祖將何晏、王弼的「無名」，逕視爲政治上之名質問題，認爲是不尚虛名，而重實功之意。見其《魏晉自然主義》（臺北：商務印書館，民國59年8月臺一版），頁13，26。個人不贊成此說。再者，王弼無名的另一種意思，可見其《論語釋疑》（引見皇侃：《論語集解義疏》，臺北藝文印書館，《無求備齋論語集成》，冊三，卷四，第34B頁：「大哉，堯之爲君也。」章）云：「夫名所名者，生於善有所章，而惠有所存。善惡相須而名分形焉。若夫大愛無私，惠將安在？至美無偏，名將何在？故則天成化，道同自然。不私其子而君其臣，凶者自罰而善者自功。

從而萬物各自完成其應有之本分，其所成就之事功不至流於虛偽。仁、義與禮因此順利地遂行於人間。反之則否。仁、義與禮的功能之發揮，不是決之於「用仁」、「用義」與「用禮」句，而是決之於其承載之「道」，宗統之「母」。因爲在由超感官經驗的、不可命名之物作用之下，各種可以命名之物的存在才有意義；在由超感官經驗的不可掌握之現象作用之下，各種可以掌握之現象才成爲可能。王弼認爲超現象具有「道」屬性的「無形」和「無名」是母是本，〔註118〕而仁、義與禮只是其所從出之子之末。

　　屬於子與末之物其成爲可以掌握之現象以及可以命名的可能性與有意義，決定於是否遵循屬於母與本的「道」。文中「而邪不生，大美配天，而華不作」云云，係合乎這種原理的價值判斷之辭。爲了強調不可違背母，不可失卻本；他將母喻成工匠，仁義喻成器具；仁義由母所生之子，一如器具由工匠所製成，而器具不可取代工匠之地位，亦一如仁義不可當成母。如果將子與末之物當作母與本之物，那麼，即使效果顯著，必然有「不周」和「憂患」之後果產生。因爲這一切都在反「無爲」，所以不足採擇與取信。實際上，王弼亦曾在另一處大加宣揚「無形」、「無名」之可行性：

　　　無形無名者，萬物之宗也，雖今古不同，時移俗易，故莫不由于此，
　　　以成其治者也。故可執古之道以御今之有。上古雖遠，其道存焉。
　　　故雖在今可以知古始也。〔註119〕

由於此處王弼的口氣太像「託古改制」者的手法，因此極易令人產生王弼不反對歷史文化之誤解。事實上，他著眼的仍是他念念不忘的「道」，而不是在講太古時代歷史文化才是人類理想所在（按：即文中的「古之道」）

　　由上述對於第一、第七兩段引文的疏解看來，王弼毫無反對仁義禮節的

　　　功成而不立其譽，罰加而不任其刑，百姓日用而不知所以然，夫又何可名也？」
〔註118〕同樣的意見又可見於其《老子微旨例略》，其中有云：「夫物之所以生，功之所以成，必生于無形，由乎無名。無形無名者，萬物之宗也。」；同書另處又云：「夫不能辯名則不可與言理。不能定名則不能與論實也。凡民生於形，未有形生於民者也。故有此名，必有此形。有此形必有其分。仁不得謂之。聖智不得謂之。仁則各有其實矣。」
〔註119〕見王弼：《老子注》，十四章，第12A頁。同理又可見其《老子微旨例略》：「雖古今不同，時移俗易，此不變也。所謂自古及今，其名不去者也。天不以此則物不生；治不以此則功不成。故古今通，終始同，執古可以御今，御今可以知古始。」

居心，而只是視之為次於道（按：即自然之理）之物。而且，仁義禮節無法單獨存在，而必須仰賴道的陰庇，其功能和意義才能顯現。所以，我們若以文化在人類歷史發展上只居其次的地位，此一想法作為王弼思想的標籤，是相當切合實情的。

　　郭象說：

　　　　自三代以上，實有無為之迹。無為之迹，亦有為者之所尚也，尚之則失其自然之素。故雖聖人有不得已，或以槃夷（謂創傷也）之事易垂拱之性，而況悠悠者哉？〔註120〕

這番意見很清楚地表示郭象對歷史採否定之想法，認為歷史中並沒有可以仿效之對象，即在曾經實行過無為政治的「三代以上」，也不值得取法，大異儒家之萬分尊崇「三代以上」之歷史。其理由是有過實行無為政治的「三代以上」，所遺留給後人的並非那無為政治之精神所在（所謂所以迹也），而是徒具形式之糟粕（所謂迹也），如果加以效法（所謂尚也），便會喪失原來自足之本性（所謂自然之素）。後代的帝王（即文中所指之聖人）失察，在政治上作了許多傷害本性之事，無為（所謂垂拱）之本性也就失去了。

　　否定了歷史，便是否定歷史上之人及其所為，人當然包括有貢獻的人，所為當然也將創制垂統方面算在內，如此十足的文化否定論乃告成立。先看他對歷史上有貢獻的人的否定。他將否定的焦點完全集中在中國史上最有地位的「三代以上」的三位帝王上。第一位是黃帝，他說：

　　　　夫黃帝所為仁義也，直與物冥，則仁義之迹自見。迹自見則後世之心必自殉之，是亦黃帝之迹使物攖。〔註121〕

第二位則是堯，他說：

　　　　夫堯雖在宥（實也）天下，其迹則治也。治亂雖殊，其於失後世之恬愉，使物爭尚，畏鄙而不自得則同耳。故譽堯而非桀，不如兩忘也。〔註122〕

第三位則是舜，他說：

　　　　夫有虞氏之與泰氏，皆世事之迹耳，非所以迹也。所以迹者，無迹也。世孰名之哉？未之嘗名，何勝負之有邪？然無迹者，乘群變，

─────────────────

〔註120〕見郭象：《莊子注》，外篇，卷四，〈駢拇八〉，頁 5A。
〔註121〕同前，卷四，〈在宥十一〉，頁 20A。
〔註122〕同前，卷四，〈在宥十一〉，頁 17B。

履萬世，世有夷險，故迹有不及也。〔註123〕

關於堯舜，他仍有一番意見：

> 夫堯舜帝王之名，皆其迹耳。我寄斯迹而迹非我也。故駭者自世世
> 彌駭，其迹愈粗。粗之與妙，自塗之夷險耳。遊者豈常改其足哉？
> 故聖人一也，而有堯舜湯武之異。明斯異者，時世之名耳，未足以
> 名聖人之實也。故夫堯舜者，豈直一堯舜而已哉？是以雖有欣愁之
> 貌！而所以迹者，故全也。〔註124〕

以上四則之意見，大同小異，主要在強調聖人本人在本質上是合於自然的「所以迹」這一方面的，但是他在受到世人尊崇並加以效法時，世人所效法到的只是不合自然的「迹」，這就是郭象要否定聖人的理由。最為人所嚮往的「三代以上」，以及為當時所推尊的聖人諸如黃帝、堯、舜等人，他都不看在眼裡，遑論「三代以下」了。果然，郭象這麼說：

> 忘賞罰而自善，性命乃大足耳。夫賞罰者，聖王之所以當功過，非
> 以著勸畏也，故理至則遺之，然後至一可反也。而三代下文遂尋其
> 事述，故匈匈焉與迹競逐，經以所寄為事，性命之情，何暇而安哉？
> 〔註125〕

此處，顯示他並不反對刑罰，但是由於刑罰實行的結果變了質，在至一（即自然之性）不可得的情況下，他不得不考慮刑罰的廢棄，這層意思下文會討論到。

郭象對於不了解「迹」與「所以迹」的腐儒，深為痛心，遂不得不加以指摘：

> 由腐儒守迹，故致斯禍。不思捐迹反一，而方復攘臂用迹以治迹。
> 可謂無愧而不知恥之甚也。〔註126〕

由於「迹」與「所以迹」的認識錯誤，遂造成政治上反淘汰的悲劇，實實在在的人不得一展抱負，而一些崇尚形式的人卻利用「迹」來破壞世界秩序，他這種論斷可能真有所見，而有感而發的：

> 斯迹也，遂攖天下之心，使奔馳而不可止。故中知以下，莫不外飾
> 其性以眩惑眾人，惡直醜正，蕃徒相引，是以任真者失其據，而崇

〔註123〕同前，內篇，卷三，〈應帝王七〉，頁18B。
〔註124〕同前，外篇，卷四，〈在宥十一〉，頁20B。
〔註125〕同前，頁18B。
〔註126〕同前，頁21B。

　　　　僞者竊其柄。於是主憂於上，民困於下矣。〔註127〕
最可惡的是這些崇尚形式的人，把世界破壞了之後，他才試圖要恢復世界秩
序，並出之以類似「解民於倒懸」的冠冕堂皇的說辭：

　　　　兼愛之迹可尚，則天下之目亂矣。以可尚之迹，蒿令有患而遂憂之，
　　　　此爲陷人於難，而後拯之也。然今世正謂此爲仁也。〔註128〕
這真算是仁心仁行嗎？而一般人竟以爲是，郭象最後一句話說得多沈重。
　　　再看郭象對文物制作的否定。郭象說：

　　　　夫聖迹旣彰，則仁義不真，而禮樂離性，徒得形表而已矣。有聖人
　　　　自有斯弊，吾若是何哉？〔註129〕
可見他並不反對禮樂仁義，而反對的只是失其本質之禮樂與仁義。又說：

　　　　信行容體，而順乎自然之節文者，其迹則禮也。〔註130〕
此處是說禮不具有自然之性。這不就自相矛盾了嗎？再看：

　　　　禮者，非爲華薄也；而華薄之興，必由於禮。〔註131〕
此處，就沒有講禮的本性到底合不合乎自然，只講有了禮之後便產生虛僞之
風氣之弊病，儘管這並非禮之本意。前述的矛盾，郭象不知是否注意到則不
得而知，但至少不見他有自圓其說之說辭出現。郭象盡發揮他由禮致僞之弊
的意見：

　　　　禮有常則，故矯效之所由生也。〔註132〕
此處，郭象在《莊子・馬蹄第九》：「故純樸不殘，孰爲犧樽？白玉不毀，孰
爲珪璋？道德不廢，安取仁義？性情不離，安用禮樂？五色不亂，孰爲文采。
五聲不亂，孰應六律？」下，注云：

　　　　凡此皆變樸爲華，棄本崇末，於其天素有殘廢矣，世雖貴之，非其
　　　　貴也。〔註133〕

〔註127〕同前，頁21A。
〔註128〕同前，外篇，卷四，〈駢拇八〉，頁3B。
〔註129〕同前，外篇，卷四，〈馬蹄九〉，頁9A。
〔註130〕同前，外篇，卷六，〈繕性十六〉，頁1B。
〔註131〕同前，內篇，卷二，〈德充符五〉，頁24B。
〔註132〕同前，外篇，卷七，知北遊二十二，頁25A。當注意的是，其所注的莊文是：
　　　　「仁可也，義可虧也，禮相僞也。故曰：失道而後德，失德而後仁，失仁而
　　　　後義，失義而後禮。禮者，道之華而亂之首也。」正是《老子》第三十八章
　　　　經文的一部分。
〔註133〕見郭象：《莊子注》，外篇，卷四，〈馬蹄九〉，頁9B。

這是說，姦生才防姦，乃事後設防，如此防不勝防；不如事先預防，才是根本之計。語云：「道高一尺，魔高一丈」，任憑你道高至與魔等高之一丈時，魔已高達一丈二矣。

　　基於與反對禮一樣的理由，郭象也反對仁義，郭象說：

　　　夫與物無傷者，非爲仁也，而仁迹行焉；令萬理皆當者，非爲義也，而義功見焉。故當而無傷者，非仁義之招也，然而天下奔馳，棄我殉彼，以失其常然。故亂心不由於醜，而恒在美色；撓世不由於惡，而恒由仁義，則仁義者撓天下之具也。〔註134〕

這番意見是說，在人們自足之本性中自有「與物無傷」與「萬理皆當」之德性，但當德性被命名爲仁、義等屬於含有眞善意味的價值判斷之詞後，仁義的行徑只是爲了滿足社會讚賞的企圖，而非「德性」的行爲了。而仁義之名卻成了破壞世上眞善的工具了。又說：

　　　謂仁義爲善，則損身以殉之，此於性命，還自不仁也。身且不仁，其如人何？故任其性命，乃能及人，及人而不累於己，彼我同於自得，斯可謂善也。〔註135〕

這就說到仁義屬於含有眞善意味的價值判斷之詞，遂有人爲了獲得仁義之美名而不惜犧牲生命（所謂殺身成仁）。郭象認爲這種行爲對他本人來講並不仁，因此他反問地說：對自己都不仁了，還能對他人仁嗎？必須保全生命，才能發揮自足之本性，使人我都能自得其所處，這才稱得上美好。再看，這段文字中的「損身以殉之」如解成，放棄自己自足之本性，而追求仁義之名，倒也不妨害郭象之中心旨意所在。

　　郭象說：

　　　桁楊（刑具也）以接槢爲管，而桎梏以鑿枘爲用。聖知仁義者，遠於罪之迹也。迹遠罪，則民斯尚之，尚之則矯詐生焉。矯詐生而禦姦之器不具者，未之有也。故棄所尚則矯詐不作，矯詐不作，則桁楊桎梏廢矣，何鑿納接槢之爲哉？〔註136〕

這是說老百姓爲免受社會之制裁才崇尚仁義，可見崇尚仁義是被迫的；而不是自動自發的、發乎眞心的。而表面是仁義道德，實際是矯詐作僞。針對矯詐作

〔註134〕見郭象：叮莊子注」，外篇，卷四，〈駢拇八〉，頁 4B。
〔註135〕同前，外篇，卷四，〈駢拇八〉，頁 6B。
〔註136〕同前，外篇，卷四，〈在宥十一〉，頁 21B。

偽之弊,遂有防止姦宄的刑罰設施。根本解決之道,在避免對仁義道德的崇尚,如此便無矯詐作偽之情事;沒有矯詐作偽之情事,當然,也就不需要各種防止姦宄的刑罰設施了。這等於在說刑罰完全是多餘的。郭象所擔心的是由於聖人所制定的法律,其運作的是否得當,完全決之於使用者。〔註137〕郭象說:

> 夫聖人雖不立尚於物,而亦不能使物不尚也。故人無貴賤,事無眞偽,苟效聖法,則天下吞聲而闇服之。斯乃盜跖之所至賴,而以成其大盜者也。〔註138〕

這是說聖人立了法要大家遵守,結果反而便宜了那些暴君,暴君利用人民的守法爲所欲爲,人民只能吞聲忍氣服從到底。法律本來是用作懲處大盜的工具,現反過來爲大盜式的國君服務,成爲濟惡的武器。郭象說:

> 言暴亂之君亦得據君人之威以戮賢人,而莫之敢亢者,皆聖法之由也。向無聖法,則桀紂焉得守斯位而放其毒,使天下側目哉?〔註139〕

畢竟爲暴君服務的法律,正是大家所尊崇的往古聖人所制定的,誰也不敢反對。郭象爲免暴君的恃法爲惡天下,他主張廢棄爲聖人所發明的法律制度。他也曉得這麼作,會使人擔心沒有法律的世界,盜賊更加肆無忌憚。他不以爲然地認爲:

> 夫聖人者天下之所尚也,若乃絕其所尚,而守其素朴,棄其禁令,而代以寡欲,此所以掊擊聖人而我素朴自全,縱舍盜賊,而彼姦自息也。故古人有言曰:閑邪存誠,不在善察,息淫去華,不在嚴刑。(按:即王弼《老子微旨例略》中語) 此之謂也。〔註140〕

從前述張湛所反對的「爲」之內容——智力、言語、以及仁德——看來,其中智力是發明並創新文化的原動力,言語與仁德則屬人類文化的重要結晶。再加上張湛反對風俗教化,在在顯示出他是十足的文化否定論者。他在《列子・楊朱篇》:「而欲尊禮義以夸人,矯情性以招名!吾以此爲弗若死矣。」下,注云:

> 達哉此言,若夫刻意從俗,違性順物,夫當身之蹔樂,懷長愁於一世,雖支體具存,實鄰於死者。〔註141〕

〔註137〕同前,外篇,卷四,〈胠篋十〉,頁 11B。
〔註138〕同前,外篇,卷四,〈胠篋十〉,頁 12B。
〔註139〕同前,頁 12A。
〔註140〕同前,頁 13A。
〔註141〕見張湛:《列子注》,卷七,〈楊朱七〉,頁 6A。

足見，張湛認爲禮義之遵守，爲了求名，這就流於「刻意」，而有了目的性，自然違背了自足之本性。如此生命再長，與死無異。又說：

> 夫生者一氣之暫聚，一物之暫靈。暫聚者終散，暫靈者歸盡。而好逸惡勞，物之常性。故當生之所樂者，厚味美服，好色音聲而已耳；而復不能肆性情之所安，耳目之所娛，以仁義爲關鍵，用禮教爲衿帶，自枯槁於當年，求餘名於後世者，是不達乎生生之極也。〔註142〕

張湛認爲一個人若是爲求留名後代，而不惜爲仁義、禮教所束縛的話，都是不達「生生之極」——自然之理。他不恥愛惜名譽拘守禮節之輩之所爲，認爲即使活得長命，也不過是憂苦終生以至於死，毫無可貴之處。〔註143〕他很爲子貢的後人端本叔散盡家財，病不服藥而死的行徑喝采，認爲他不爲「名譽所勸，禮法所拘。」〔註144〕基於同樣的理由，他也反對握有大權，他說：

> 盡驕奢之極，恣無厭之性，雖養以四海，未始愜其心，此乃憂苦窮年也。〔註145〕

此外，他認爲沒有人可以擁有任何人，當然更談不上以權力或組織去牽制人了。理由也是根據自然思想——每人都是天地之所委形，故非我有。他說：

> 夫天地，萬物之都稱，萬物，天地之別名。雖復名私其身，理不相離。認而有之，心之惑也。因此而言，夫天地委形，非我有也，飾愛色貌，矜伐智能已爲惑矣。至於甚者，橫認外物以爲己有，乃標名氏以自異，倚親族以自固，整章服以耀物，藉名位以動眾，封殖財貨，樹立權黨，終身欣玩，莫由自悟。故老子曰：吾所以有患爲吾身。莊子曰：百骸六藏，吾誰與爲親？領斯旨也，則方寸與太虛齊空，形骸與萬物俱有也。〔註146〕

所以，他主張去私，但他認爲只有聖人才可做到此一地步：

> 知身不可私，物不可有者，唯聖人可也。〔註147〕

〔註142〕同前，頁 1A。
〔註143〕同前，頁 4B：「惜名拘禮，內懷於矜懼，憂若以至於死者，長年遐期，非所貴也。」
〔註144〕同前，頁 7B。
〔註145〕同前，頁 10A。
〔註146〕同前，卷一，〈天瑞一〉，頁 17A 至 B。
〔註147〕同前，卷七，〈楊朱七〉，頁 11A。

換句話說，一般人根本做不到。那又將如何呢？張湛似乎也無法解決這種難題，好在他著重在君主必須是聖人這一點上。

張湛此處所顯示的反權力之說，是否與他的無為政治思想牴觸呢？換言之，這種反權力思想是否就是一種反政治思想呢？倘若依循他的文化否定論的理路發展下去的話，他是應當反政治的。事實上，他是贊成人類社會有上下名分關係，但是卻不贊成在上的擁有強制在下的服從其意志之權力。這樣的一種政治形態，實質上一點政治味道也沒有。他為何不乾脆走上與他幾乎是同時代的鮑敬言的無君論〔註148〕之路呢？這是我們所不解之處！比較可能是合理的解釋之一，是由於他思想的不純淨——一種在思想上患了欲反還休的魄力不足症。張湛所顯示的思想不純淨並非一般所謂的折衷論或調和論；他是有心反對什麼，卻又反對不徹底，最多只敢反對一半。

總之，就思想各分子互相運作時而言，張湛在正常情況下是文化否定論者，但在特殊情形下，他竟然覺得文化並非全然不可加以利用，這就把文化當成手段與工具了——當目的達到時，工具可拋，如此文回到他的文化否定論的本位上去。本來，文化是不經人在理智上有所肯定之下才使用的，也不涉及手段與目的的問題（此處所講的手段與目的，有別乎文化功能學派的主張）；而張湛卻在以命定論為其主導之下，主張文化的使用是有其時效的。

至於作為「治世之具」的仁義禮法（樂），究與無為政治有何關係呢？從既有的材料看來，兩者一無關係，這又難免使人懷疑，張湛將儒道兩家思想混雜起來而未能融合，是以有此破綻。這就是筆者前述所說的，他的思想並不純淨的地方。

照說他是徹頭徹尾反對人類的任何努力及其企圖了，倒也不盡然。他認為當命運之神有意讓人類的社會趨向治世時，人就得聽命以致力於補偏救弊之工作。在這種情形之下，乃將他一向否定的認為是妨害自然之理的仁義禮法，這種道德意義的文化力量作為有利於促成美好時代來臨的工具。

一般認為時代愈是紛亂，即表示人心愈形渙散，不為社會道德所約束，道德水準也就江河日下，因此也愈需提倡道德，以收拾人心。這是將道德之高下與時局之美惡，作為因果關係看待。但是，張湛卻不以為然，他反而認定，道德並非萬能而是有其限度，其功能之生效僅只於上天註定時代要趨於

〔註148〕關於鮑敬言的無君論，民國以來學者多有所論述，此處不必多所贅言，其資料來源可見葛洪《抱朴子》，外篇，卷四十八，〈詰鮑篇〉。

好轉時，換言之，道德之有效運用，端視時運而定。

第四節　歷史偶然觀

　　在不逾越反各種人為努力的範疇之內，王弼主張人所能為力的是「順」
或「因」事物之本然之性。王弼說：

　　　順物之性，不別不析，故無瑕讁可得其門也。〔註149〕

又說：

　　　萬物以自然為性，故可因而不可為也，可通而不可執也。物有常性
　　　而造為之，故必敗也。物有往來而執之，故必失也。〔註150〕

這兩則資料，立論全採利害的觀點，使用很抽象的觀念來說明物之蒙受好處─
─即「無瑕讁可得其門也。」，或害處──即「必敗也。」、「必失也。」；決定
於是否合乎「順」或「因」之理。從而讓人自行建立對「順」或「因」的好印
象。然後，他再抬出依自然之理行事的聖人同意此論，來支持其正確性：

　　　凡此諸或言物事逆順反覆，不施為執割也。聖人達自然之至，暢萬
　　　物之情。故因而不為，順而不施。除其所以迷，去其所以惑。故心
　　　不亂，而物性自得之也。〔註151〕

以上在勸導人服膺「因」或「順」之理，接著他特別著眼個人要在經驗世界
成就一番事業的話，在作為上必須合乎「因」或「順」之理的要求。由於一
己之力之棉薄，必須藉諸眾力才能克底於成。既然促使一事成功的比率上，
佔有絕大部分的是眾力，而非一己之力。自己怎能坦然居功呢？因此王弼在
注《老子》二章：「功成而弗居」句時，才說道：

　　　因物而用，功自彼成，故不居也。〔註152〕

眾力凝聚成一團，往往就是時勢所趨，王弼認為人只要因勢利導一番，便能
有所成就。這就是他「因物以形、因勢以成」的理論了，不過他將它立基於
道與德上講求出來，他說：

　　　物生而後畜，畜而後形，形而後成。何由而生？道也。何得而畜，
　　　德也。何由而形？物也。何使而成？勢也。唯因也，故能無物而不

〔註149〕見王弼：《老子注》，二十七章，頁 26A。
〔註150〕同前，二十九章，頁 28B 至 39A。
〔註151〕同前，頁 29A。
〔註152〕同前，二章，頁 3A。

形。唯勢也，故能無物而不成。凡物之所以生，功之所以成，皆有
所由。有所由焉，則莫不由乎道也。故推而極之，亦至道也。隨其
所因，故各有稱焉。〔註153〕

而合乎道與德（按：道之散稱爲德），就是恪守自然之理。所以，王弼在解釋
老子的政治謀略，全採取此一觀點，像：

——老云：取天下常以無事。

　　注云：動常因也。〔註154〕

——老云：聖人無常心，以百姓心爲心。

　　注云：動常因也。〔註155〕

——老云：善者，吾善之；不善者，吾亦善之。

　　注云：各因其用，則善不失也。〔註156〕

總之，王弼認爲外在於我的眾力，是一些適然（contingent）因素的組合，也
是決定一事成功之充分必要條件。

實際上，在實然世界中要想成功一樁事業的話，一己之力實在是太有限
了，非廣結各方之力不爲功。郭象就曾說：

若夫法之所用者，視不過於所見，故眾目無不明；聽不過於所聞，
故眾耳無不聰，事不過於所能，故眾技無不巧；知不過於所知，故
群性無不適；德不過於所得，故群德無不當。安用之所不退於性分
之表，使天下奔馳而不能自反哉？〔註157〕

這話是說一個人之力量有限，無法取代眾力所能作的事，所以，最後勸大家
不要不自量力，應當返回自己的性分之內。在完成一樁屬於「公是」的事業
上，一己之力在促成成功的比率上，成分微乎其微，而佔絕對重要的眾力就
成了決定成敗的唯一因素。在這種情況之下，個人的努力毋寧是不足以成事
的，換言之，屬於社會意義的擴展社會福利的那分責任感，以及文化意義的
體現個人人格的自覺心，都成了否定或是擺脫之列。當然，主宰廣結各方之
力的，非天意莫屬了。此與王弼「順」、「因」之理類似，所不同的，王弼在

〔註153〕同前，五十一章，頁 15B 至 16A。

〔註154〕同前，四十八章，頁 12B。

〔註155〕同前，四十九章，頁 13A。

〔註156〕同前。

〔註157〕見郭象：《莊子注》，外篇，卷四，〈胠篋十〉，頁 15A 至 B。

不爲意義下講求，郭象則在命定論意義下講求。

張湛在這方面保持沉默，倒是省卻筆者一番鑽研工夫。

第五節　歷史命定觀

郭象說：

> 知不可奈何者，命也。而安之則無哀無樂，何易施之有哉？故冥然
> 以所遇爲命，而不施心於其間；泯然與至當爲一，而無休戚於其中。
> 雖事凡人猶無往而不適，而況於君親哉？〔註158〕

這話是說，只要你行得正、作得對，即使你機遇不好，不能一展抱負，這也是無可奈何之事，命定如此，哀樂與休戚不必因遭遇之好壞而呈現。這樣你事奉一位凡人的話，也就安之若素，「無往而不適」了。那麼，對於我們不滿意的君主或親長，都只有認命與接納了。這完全表現了一副「當下即是」，與現實妥協的態度——也正是最富命定論意義的態度。郭象曾說：

> 命之所有者，非爲也，皆自然耳。〔註159〕

前述當筆者從反面界定自然思想而講到「爲」時，會發現有命定論的趨勢；此處反過來，將命定論歸結到自然思想來。郭象在《莊子》云：「天下有道，聖人成焉；天下無道，聖人生焉。」句下，注云：

> 付之自爾，而理自生成。生成非我也，豈爲治亂易節哉？治者自求
> 成，故遺成而不敗亂者；自求生，故忘生而不死。〔註160〕

這是說世之治與亂，不是由人們人力（所謂非我）所能決定，而是天定（命定）。而人們本身自得的態度更不因世之治亂而有所不同。有關這番意見，郭象還有更進一步的說明：

> 我非有涯，天也；必欲盛之，人也。然此人之所謂耳，物無非天也。
> 天也者，自然也，人皆自然。則治亂，成敗，過與不過，非人爲也，
> 皆自然耳。〔註161〕

這完全循著自然思想的思考模式，而將命定論加以理論化。這就否定了人在實然世界裏所作的一切改造世界的努力，並也斷絕了一切改革之念了。他更

〔註158〕同前，內篇，卷二，〈人間世四〉，頁11B。
〔註159〕同前，外篇，卷五，〈天運十四〉，頁27B。
〔註160〕同前，內篇，卷二，〈人間世四〉，頁18B。
〔註161〕同前，內篇，卷三，〈大宗師六〉，頁1B至2A。

藉著《莊子》之中，那段射箭是否命中的譬喻，來發揮他凡「爲」或逆命，
皆違背自然的理論：

　　……則中與不中，唯在命耳。而區區者各有其所過，而不知命之自爾。
　　故免乎弓矢之害者，自以爲巧，欣然多已；及至不免，則自恨其謬，
　　而志傷神辱，斯未達命之情者也。夫我之生也，非我之所生也。則一
　　生之內，百年之中，其坐起行止，動靜趣舍，凡所遇者，皆非我也，
　　理自爾耳，而橫生休戚乎其中，斯又逆自然而失者也。〔註162〕

這固然太過強調運氣，但要人們以達觀之胸襟，不要斤斤於得失之計較。對
生活於「不如意者恆居十之八九。」的實然世界中的失意人來說，不無有平
復其心靈創傷之功效。讀者切莫太過忽視道家所提供給我們的淨化心靈的作
用，雖然其中含有否定人爲努力的悲觀與消極的命定論色彩。郭象對於命定
論的堅持，在態度上是非常激烈的，所以他才說：

　　夫物皆先有其命，故來事可知也。是以凡所爲者，不得不爲；凡所
　　不爲者，不可得爲。而愚者此爲之在己，不亦妄乎？〔註163〕

來事都可知了，人還妄想改變什麼？無怪乎郭象會忍不住責備這些妄想改變
什麼的人們爲愚者了。

　　張湛說：

　　天者，自然之分；命者，窮達之數也。〔註164〕

可見張湛認爲人生際遇之好壞，完全是命定的。又說：

　　命者，必然之期，素定之分也。雖此事未驗，而此理已然。若以壽
　　夭存於御養，窮達係於智力，此惑於天理也。〔註165〕

此處說得更加清楚，任憑人再如何講究養生之道，亦無法改變命定的壽數，
任憑人再如何竭智盡心，亦無法改變命定的際遇。實際上，命定之說在張湛
反對人爲的努力的理論中乃是必然之歸趨，一點也不讓人有突兀之感。他在
《列子・楊朱篇》：「然農有水旱，商有得失，工有成敗，仕有遇否，命使然
也。」下，注云：

　　自然冥運也。〔註166〕

〔註162〕同前，內篇，卷二，〈德充符五〉，頁23A。
〔註163〕同前，雜篇，卷八，〈則陽二十五〉，頁29A。
〔註164〕見張湛：《列子注》，卷二，〈黃帝二〉，頁12A。
〔註165〕同前，卷六，〈力命六〉，頁1A。
〔註166〕同前，頁12B。

這就明言一切都是自然在暗中操縱，每人在行業上的得與失，決定於命，而人力無從左右其既定之命。又說：

> 禍福豈有內外，皆理之玄定者也。見其卒起，因謂外至；其見漸著，因謂內成也。〔註167〕

這是說：命運之是福是禍，這也是命中註定，而不是什麼外至內成。張湛在《列子‧楊朱篇》「死生自命也」與「貧窮自時也」兩句下，分別注云：

> 若其非命，則仁智必壽，凶愚者必夭，而未必然也。
>
> 若其非時，則勤儉必富，奢情者必貧，亦未必然也。〔註168〕

這是說一人生命之長短與財富之多少，完全與道德之有無，才智之高下以及工作之動惰毫無必然的關係，而主要是命使然也。因此他在《列子》講到：「怨夭折者，不知命者也；怨貧窮者，不知時者也。」時，注云：

> 此皆不識自然之理。〔註169〕

可見命定論完全是根據自然思想演繹而成的。如此一個人自不必對其所用心、所行使之事加以負責了，張湛確有此念：

> 自全者，非用心之所能；自敗者，非行失之所致也。〔註170〕

張湛認為包括聖神在內，都無從逭逃乎這命定之網羅，他說：

> 聖神雖妙，不能逆時運也。〔註171〕

　　張湛認為命定之事，是人之智慧無從測知的，他說：

> 自然之理，不可以智知，知其不可知，謂之命也。〔註172〕

同樣的意見也在另兩處出現，一在他注《列子‧楊朱篇》：「不知所以然而然，命也。」時表示了：

> 自然之理，故不可以智知。〔註173〕

一在同篇：「然而生生死死？非物非我，皆命也，智之所，無奈何。」下，注云：

> 生死之理，既不可測，則死不由物，生不在我，豈智之所必？〔註174〕

〔註167〕同前，頁10B。
〔註168〕同前，頁11A。
〔註169〕同前。
〔註170〕同前，頁11B。
〔註171〕同前，頁11A。
〔註172〕同前，頁12A。
〔註173〕同前，頁8B。
〔註174〕同前，頁7A。

總之，命即自然之一種體現，為人之智慧所無法測知，可以說是超乎人類所能認知的範圍的。

張湛對於不可捉摸的命運，懷著無比戒慎恐懼之心去向它頂禮膜拜。個人之際遇與時代之否泰，全操在命運之手。因此，人類努力於改革現狀，就變成有意與命運敵對的表示（他稱之為逆命），終將證明只是徒然浪費生命罷了。他不這麼作，轉而向時代的杌捏與不安抱認命的態度。

在本節，筆者未見王弼有何意見表示。

第六節　郭、張自然思想內在矛盾之疏解

郭象一方面信仰命定論，認為人的努力是多餘的，因應解決人世的問題而產生的各種文化制度，非僅沒有解決問題，而與各種制度俱來的「後遺症」徒然又轉生另一新問題，因此根本之計，唯在棄絕歷史，否定文化，這就是所謂的文化否定論了。但是郭象一方面又提倡變法的改革論調，似乎又同意人致力於改革的可能性。在命定論、文化否定論、以及隨時應變的改革論之間，不是有著極為明顯的邏輯上的矛盾存在麼？這在一般人來說，此種矛盾是理論上無法化解的一道死結，然而，對郭象來說，卻不曾為解開此道死結而煩惱過。除開少數例外，一般而言，思想家在自我建構的思想上的矛盾是不可避免的，僅在程度上大小之別罷了。只是有的察覺到了，會設法去自圓其說一番，而察覺不到的，當然便不會如此。以上兩種情形都不會發生在郭象身上。邏輯上應有的相當嚴重的矛盾，投入郭象思想體系上，居然會石沈大海、毫無作用，這種邏輯上與實際理論運作上所呈現的出入之大，在思想史上倒是少見之例。那麼，他究竟如何使邏輯上應有的矛盾消弭無形呢？其次，郭象的文化否定論，並非全盤性或整體性的，其中尚有所保留，而這一點保留就是在講無為政治時所反映的對社會組織、政治體制抱認同的態度〔註175〕——一種完全迥異《莊子》的

〔註175〕關於郭象不反社會組織及政治體制而承認社會應有其階級，政治應有其上下統屬的設施。此一認識的資料，可見如下數則：（一）《莊子注》，外篇，卷四，〈在宥十一〉，頁 22A：「若夫任自然而居當，則賢愚襲情而貴賤履位，君臣上下莫匪爾極，而天下無愚矣。」；（二）同書，內篇，卷一，〈逍遙遊一〉，頁 7B：「夫神人即今所謂聖人也。夫聖人雖在廟堂之上，然其心無異於山林之中，世豈識之哉？徒見其戴黃屋，佩玉璽，便謂足以纓紱其心矣。見其歷山川、同民事，便謂足以憔悴其神矣。豈知至至者之不虧哉？今言王德之人而寄之此山，將明世所無由識，故乃託之於絕垠之外，而推之於視聽之表

全盤式文化否定論的態度。〔註176〕為何《莊子》全盤式文化否定論到郭象手上
會有如此大幅度的修正與改變呢？上述兩項問題，便是以下所要討論的焦點。

郭象說：

> 與人群者，不得離人。然人間之變故世異，宜唯無心而不自用者，
> 為能隨變所適，而不荷其累也。〔註177〕

這就表明時代是不斷在變動之中，而處乎其中的人就得「隨變所適」，而這樣
的人當然是深知自然之理的人。又說：

> 時移世異，禮亦宜變，故因物而無所係焉。斯不勞而有功也。〔註178〕

這是說禮的內容要隨著時代的步伐而作適當的調整。這就是典型的變法論或
改革論了。這兩則所採取的理由，像「不荷其累也」，以及「無所係焉」等語，
完全合乎自然思想的思維模式，意指如能隨時應變才不致使自足之本性受到
傷害。又說：

> ……故善治道者，不以故自持也，將順日新之化而已。〔註179〕

這就明白表示，他反對政治上因襲或固守傳統（所謂持故），而主張「日新」
的不斷改革。他又進一層把這種重日新去持故的觀念，一方面藉蓄水瓶之有
無裝滿水以喻持故有水滿則溢之患，一方面配合他自然思想的理論，使它理
由化：

> 夫卮滿則傾，空則仰，非持故也。況之於言，因物隨變，唯彼之從。
> 故曰日出，日出謂日新也。日新則盡其自然之分，自然之分盡則和
> 也。〔註180〕

既然應變是對的，那麼，要如何應變呢？應變是否有原則可循呢？若有，該

耳。」；（三）同書，內篇，卷一，〈齊物論二〉，15B頁：「故知君臣上下，平
定外內，乃天理自然，豈直人之所為哉？」然而，任繼愈、湯用彤兩人卻以
此責備郭象為君主之走狗，而不恥其徹底擁護君主。見所著：《魏晉玄學中的
社會政治思想略論》（上海：人民出版社，1956年2月初版），第35～43頁。
實際上，郭象只是承認政治之設置，有其一定之作用，他也擔心暴君之出現。
無為政治未始不是對君權太高的一種抵制的構想。萬一暴君仍出現的話，那
是天意。
〔註176〕關於《莊子》的文化否定論，參考勞思光：《中國哲學史》：第一卷（臺北：
華世出版社，民國64年6月初版），頁200～201。以及頁208～210。
〔註177〕見郭象：《莊子注》，內篇，卷二，〈人間世四〉，頁4B。
〔註178〕見郭象：《莊子注》，外篇，卷五，〈天運十四〉，頁29A。
〔註179〕見郭象：《莊子注》，外篇，卷五，〈天地十二〉，頁7A。
〔註180〕同前，雜篇，卷九，〈寓言二十七〉，頁6B。

原則為何？郭象說：

> 法聖人者，法其迹耳。夫迹者已去之物，非應變之具也，奚是尚而
> 執之哉？執成迹以御乎無方，無方至而迹滯矣。所以守國而為人守
> 之也。〔註181〕

這裏提到兩個重點：其一，對往古聖人的教法，證明無法獲致他的精神，此點前述講過。其二，既然「迹者」不是「應變之具」，那麼，「所以迹者」才是了。而「所以迹」所指為何呢？郭象說：

> 所以迹者，真性也，夫任物之真性者，其迹則六經也。況今之人事，
> 則以自然為履，六經為迹。〔註182〕

可見「所以迹」者，乃指合乎自然的自足之本性，才是應變的原則。而郭象同意《莊子》所說，六經只是「先王之陳迹」，它只是一些針對該時代之弊所提的解決辦法，事過境遷，這些辦法也過時無用了。若是拘泥其文義，而不知各時代的弊病不同，解決辦法也自不同，就未免太不知變通了。不僅六經非「所以迹」，連聖人亦然。〔註183〕而聖人雖無意遺禍人間，但是他所應負的責任，便是樹立一個徒具形式而不合精神的典型供世人仿效，而使世人失去其自足之本性。因此，郭象說：「其（指聖人）過皆由乎迹之可尚也。」〔註184〕改革論發展至此，已進入文化否定論的領域。至此，與文化否定論之間的矛盾也自然而然消解了。

儘管郭象棄絕了維繫社會秩序相當有效的利器，諸如仁義、禮，乃至法律制度等人類文化的結晶，但是他並不反對亦屬於人類文化重要制作之一——社會組織與政治體制——的存在。似乎是他已認識到人世完美無害的境界乃永不可企及，退而求其次，只要能達到弊少的境界也就可以了。這可從他一方面反對聖人出而為世所取法，另一方面又贊成聖人之不可與世隔離看出來，他說：

> ……而猶不可亡聖者，猶天下之知未能都亡，故須聖道以鎮之也。
> 群知不亡而獨亡於聖知，則天下之害又多於有聖矣。然則有聖之害
> 雖多，猶愈於亡聖之無治也，雖愈於亡聖，故未若都亡之無害也。
> 甚矣，天下莫不求利而不能一亡，其知何其迷而失致哉？〔註185〕

〔註181〕同前，外篇，卷四，〈胠篋十〉，頁11A。
〔註182〕同前，外篇，卷五，〈天運十四〉，頁34A。
〔註183〕同前，外篇，卷四，〈馬蹄九〉，頁9A：「聖人者，民得性之迹耳，非所以迹也。」
〔註184〕同前，頁10B。
〔註185〕同前，外篇，卷四，〈胠篋十〉，頁12B。

這是一種兩害相權取其輕的折衷辦法。筆者可以這麼說，郭象對於社會組織、政治體制有其一定功能的承認，是他否定人爲各種努力與設施的不能實現下的一種讓步。如此，便從文化否定論，轉而爲不完全文化否定論。從某一個角度看，這或又可作爲解釋何以他一面相信命定論以及文化否定論，一面又主張隨時改革論，二者之間的矛盾。

在張湛的理論系統裏，最令人詫異的是，他既已贊成命定反對人爲，乃至成爲一文化否定論者，但是爲何又肯定仁義、禮法爲治世所不可或缺之工具呢？他說：

> 雖有仁義禮法之術，而智不適時，則動而失會者矣。〔註186〕

此處很明白顯示他對人類文化的第三層面——仁義禮法，採取肯定的立場。只是仁義禮法運用的成功與否，則端視時會之是否密切配合好。因此，在張湛思想中，時會是第一義，仁義禮法是第二義。又說：

> 詩書禮樂，治世之具，聖人因而用之，以救一時之弊。用失其道，則無益於理也。〔註187〕

這裏透露出，詩書禮樂使用於在進入治世之前奏的「一時之弊」的過渡時機裏。他爲了強調詩書禮樂爲救弊必須之手段，說道：

> 若欲捐詩書易治術者，豈救弊之道？即而不去，爲而不恃，物自全矣。〔註188〕

達到目的後，手段要不要拋掉呢？要的。張湛說：

> 治世之術，實須仁義。世既治矣，則所用之術宜廢。若會盡事終，執而不舍，則情之者寡，而利之者眾，衰薄之始，誠由於此，以一國而觀天下，當今而觀來世，致弊豈異？唯圓通無閡者，能惟變所適，不滯一方。〔註189〕

然而，仁義禮法（樂）雖是撥亂反正的治世手段，但是卻不是毫無限度的萬靈藥，時代太亂的話，也是無能爲力的：

> 當爲之未有，治之於未亂。乃至虧喪凋殘，方欲鼓舞仁義，以求反性命之極者，未之得也。〔註190〕

〔註186〕見，張湛：《列子注》，卷八，〈說符八〉，頁4B。
〔註187〕同前，卷四，〈仲尼四〉，頁1B至2A。
〔註188〕同前，頁2B。
〔註189〕同前，頁2A。
〔註190〕同前，卷一，〈天瑞一〉，頁13A至B。

至此，筆者不妨如此說，自然思想最能凸顯張湛思想的特質；而命定論則是
其自然思想的核心所在，並以之作爲消解其理論之矛盾。張湛自然思想中的
命定論其功能不可謂不大，一如其地位之崇高。

第四章　阮籍、嵇康的自然思想

　　阮籍與嵇康所說的「自然」，主要指的是相對於人爲力量〔註1〕的「物之
自己如此」之意。其所以能至此一地步，不外是物之本性自足的緣故。基此，
兩人所關切的，是鼓吹人類名教世界要及早走上自然之道。「自然」一辭發展
至此，似乎已成爲一價值判斷之辭，這可從張遼叔與嵇康對追求知識是否爲
一自然之舉、所作針鋒相對的論辯中，而得其中消息。〔註2〕

　　兩人均將人類歷史的發展，截然劃分成兩個階段，上一階段的「上古」
是原始洪荒時代，是合乎自然的。自此以下一直到他們那一時代，是「背質
追文」〔註3〕充滿機詐做作的「上古以下」的時代，是不合乎自然的。換言
之，他們是歷史退化觀論者，而人類歷史退化的關鍵，乃在於人之作爲有無
合乎自然的原則。前輩學者在研究兩人思想方面，只側重兩人執自然以反對
名教之言論，〔註4〕殊不知兩人亦有主張名教之文字，這種明顯的矛盾，以阮、

〔註1〕　像嵇康：《嵇中散集》（臺北：中華書局出版，四部備要本，下仿此本），卷五，
　　　　「聲無哀樂論」，第6B頁云：「言非自然……」，可見言語是人爲的，故自然
　　　　爲人爲之對辭；又，同卷，第6B至7A頁云：「且又律呂分四時之氣耳……
　　　　皆自然相待，不假人以爲用也。」，更可見自然爲相對於人爲之意：又，同書，
　　　　卷十，〈家誡〉，第3A頁云：「夫言語，君子之機，機動物應，則是非之形著
　　　　矣。」，此處清楚指出言語爲人爲之理由。至於阮籍亦然，無庸引文明之。
〔註2〕　張遼叔主張「自然好學論」（見《嵇中散集》，卷七，附錄，第1A至B頁），
　　　　嵇康反對，乃作〈難自然好學論〉（見《嵇中散集》，卷七，第2A至3B頁）
〔註3〕　見嚴可均校輯：《全三國文》（臺北：中文出版社），卷四十五，第132下右頁，
　　　　阮籍：〈達莊論〉（下仿此版本）。
〔註4〕　詳見湯用彤：《魏晉玄學論稿》（臺北：盧山出版社，民國61年10月初版），
　　　　第139頁；劉大杰：《魏晉思想論》（臺北：中華書局，民國62年4月4版），
　　　　第134～136頁；韋政通：《中國哲學思想批判》（臺北：水牛出版社，民國65

嵇之聰明當不至於有，足見其間猶有可說者在。原來，兩人對於人類之作爲諸如道德與政制，均抱認同之態度，唯必須合乎自然；所可惜者，這種情況只出現在人類上古時代，以下則不曾有過，因此兩人才大肆抨擊不合自然的道德與政制。因此，筆者主張不能只看表面便說兩人是主張自然而與名教採對立的立場；當說他們是主張名教的，但必須是合乎自然的名教。

至於「上古」與「上古以下」的時間分野，阮、嵇兩人有點出入，嵇氏主張在君主世襲制確立之時是分水嶺。明言之，禹子啓的破壞禪讓政治是爲「上古」時代的結束；而合乎傳統所謂的「三代以前」與「三代以後」之說。阮氏則以伏羲氏、神農氏、黃帝時代及其以前爲「上古」時代。因此他把堯、舜、禹的禪讓政治列入「上古以下」不自然的歷史中。這點頗堪玩味，值得細究，後面將有所論述。

第一節　上古時代名教是自然的

阮籍說：「三皇依道，五帝伏德，三王施仁，五霸行義，強國任智，蓋優劣之異，薄厚之降也。」〔註5〕已清楚指出歷史是在逐步退化之中。嵇康則作詩頌揚堯舜時代的美好，其一，題曰：〈惟上古堯舜〉，詩云：「二人功德齊均，不以天下私親，高尚簡樸茲（按：另本作慈）順，寧濟四海蒸民。」；其二，題曰：〈唐虞世道治〉，詩云：「萬國穆親無事，賢愚各自得志，晏然逸豫內忘，佳哉爾時可喜。」〔註6〕

古代到底好在那裏呢？嵇康於其〈太師箴〉一文中，認爲古代的倫理道德（可以「禮」一字代稱）與政治制度（可以「法」一字代稱）是合乎自然的：

浩浩太素，陽曜陰凝，二儀陶化，人倫肇興。厥初冥昧，不慮不營，欲以物開，患以事成，犯機觸害，智不救生，宗長歸仁，自然之情。

故君道自然，必託賢明。茫茫在昔，罔或不寧，赫（按：另本作華）胥既往，紹以皇羲，默靜無文，大朴未虧，萬物熙熙，不火不離。

年 8 月 4 版）中「阮籍的時代和他的思想」，第 158～162 頁；黃振民：〈嵇康研究（上）〉（《大陸雜誌》，卷十八，一期），第 26 頁。至如齊益壽：〈論阮籍的生命情調〉（《幼獅月刊》，卷三十五，三期），第 32 頁云：「阮籍的違背禮法，驚世駭俗，形迹上似乎是反道德的，然而本質上卻正是強烈的道德意識的象徵。」其說甚是，但仍忽略阮氏重道德的一些言論。

〔註5〕見嚴可均校輯：《全三國文》，卷四十五，第 1310 下右頁，阮籍：〈通老論〉。

〔註6〕見嵇康：《嵇中散集》，卷一，第 5B 頁。

爰及唐虞，猶篤其緒，體資易簡，應天順矩，締褐其裳，土木其宇，
物或失性，懼若在予，疇咨熙載，終禪舜禹。夫統之者勞，仰之者
逸，至人重身，棄而不恤，故子州稱疾，石戶乘桴，許由鞠躬，辭
長九州。先王仁愛，愍世憂世，哀萬物之將頹，然後莅之。〔註7〕

這種對道德與政制的認同，同樣亦見於阮籍之著作中，阮籍說：

刑教一體，禮樂外內也。刑弛則教不獨行，禮廢則樂無所立。尊卑
有分，上下有等，謂之禮。人安其生，情意無哀，謂之樂。車服旌
旗，宮室飲食，禮之具也。鐘磬鞞鼓，琴瑟歌舞，樂之器也。禮踰
其制，則尊卑乖，樂失其序，則親疏亂。禮定其象，樂平其心。禮
治其外，樂化其內，禮樂正而天下平。〔註8〕

又說：

后者何也，成君定位，據業修制，保教守法，畜履治安者也。故自然
成功濟用，已至大通。后成天地之道，以左右民也。成化理決，施令
語方，因統紹衰，中處將正之務，非應初受命之事也。上者何也？日
月相易，盛衰相及，致飾則利之未捷受。故王后不稱君子，不錯上以
厚下，道自然也。君之何也？佐聖扶命，翼教明法，觀時而行，有道
而臣人者也。因正德以理其義，察危廢以守其身。故經綸以正盈，果
行以遂義。飲食以須時，辯義以作事。皆所以章先王之建國，輔聖人
之神志也。見險慮難，思患豫防，別物居方，慎初敬始，皆人臣之行，
非大君之道也。大人者何也，龍德潛達，貴賤通明，有位無稱，大以
行之。故大過滅，示天下幽明，大人發輝重光，繼明照于四方。萬物
仰生，合德天地，不爲而成，故大人虎變，天德興也。〔註9〕

以上是基於對人類君臣關係等政制設施的認同以立說的，由於政治領柚其所
爲之不同而有「后」、「上」與「大人」之異稱，而「君子」則是秉承時會出
以輔佐政治領袖的最佳臣僚。而且，從行文的「自然成功濟用」、「道自然也」
以及「天德興也」等語句看來，人類上下統屬之政治設施的建構是完全合乎

〔註7〕　見嵇康：《嵇中散集》，卷十，第1A至B頁。
〔註8〕　見嚴可均校輯：《全三國文》，卷四十六，第1314上右頁，阮籍：〈樂論〉；又，
　　　　嵇康：《嵇中散集》，卷二，第1B頁，〈琴賦〉序云：「覽其旨趣，亦未達禮樂
　　　　之情也。」可反證得知嵇氏亦主張禮樂之設施。
〔註9〕　見嚴可均校輯：《全三國文》，卷四十五，第1309下左至1310上右頁，阮籍：
　　　　〈通易論〉。

自然的。接著又說：

> 君子曰：易順天地，序萬物。方圓有正體，四時有常位，事業有所
> 麗，鳥獸有所萃，故萬物莫不一也。陰陽性生性，故有剛柔。剛柔
> 情生情，故有愛惡。愛惡生得失，得失生悔吝，悔吝著而吉凶見。
> 八卦居方以正性，蓍龜圓通以索情。情性交而利害出，故立仁義以
> 定性，取蓍龜以制情。仁義有偶而禍福分，是故聖人以建天下之位，
> 守尊卑之制。〔註10〕

此處從利害觀點強調仁義（爲含有社會規範屬性的倫理道德的具體德目）的
必要性，而仁義之遂行人間又必須仰賴政治體制之建構。這是一種教附麗於
政之下的政教合一的說法，但不管怎樣，阮籍對於道德的肯定是無庸置疑的。
而嵇康亦執持同一態度，他曾於〈家誡〉一文中，告誡其子道：

> 若臨朝讓官，臨義讓生，若孔文舉求代兄死，此忠臣烈士之節。凡
> 人自有公私，慎勿強知，……若其言邪險，則當正色以道義正之。
> 何者，君子不容僞薄之言也。〔註11〕

爾後其子紹果依庭訓「臨義讓生」——護衛晉惠帝而死。類此言論尚有兩處，
一見於〈卜疑集〉：

> 常以爲忠信篤敬，直道而行之，可以居九夷，遊八蠻，浮滄海，踐
> 河源。〔註12〕

這是說道德高尚的人暢行天下不遇阻礙；一見於〈答難養生論〉：

> 且子文三顯，色不加悅，柳惠三黜，容不加戚。何者，令尹子尊，
> 不若德義之貴，三黜之賤，不傷沖粹之美。二子嘗得富貴於其身，
> 終不以人爵嬰心，故視榮辱如一，由此言之，豈云欲富貴之情哉？
> 〔註13〕

這是說個人之品德其價值高過於政治地位之尊榮。

　　至於兩人所肯定的政治設施，其內容究竟爲何呢？無他？無爲政治。阮
籍說：

> 聖人明于天人之理，達于自然之分，通于治化之體，審于大慎之訓。

〔註10〕同前，第1310上右至左頁。
〔註11〕見嵇康：《嵇中散集》，卷十，第4A頁。
〔註12〕同前，卷三，第1A頁。
〔註13〕同前，卷四，第4A頁。

故君臣垂拱，完太素之樸，百姓熙怡，保性命之和。〔註14〕

這是說無爲政治（文中言「君臣垂拱」。）是根據自然而來。又說：

道者，法自然而爲化，侯王能守之，萬物將自化，易謂之太極，春秋謂之元，老子謂之道。〔註15〕

這是主張百姓自理之意。嵇康在此方面的言論，除了前引〈太師箴〉一文中提到「君道自然，必託賢明。」外，尚有「唯賢是授」以及「允求讜言」之說。〔註16〕均屬一種君授權於臣以增其責，並暗寓抑君權之意。此外，他在〈聲無哀樂論〉中，認爲禮樂可促成無爲政治的實現：

夫言移風易俗者，必承衰弊之後也。古之王者承天理物，必崇簡易之教，御無爲之治，君靜於上，臣順於下，玄化潛通，天人交泰，枯槁之類，浸育靈液，六合之內，沐浴鴻流，蕩滌塵垢，群生安逸，自求多福，默然從道，抱忠抱義，而不覺其所以然也。〔註17〕

這是主張採用潛移默化的原則，使百姓在不知不覺中接受道德的約束。而禮樂正是具有這種潛移默化的功能：

……大道之隆，莫盛於茲，太平之業莫顯於此。故曰：移風易俗莫善於禮樂。樂之爲體，以心爲主，故無聲之樂，民之父母也。至八音會諧，人之所悅，亦總謂之樂。然風俗移易不在此也。夫音色和此，人情所不能已者也。是以古人知情之不可，故抑其所遁；知欲之不可絕，故因其所自爲。可奉之禮制，可導之樂。口不盡味，樂不極音，揆終始之誼。度賢愚之中，爲之檢則，使遠近同風，用而不竭，亦所以結忠信著不遷也。故鄉校庠塾，亦隨之變。絲竹與俎豆並存，羽毛與揖讓俱用，正言與和聲同發。使將聽是聲也，必開此言；將觀是容也，必崇此禮。禮猶賓主升降，然後酬酢行焉。於是言語之節，聲音之度，揖讓之儀，動止之數，進退相須，共爲一體。君臣用之於朝，庶士用之於家。少而習之，長而不息，心安志固，從善日遷，然後臨之以敬，持之以久而不變，然後化成。此文先王用樂之意也。〔註18〕

〔註14〕見嚴可均校輯：《全三國文》，卷四十五，第1310下右頁，阮籍：〈通老論〉。
〔註15〕同前。
〔註16〕見嵇康：《嵇中散集》，卷十，第2A頁。
〔註17〕同前，卷五，第11A頁。
〔註18〕同前，第十一，至12A頁。

總之，在無爲政治方面，阮籍主張人民自理，嵇康主張責成於臣，以及以禮樂化民成俗。

阮籍認爲，在上古合乎自然的名教世界中，有兩個特色。其一，泯除了嚴格劃分是非與善惡之相對價值標準，他說：

> 伏羲氏結繩，神農教耕。逆之者死，順之者生。又安知貪洿之爲罰，而貞白之爲名乎。使至德之要，無外而已。大均淳固，不貳其紀。清靜寂寞，空豁以俟。善惡莫之分，是非無所爭。故萬物反其所而得其情也。〔註19〕

必須善惡不分，是非不爭的情況下，人才能回返自然——即文中所言的「萬物反其所而得其情也。」。又說：

> 太初眞人，惟天之根，專氣一志，萬物以存。退不見後，進不覩先。發西北而造制，啓東南以爲門。微道而以德久娛樂，跨天地而處尊，夫然成吾體也。是以不避物而處所覩則寧，不以物爲累所迫則成。彷徉足以舒其意，浮騰足以逞其情。故至人無宅，天地爲客。至人無主，天地爲所。至人無事，天地爲故。無是非之別，無善惡之異。故天下被其澤，而萬物所以熾也。〔註20〕

這是說「太初」時代，眞人或是至人其處世不挾帶是非與善惡，遂使世界人類蒙受好處。而眞人或是至人乃最爲道家之徒所推崇者，因之其所爲——無是非與善惡之分別——固當爲崇信道家之徒（包括阮籍與嵇康）所爭效。其二，人之政治（社會）地位與經濟地位的平等，即無貴賤與貧富的差別待遇。阮籍說：

> 夫無貴則賤者不怨，無富則貧者不爭。各足于身而無所求也。恩澤無所歸，則死敗無所仇。奇聲不作，則耳不易聽。淫色不顯，則目不改視。耳目不相易改，則無以亂其神矣。此先世之所至止也。〔註21〕

第二節　上古以下歷史名教是不自然的

阮籍說：

〔註19〕見嚴可均校輯：《全三國文》，卷四十五，第 1311 下左頁。阮籍：〈達莊論〉。
〔註20〕同前，卷四十六，第 1316 上左至下右頁，阮籍：〈大人先生傳〉。
〔註21〕同前，第 1316 上右頁。

上古質樸淳厚之道已廢，而末枝遺華並興。豺虎貪虐，群物無辜。以害為利，殞性亡軀。〔註22〕

此處，認定「質樸淳厚之道」（即自然）為上古時代所獨有，而以下的歷史則進入黑暗時期，徒講形式、節文而無其實。接著又說，在上古時代，真人或至人，其所為已無是非與善惡之分可言。〔註23〕而上古以下的歷史則與此完全背道而馳：

若夫惡彼而好我，自是而非人。忿激以爭求，貴志而賤身。伊禽生而獸死，尚何顯而獲榮？〔註24〕

於此，嵇康亦採同一論調，他說：

然而大道既隱，智巧滋繁，世俗膠加，人情萬端。利之所在，若鳥之追鷖。富為積蠹，貴為聚怨。動者多累，靜者鮮患。〔註25〕

阮籍更把加重其嚴重性的責任，歸之於儒、墨、名、法四家：

儒墨之後，堅白並起，吉凶連物，得失在心，結徒聚黨，辯說相侵。昔大齊之雄，三晉之士，嘗相與瞑目張膽，分別此矣。咸以為百年之生難致，而日月之踐無常。皆盛僕馬，脩衣裳，美珠玉，飾帷牆。出媚君上，入欺父兄。矯屬才智，競逐縱橫。家以慧子殘，國以才臣亡。故不終其天年，而大自割繁其于世俗也。〔註26〕

嵇康則越此而歸咎於先秦諸子百家，範圍更加擴大：

大道陵遲，乃始作文墨以傳其意。區別群物，使有族類。造立仁義以嬰其心，制其名分以檢其外，勸學講文以神其教。故六經紛錯，百家繁熾。開榮利之塗，故奔騖而不覺。是以貪生之禽，食園池之粱菽。求安之士，乃詭志以從俗，操筆執觚，足容蘇息，積學明經，以代稼穡，是以因而後學，學以致榮，計而後習，好而習成，有似自然。故令吾子謂之自然耳。〔註27〕

上古以下的歷史之所以有這麼大的弊病，就阮籍看來，完全是「自然之理不得作」：

〔註22〕同前，第1316上左頁。
〔註23〕同前，第1316上左至下右頁。
〔註24〕同前，第1316下右頁。
〔註25〕見嵇康：《嵇中散集》，卷三，第1A頁，〈卜疑集〉。
〔註26〕見嚴可均校輯：《全三國文》，卷四十五，第1311下左頁，〈達莊論〉。
〔註27〕見嵇康：《嵇中散集》，卷七，第2A頁，〈難自然好學論〉。

> ……故求得者喪，爭明者失。無欲者自足，空虛者受實。夫山靜而
> 谷深者，自然之道也。得之道而正者，君子之實也。是以作智巧者
> 害于物，明是攷非者危其身。修飾以顯潔者惑于生，畏死而崇生者
> 失其貞。故自然之理不得作。天地不泰，而日月爭隨。朝夕失期，
> 而晝夜無分。競逐趨利，舛倚橫馳。父子不合，君臣乖離。故復言
> 以求信者，梁下之誠也。克己以爲人者，郭外之仁也。〔註28〕

在許多弊病中，他們最不能忍受的是，君主的暴虐與自私。關於暴虐，阮籍
描寫得很深刻，他說：

> 今汝造音以亂聲，作色以詭形，外易其貌，內隱其情。懷欲以求多，
> 詐僞以要名。君立而虐興，臣設而賊生。坐制禮法，束縛下民，欺
> 愚誑拙，藏智自神。強者睽眠而凌暴，弱者憔悴而事人。假廉而成
> 貪，內險而外仁，罪至不悔過，幸遇則自矜。馳此以奏除，故循滯
> 而不振。〔註29〕

關於自私，阮籍說：

> 今汝尊賢以相高，競能以相尚，爭勢以相君，寵貴以相加，驅天下
> 以趨之。此所以上下相殘也。竭天地萬物之至，以奉聲色無窮之欲，
> 此非所以養百姓也。于是懼民之知其然，故重賞以喜之，嚴刑以威
> 之。財匱而賞不供，刑盡而罰不行，乃始有亡國戮君潰散之禍。此
> 非汝君子之爲乎？汝君子之禮法，誠天下殘賊亂危死亡之術耳，而
> 乃目以爲美行，不易之道，不亦過乎！？〔註30〕

這是說天下當爲全民之天下，不當爲國君一人所私有，以作爲滿足其無限的
慾望之用。阮籍認爲國君以恩威並施的手段來蒙騙其奪自人民應得之物；等
到恩威並施的辦法行不通時，亡國之禍則接踵而至。這是在中國漫長的家天
下時期，很難以見得到的評語，這是需要極大的勇氣才說得出口的。嵇康在
這方面其言辭之激烈亦不遑多讓，他說：

> 下逮德衰，大道沉淪，智惠日用，漸私其親。懼物乖離，攘臂立仁
> （按：從他本改），利巧愈競，繁禮屢陳，刑教爭施，天性喪眞。季
> 世陵遲，繼體承資，憑尊恃勢，不友不師，宰割天下，以奉其私。

〔註28〕見嚴可均校輯：《全三國文》，卷四十五，第 1311 下右頁，〈達莊論〉。
〔註29〕同前，第 1315 下左至 1316 上右頁，〈大人先生傳〉。
〔註30〕同前，第 1316 上右頁，〈大人先生傳〉。

故君位益侈，臣路生心，竭智謀國，不吝灰沉，賞罰雖存，莫勸莫禁。若乃驕盈肆志，阻兵擅權，矜威縱虐，禍蒙丘山。刑本懲暴，今以脅賢。昔爲天下，今爲一身。下疾其上，君猜其臣，喪亂弘多，國乃隕顚。〔註31〕

這是說國君私心作崇——「宰割天下以奉其私」，而與賢臣互相之間發生不必要的猜忌，遂造成亡國。此爲賢臣仗義執言，以責備國君之自私。他也會爲百姓辯解，認爲百姓之同意設立尊榮無比的國君制度，乃是源於公德，他說：

人君貴爲天子，富有四海，民不可無主而存，主不能無尊而立，故爲天下而尊君位，不爲一人而重富貴也。〔註32〕

這是一種伸張民權，強調百姓有其自負之處——公德；然而，國君往往不具公德，反而自私得很。嵇康爲了糾正這種錯誤，他大膽陳言道：

聖人不得已而臨天下，以萬物爲心，在宥群生，由身以道，與天下同於自得。穆然以無事爲業，坦爾以天下爲公。雖居位饗萬國，恬若素士接賓客也。雖建龍旂服華袞，忽若布衣之在身。故君臣相忘於上，蒸民家足於下。豈勸百姓之尊己，割天下以自私，以富爲崇高，心欲之而不已哉？〔註33〕

後面一句——「豈勸百姓之尊己，割天下以自私……？」眞是擊中中國君主專制政治之弊端，後人讀之，猶感痛快淋漓之至。嵇康在提倡公德打倒私心的努力方面，還特地寫了長篇大論：〈釋私論〉。以其文長，茲不贅引並說明。足見嵇氏並不反對君位之設置，唯反對私心滿懷的人登上君主之寶座。

第三節 在不自然的名教世界中的自處之道

對於心口如一、率性自然的阮籍與嵇康而言，根本無法適應當時機詐百出、虛僞貪利的不自然之名教世界。他們既不能扭轉乾坤，將步上歧途的歷史回歸到上古的自然境界中去，因此只好與社會疏離，採取離群索居的生活。這種情形可在嵇康的一首詩中，徹底暴露出來；

昔蒙父兄祚，少得離負荷。因疏遂成懶，寢跡北山阿。但願養性命，

〔註31〕見嵇康：《嵇中散集》，卷十，第 1B 頁，〈太師箴〉。
〔註32〕同前，卷四，第 3B 頁，〈答難養生論〉。
〔註33〕同前，卷四，第 3B 至 4A 頁，〈答難養生論〉。

終已靡有他。良辰不我期，當年值紛華。坎壈趣世務，常恐嬰網羅。
義農邈已遠，拊膺獨咨嗟。朔戒貴尚容，漁父好揚波。雖逸亦已難，
非余心所嘉。豈若翔區外，滄瓊漱朝霞。遺物棄鄙累，逍遙遊太和。
結友集靈岳，彈琴登清歌。有能從此者，古人何足多。〔註34〕

這裡是說上古黃金時代已遠離而去，如今則慘遭黑暗時代的蹂躪。若參與社會
又恐有喪命之虞，只好學屈原隱居求志；但這又不是他心目中認為最好的辦法，
最好的辦法應當是羽化登仙。阮籍與嵇康生存的時代，正是個人生存遭受政治
干預甚至迫害非常嚴重的時期。《晉書·阮籍傳》說：「籍本有濟世志，屬魏晉
之際，天下多故，名士少有全者。籍由是不與世事，遂酣飲為常。」〔註35〕

　　阮籍一心一意想掙脫深文周納、網羅密佈的社會，他把這種想法借鳥自
喻，入詩以道出：

鴻鵠相隨飛，飛飛適荒裔。雙翩凌長風，須臾萬里逝。朝餐琅玕實，
夕宿丹山際。抗身青雲中，網羅孰能制。豈與鄉曲士，攜手共言誓。

〔註36〕

實際上，他們對虛偽的世俗社會的喜厭愛惡之情，時時寄託在他們詩中。阮
籍所厭惡的，是人所受到的是非、得失、利害、盛衰、譽毀等相對價值標準
的羈絆與束縛：

　　——是非得失間，焉足相譏理？計利知術窮，哀情遽能止。〔註37〕
這是針對得失與利害而言。

　　——自然有成理，生死道無常。智巧萬端出，大要不易方。如何夸
毗子，作色懷驕腸。乘軒驅良馬，憑几向膏粱。被服纖羅衣，深榭
設閑房。不見日夕華，翩翩飛路傍。〔註38〕
這是針對世間榮華有盛衰而言。

　　——驚風振四野，廻雲蔭堂隅。牀帷為誰設，几杖為誰扶。雖非明
君子，豈闇桑與榆。世有此聾瞶，芒芒將焉如。翩翩從風飛，悠悠

〔註34〕　同前，卷一，第 10A 頁，〈答二郭〉三首之二。
〔註35〕　筆者特地翻檢《晉書》（臺北：仁壽版），卷四十九，第 2B 至 3A 頁，發現與
　　　　　吳士鑑、劉承幹的《晉書斠注》的傳文字句沒有不同。
〔註36〕　見黃節：《阮步兵詠懷詩注》（臺北：藝文印書館，民國 60 年 9 月初版），第
　　　　　81 頁，「其四十三」。
〔註37〕　同前，第 94 頁，「其五十二」。
〔註38〕　同前，第 95 頁，「其五十三」。

去故居。離麾玉山下，遺棄毀與譽。〔註39〕

這是有感大臣不顧魏朝之將亡，而針對毀譽以言。

——修塗馳軒車，長川載輕舟。性命豈自然，勢路有所繇。高名令
志惑，重利使心憂。親昵懷反側，骨肉還相讎。更希毀珠玉，可用
登遨遊。〔註40〕

這是譏刺馳騖於名利之途者，認係非出於性命之自然。儒家對於這種相對價
值標準最為堅持，因此他大加諷嘲儒家所為及其所立之道德與禮法：

——儒者通六藝，立志不可干。違禮不為動，非法不肯言。渴飲清泉
流，饑食并一簞。歲時無以祀，衣服常苦寒。屣履詠南風，縕袍笑華
軒。信道守詩書，義不受一餐。烈烈褒貶辭，老氏用長歎。〔註41〕

——洪生資制度，被服正有常。尊卑設次序，事務齊紀綱。容飾整顏
色，磬折執圭璋。堂上置玄酒，室中盛稻梁。外厲貞素談，戶內滅芬
芳。放口從衷出，復說道義方。委曲周旋儀，姿態愁我腸。〔註42〕

至如嵇康，非常厭棄人世之爭權逐名。在針對功名方面，像：

——詳觀淩世務，屯險多憂虞。施報更相市，大道匿不舒。夷路值
枳棘，安步將焉如。權智相傾奪，名位不可居。鸞鳳避罻羅，遠記
崑崙墟。莊周悼靈龜，越稷磋王輿。至人存諸己，隱璞樂玄虛。功
名何足殉，乃欲列簡書。所好亮若茲，楊氏歎交衢。去去從所志，
敢謝道不具。〔註43〕

在針對名譽方面，像：

——哀哉世俗，殉榮馳騖。竭力喪精，得失相紛。憂驚自是，勤苦
不寧。〔註44〕

在針對富裕方面，像：

——金玉滿堂莫守，古人安此麤醜，獨以道德為友，故能延期不朽。

〔註45〕

〔註39〕同前，第101～102頁，「其五十七」。
〔註40〕同前，第122頁，〈其七十二〉。
〔註41〕同前，第105頁，〈其六十〉。
〔註42〕同前，第115頁，〈其六十七〉。
〔註43〕見嵇康：《嵇中散集》，卷一，第10A至B頁，〈答二郭〉三首之三。
〔註44〕同前，卷一，第6A頁，〈名與身孰親〉。
〔註45〕同前，卷一，第6A頁，〈生生厚招咎〉。

在針對權貴方面，像：

　　──位高勢重禍基，美色伐性不疑。厚味臘毒難治，如何貪人不思。

　　〔註 46〕

嵇康認爲只有安於貧賤，才能免除因富貴之時所蒙受的不測之禍，他的兩首
〈秋胡行〉，即在表達此意：

　　──富貴尊榮，憂患諒獨多。古人所懼，豐屋蔀家。人害其上，獸
　　惡網羅。惟有貧賤，可以無他。歌以言之，富貴憂患多。〔註 47〕

　　貧賤易居，貴盛難爲工。貧賤易居，貴盛難爲工。恥佞直言，與禍
　　相逢。變故萬端，俾吉作凶。思牽黃犬，其計莫從。歌以言之，貴
　　盛難爲工。〔註 48〕

而親居賤職的老莊、只達卑位的柳下惠和東方朔，以及曾操賤役的孔子，便
全都成了他安於貧賤的學習模範。〔註 49〕

　　當時的名教世界，既不爲阮嵇兩人所滿意，他們找到所能安頓自己生命
的辦法，即是前述的疏離社會。這種想法在他們詩賦中俯拾即得。阮籍有首
詩表現得最好：

　　狥歟上世士，恬淡志安貧。季葉道陵遲，馳騖紛垢塵。宵子豈不類，
　　楊歌誰肯殉。栖栖非我偶，徨徨非己倫。咄嗟榮辱事，去來味道眞，
　　道眞信可娛，清潔存精神。巢由抗高節，從此適河濱。〔註 50〕

嵇康在〈琴賦〉中，提到隱居是領悟到時俗之折磨人之深：

　　悟時俗之多累，仰箕山之餘輝，羨斯嶽之弘敞。〔註 51〕

在〈述志詩〉中，提到隱居是由於無法在世俗中面面俱到，反而無端引來許
多飛長流短的閒言冷語：

　　潛龍育神軀，濯鱗戲蘭池。延頸慕大庭，寢足俟皇羲。慶雲未垂景，
　　盤桓朝陽陂。悠悠非我匹，疇肯應俗宜。殊類難徧周，鄙議紛流離。
　　轗軻丁悔吝，雅志不得施。耕耨感宵越，馬席激張儀。逝將離群侶，
　　杖策追洪崖。焦鵬振六翮，羅者安所羈。浮遊太清中，更求新相知。

〔註 46〕 同前，卷一，第 6A 頁，〈名行顯患滋〉。
〔註 47〕 同前，卷一，第 7A 頁，〈秋胡行〉之一。
〔註 48〕 同前，卷一，第 7A 頁，〈秋胡行〉之二。
〔註 49〕 同前，卷二，第 5B 頁，〈與山巨源絕交書〉。
〔註 50〕 見黃節：《阮步兵詠懷詩注》，第 124 頁，〈其七十四〉。
〔註 51〕 見嵇康：《嵇中散集》，卷二，第 2A 頁。

比翼翔雲漢，飲露湌瓊枝。多念世間人，夙駕咸驅馳。沖靜得自然，榮華安足爲。〔註52〕

對於成仙此一事，嵇康是相信不已；阮籍則抱懷疑的態度：

天網彌四野，六翮掩不舒。隨波紛綸客，汎汎若鳧鷖。生命無期度，朝夕有不虞。列仙停脩齡，養志在沖虛。飄颻雲日間，邈與世路殊。榮名非己寶，聲色焉足娛。採藥無旋返，神仙志不符。逼此良可惑，令我久躊躇。〔註53〕

這或許是阮籍無法遂行完全隱居生活的原因之一吧？

而對嵇康而言，便很輕易地將企求羽化登仙，視爲隱居生活的全部內容。在他一首〈述志詩〉中，先說以前入世生活的不是，因而歸結到離群索居以追求長生：

斥鷃擅蒿林，仰笑神鳳飛。坎井蜻蛙宅，神龜安所歸。恨自用身拙，任意多永思。遠實與世殊，義譽非所希。往事既已謬，來者猶可追。何爲人事間，自令心不夷。慷慨思古人，夢想見容輝。願與知己遇，舒憤啓其微。巖穴多隱逸，輕舉求吾師。晨登箕山巔，日夕不知飢。玄居養營魄，千載長自綏。〔註54〕

他幻想有一天會遇到黃帝、老子、王子喬、西王母等人傳授他長生不死的法術或藥物：

——遙望山上松，隆谷鬱青蔥。自遇一何高，獨立迥無雙。願想遊其下，蹊路絕不通。王喬棄我去，乘雲駕六龍。飄颻戲玄圃，黃老路相逢。授我自然道，曠若發童蒙。採藥鍾山隅，服食改姿容。蟬蛻棄穢累，結友家板桐。臨觴奏九韶，雅歌何邕邕。長與俗人別，誰能覩其踪。〔註55〕

——思與王喬乘雲遊八極，思與王喬乘雲遊八極。凌厲五岳，忽行萬億。授我神藥，自生羽翼。呼吸太和，鍊形易色。歌以言之，思行遊八極。〔註56〕

〔註52〕同前，卷一，第5A頁，〈述志詩〉二首之一。
〔註53〕見黃節：《阮步兵詠懷詩注》，第78頁，〈其四十一〉。
〔註54〕見嵇康：《嵇中散集》，卷一，第5A至B頁，〈述志詩〉二首之三。
〔註55〕同前，卷二，第5B頁，〈遊仙詩〉一首。
〔註56〕同前，卷一，第7B頁，〈秋胡行〉七首之六。

——徘徊鍾山，息駕於層城。徘徊鍾山，息駕於層城。上蔭華蓋，下采若英。受道王母，遂升紫庭。逍遙天衢，千載長生。歌以言之，徘徊於層城。〔註57〕

而連不太相信成仙之說的阮籍也曾有過這種幻想：

危冠切浮雲，長劍出天外。細故何足慮，高度跨一世。非子爲我御，逍遙遊荒裔。顧謝西王母，吾將從此逝。豈與蓬戶士，彈琴誦言誓。〔註58〕

由於嵇康相信成仙之說，所以，他寫有〈養生論〉〔註59〕欲博人採信。

總之，阮嵇兩人面對名教世界一些不自然現象的衝擊，全出之以逃避一途，並作爲他們生命安頓之所在；所不同的，後者信仰成仙之說，並付諸實踐以爲避世生活之全部內涵，而前者則不然。

筆者且以阮籍的一段文章，綜合涵蓋阮、嵇兩人的自然思想：

嗚呼，時不若歲，歲不若天，天不若道，道不若神。神者，自然之根也。彼句句者自以爲貴乎世矣。而惡知夫世之賤乎茲哉？故與世爭貴，貴不足尊。與世爭富，富不足先。必超世而絕群，遺俗而獨往。登乎太始之前，覽乎忽漠之初。慮周流于無外，志浩蕩而遂舒。飄颻于四運，翩翔翔乎八隅。欲從肆而彷彿，浣瀁而靡拘。細行不足以爲毀，聖賢不足以爲譽。變化移易，與神明扶。廓無外以爲宅，周宇宙以爲廬。強八維而處安，據制物以永居。夫如是，則可謂富貴矣。是故不與堯舜齊德，不與湯武竝功。王許不足以爲匹，陽丘豈能與比縱。天地且不能越其壽，廣成子曾何足與竝容？激八風以揚聲，躡元古之高蹤。被九天以開除兮，來雲氣以馭飛龍。專上下以制統兮，殊古今而靡同。夫世之名利，胡足以累之哉？〔註60〕

時間觀念對阮嵇兩人而言，極爲重要。有學者只重上古以下或是當時，阮嵇兩人大肆抨擊禮法，便以爲他們是反對禮法並否定其價值的。〔註61〕有

〔註57〕同前，卷一，第7B頁，〈秋胡行〉七首之七。
〔註58〕見黃節：《阮步兵詠懷詩注》，第103頁，「其五十八」。
〔註59〕詳見嵇康：《嵇中散集》，卷三，第2B至5A頁。
〔註60〕見嚴可均校輯：《全三國文》，卷四十六，第1317下右至左。
〔註61〕參見韋政通：《中國哲學批判》（臺北：水牛出版社，民國65年8月四版）中〈阮籍的時代和他的思想〉一文。

學者知道他們所反對的只是假禮法，對真的仍加以維護並肯定其價值；但對甄別真假的標準，卻不了然。〔註62〕其實，標準是在於有無合乎自然。自然一辭，對阮嵇兩人而言，不僅是一種價值判斷，而且也是各種主張的理據。因此，他們是假借自然的名法以鼓吹改革；但是，他們又說上古時代本合乎自然的，這又跡近於託古改制了。

第四節　餘　論

當我們檢視阮嵇兩人自然思想的資料時，發現其言論可區分為以下五種形式：

第一、對道德和政制予以肯定。

第二、上古時代其道德和政制是自然的。

每三、上古以下時代其道德和政制是不自然的。

第四、對道德和政制予以否定。

第五、上古時代其道德和政制是不自然的。

以上前三種形式的言論較為豐富，我們已在前述三節加以分析並解釋過；而後兩種形式的言論雖較少，但卻足以推翻前述三節的立論。其第四種是與第一種相衝突的；第五種是與第二種相違背的。因此，面對這種彰彰在目的矛盾，筆者得從其言論裡重新考掘其辯解。首先，且將第四種形式的三則言論羅列如下：

1. 反對參與政治擁有權位

> 且君子……奉法循理，不絓世網，以無罪自尊，以不仕為逸，遊心乎道義，傴息乎卑室，恬愉無遌，而神氣條達。豈須榮華然後貴哉？耕而為食，蠶而為衣，衣食周身，則餘天下之財。猶渴者飲河，快然而足，不羨洪流。豈待積斂然後富哉？君子之用心若此，蓋將以名位為贅瘤，資財為塵垢也，安用富貴乎？故世之難得者非財也，非榮也，患意之不足耳。意足者雖耦耕𤱶畝，被褐啜菽，豈不自得？不足者雖養天下委以萬物猶未愜。〔註63〕

〔註62〕　參見齊益壽：〈論阮籍的生命情調〉（《幼獅月刊》，民國61年3月出版，三十五卷，三期；周紹賢：《魏晉清談述論》（臺北：作者自行出版，民國61年4月2版），第81頁。

〔註63〕　見嵇康：《嵇中散集》，卷四，第4A至B頁，〈答難養生論〉。

2. 無法遵行道德與政制之規範

> 又人倫有禮，朝廷有法，自惟至熟，有必不堪者七，甚不可者
> 二。……〔註64〕

3. 道德與政治規範是不自然的

> 六經以抑引爲主，人性以從欲爲歡。抑引則違其願，從欲則得自然。
> 然則自然之得，不由抑引之六經；全性之本，不須犯情之禮律。故
> 仁義務於理僞，非養眞之要術；廉讓生於予奪，非自然之所出也。
> 由是言之，則鳥不毀以求馴，獸不群而求富，則人之眞性無爲正當，
> 自然耽此禮學矣。〔註65〕

　　以上全屬嵇康一人之言論並無「上古」或「上古以下」等明確的時間述詞；然而，第一、二則爲當時現實刺激之反應，第三則講三代以下才成書的六經，很顯然指的是上古以下的時間。足見究其實質等於就是第三種形式的言論。

　　至於第五種形式的言論，阮嵇兩人僅各有一則。茲錄之於下：

1. 阮籍的上古無政治體制之設：

> 昔者天地開闊，萬物竝生。大者恬其性，細者靜其形。陰藏其氣，
> 陽發其精。害無所避，利無所爭。放之不失，收之不盈。亡不爲夭，
> 存不爲壽。福無所得，禍無所咎。各從其命，以度相守。明者不以
> 智勝，闇者不以愚敗。弱者不以迫畏，強者不以力盡。蓋無君而庶
> 物定，無臣而萬事理。保身修性，不違其紀。惟茲若然，故能長久。
>
> 〔註66〕

2. 嵇康的上古無道德與政制之規範：

> 洪荒之世，大朴未虧。君無文於上，民無競於下。物全理順，莫不
> 自得。飽則安寢，饑則求食。怡然鼓腹，不知爲至德之世也。若此
> 安知仁義之端、禮律之文？〔註67〕

　　筆者先討論嵇康的。依資料所示，筆者可以解成，上古民眾所爲暗與仁義、禮律之實符合，但卻不知仁義、禮律之名。這就如同《莊子‧天地篇》

〔註64〕同前，卷二，第6A頁，〈與山巨源絕交書〉。
〔註65〕同前，卷七，第2A至B頁，〈難自然好學論〉。
〔註66〕見嚴可均校輯：《全三國文》，卷四十六，第3215下左頁，〈大人先生傳〉。
〔註67〕見嵇康：《嵇中散集》，卷七，第2A頁，〈難自然好學論〉。

所云：「民如野鹿，端正而不知以為義，相愛而不知以為仁。」〔註68〕之意。
因此，本則資料合於第二種形式。如果有人認為此解太過牽強，仍堅持屬第
五種形式。那麼，筆者不妨如此解釋：由於本則資料是嵇康與張遼叔論辯的
文字，他為求取勝而保持與敵論完全相反的立場，故不惜改變一向之持論，
在所難免也不一定。理由是，張遼叔的論點是，只要是禮法而不管是上古或
上古以下都是自然的。〔註69〕嵇康若一本其慣有之論，說禮法在上古是自然
的；上古以下則不自然。那麼，勢必授張口實，而反駁道：既然禮法在上古
是自然的，為何上古以下就不是，這顯然是個人之偏見。如此一來，勢必迫
使嵇康為求在論辯上取勝，不得不事急從權，而主禮法是不自然的。如果有
人認為嵇康此論代表晚年之定論，企圖推翻我在前三節所論的話；那麼，我
可以前引嵇康〈家誡〉一文來支持我的立論。一般而言，遺言可代表立言者
最後信守的言論。在有遺言性質的〈家誡〉一文中，嵇康諄諄告誡其子遵守
禮法，可知其對禮法的肯定是無庸置疑的。

　　次就阮籍而論。誠如有學者認為的，阮籍思想的演變有三階段，其前尚
儒學，其〈通易論〉與〈樂論〉中有此二言論可以為證（按：該學者以〈通
易論〉成於此時，則與我以下所論有異）；之後旁通《老子》，其《通老論》
可為代表；最後則深受《莊子》之影響，其〈達莊論〉可為代表。〔註70〕以
此思想之變跡，衡諸本章前三節所論，並無扞隔不適之處。惟所當補充的是，
其〈通易論〉與〈樂論〉所云，對於出乎自然的禮法之肯定與信守，固無論
矣，即在〈通老論〉與〈達莊論〉中亦然；而且，均將此肯定與信守斷限於
上古時代。前引第一則資料出於〈大人先生傳〉，若當作晚年之一新說看待，
似乎也說得過去。何以故？筆者且代他設想一番。他在早年接受儒家各種信
念，後來他發現當時儒家信念，只是為人騰為口說，或雖為之卻一無實質，
因此才借老莊自然觀念以區別其真假。由於〈通易論〉與〈樂論〉中有採用
老莊自然觀念之處，可知兩論必與〈通老論〉和〈達莊論〉一般，寫成於同
一期。更由於以上四論有明顯的上古與上古以下的時間分野在，益知為同一
期之產物。本章前三節即據此以立說，說明阮籍（嵇康亦然）以道德與政制

〔註68〕見郭象：《莊子注》，外篇，卷五，〈天地第十三〉，第12A頁。
〔註69〕詳見張遼叔：〈自然好學論〉，附於《嵇中散集》，卷七，第1A至B頁。
〔註70〕見何啓民：《竹林七賢研究》（臺北：中國學術獎助委員會，民國55年3月初
　　　　版），第158～159頁。

是出於自然而加以肯定，至少在上古時代曾實現過，儘管上古以下至今的道德與政制並非自然。此論雖與傳統儒家有別，但總算沒有拋棄道德與政制。如今在〈大人先生傳〉中竟說，上古無道德與政制之設。至此，道德與政制已爲他所否定、所遺棄。其言論之激烈與大膽，不僅僅是與傳統儒家有別而已，更爲本章前三節之論所難望其項背。因此才許爲晚年之一新說。然則爲何不逕視之爲晚年定論呢？一則以其孤證難保其可立，二則很可能是出於圖一時口快的情緒發洩之語。但撇開孤證不立之說，不管是否出於情緒之發洩，其厭惡道德與政制已至必欲去之而後快的地步。不禁使人要問：難道當時又有何特別事故刺激他作如此驚人之語？

筆者必須指出，阮籍、嵇康晚年正處所謂「司馬昭之心，路人皆知。」的時期，篡位之聲已達緊鑼密鼓。〔註71〕司馬氏爲轉移曹氏政權，無所不用其極，殺人無算，引起兩人極大之不滿。嵇康曾寫〈管蔡論〉，有學者認爲：「顯以管蔡暗射毋丘儉、文欽之起兵壽春。」〔註72〕亦即以管蔡造反有理，周公攝政爲居心叵測，影射司馬昭居攝欲不利魏帝，而毋丘、文兩氏之起兵勤王固其宜也。嵇康又云：「又每非湯武而薄周孔，在人間不止此事，會顯世教所不容。」〔註73〕就嵇康看來，先是，商湯、周武均曾成功地獲致政權，分別創制垂統；周公、孔子制定道德以規範人心。以上四人除孔子（按：此處舉他，可能是一則作爲文章上下對稱之用，二則取其制定道德與周公同其地位）外，均爲其不算光明正大的行爲，出以冠冕堂皇之說辭。而今，司馬昭一如周公居於攝政之位誅除異己之管蔡，將來很可能亦同湯武遂行其「順天應人」的革命之舉。阮籍則說：「其視堯舜之所事，若手中耳。」〔註74〕又說：「不與堯舜齊德。」〔註75〕這種對鄙視堯舜禪讓政治的態度，實由於當時司馬氏借禪讓之名行奪權之實，遂使他難免懷疑堯舜禪讓爲篡竊其實之舉。他對於政權之轉移，比較贊成「秦失其鹿，天下英雄共逐之。」的革命方式，因爲這到底真有個他所認爲光明正大的理由。據《晉書》本傳說他：

〔註71〕參見徐高阮：〈山濤論〉，《中央研究院歷史語研究所集刊》，第 41 本，第一分，民國 58 年 3 月。

〔註72〕見何啓民：《竹林七賢研究》（臺北：中國學術著作獎助委員會，民國 55 年 3 月初版），第 239 頁。

〔註73〕見嵇康：《嵇中散集》，卷二，第 6B 頁，〈與山巨源絕交書〉。

〔註74〕見嚴可均校輯：《全三國文》，卷四十六，第 1315 上右頁，〈大人先生傳〉。

〔註75〕同前，第 1317 下右頁，〈大人先生傳〉。

「嘗登廣武，觀楚漢戰處，歎曰：『時無英雄，使豎子成名。』登武牢山，望京邑而歎。於是賦豪傑詩。」〔註76〕既然禪讓只是虛僞之冠冕語，而自然是眞實無欺的；因此，他才把堯舜時代列入上古以下的歷史中。由禪讓所得之政權非出公意實由私心，而明明是個不光明正大之行，卻可顛倒黑白說成「居仁由義」。所以，本是對代表私心政制之司馬氏集團的不滿、對假借道德以掩其醜行之司馬氏集團的痛憤，經移情作用，一變而爲對司馬氏集團所利用的政制與道德的不滿與痛憤。然而，爲了性命，司馬氏集團是批評不得的。可是與曹氏有姻親關係的嵇康，就比較沈不住氣而洩發其敵視之心，逐爲司馬氏集團所害。此處因涉及政爭，資料都比較隱微而不明確。司馬氏假公濟私之舉，所予阮氏心靈震撼之巨，實不易探尋。到了晉武帝時，此事已告一段落，法禁也變寬了，而當時水火不容的兩派人物已凋榭。因此，對於「禪代之事」才容許段灼作一些的評論，雖然段灼所言也有吞吞吐吐之處，但多少已能爲我們後人道出類似阮籍的一番心情。他說：

> 今之言世者皆曰：堯舜復興，天下已太平矣。臣獨以爲未，亦竊有所勸焉。且百王垂制，聖賢吐言，來事之明鑒也。孟子曰：堯不能以天下與舜，則舜之有天下也，天與之也。昔堯爲相，堯崩三年之喪畢，舜避堯之子於南河。天下諸侯朝覲者、獄訟者不之堯之子，而之舜。舜曰：天也。乃之中國踐天子位焉。若居堯之官逼堯之子，非天之所與者也。曩昔西有不臣之蜀，東有僭號之吳，三主鼎足並稱天子。魏文帝率萬乘之眾，受禪於靡陂，而自以德同唐虞。以爲漢獻帝即是古之堯，自謂即是今之舜；乃謂孟軻、孫卿不通禪代之變。遂作禪代之文，刻石垂戒，班示天下，傳之後世。亦安能使將來君子皆曉然心服其義乎？〔註77〕

裡面罵的雖是魏文帝假禪讓之名，行逐一己私心之實，然揆諸司馬氏何嘗不然。司馬炎想必亦心裡有數。段灼爲我們後人稍稍道出阮籍面對假禪讓之心情。由於阮籍痛恨司馬氏假借名義取得政權（司馬昭時只差一道即位的儀式），因而對司馬氏政權不滿；但因爲在保命的前提下不許他公開反對司馬氏政權，逐將此情緒加以壓抑，復經移情作用，一變而擴大爲對整個皇帝制度以及附屬於其下的道德規範的不滿。質言之，阮籍不滿司馬氏假借堯舜禪讓，

〔註76〕見《晉書斠注》，卷四十九，第 5B 頁。
〔註77〕同前註，同書卷四十八，〈段灼傳〉，第 8B 頁。

以逐行其奪權之私心，從而不僅對堯舜以來的政教予以全盤否定，秉此推論，對人類所發明的政教亦根本不予認同。

第五章　結　論

　　綜上析論獲知，吾人得知魏晉自然思想可分化成三大流派。這更可從各派對於文化所抱持態度之不同，清楚看出來。以阮籍、嵇康為代表的一派，本質上一如人為思想然，仍對文化加以肯定的；所異者，唯只承認上古以上之文化。儘管阮籍在晚年改變其一貫的儒道交融後之思想，而有否定文化之新說產生，但到底不太能視為晚年定論。其次以王弼、郭象、張湛三人為代表的一派，則對文化表示懷疑；王弼則懷疑文化之崇高地位，而力主降其為次於自然；郭象則懷疑文化內涵中大部分各項功能，而獨承認政治一項；張湛則只在天意註定治世將臨時才承認道德有一用之價值，否則全部文化內容盡在懷疑之列。復次，以劉伶等人為代表的將反抗禮法化為行動模式一派，則自絕於文化系統，而於文化種種之功能予以全盤否定。從各派對文化所抱持之態度，可以看出在反人為思想上，一派比一派激烈。本文只處理前二派，茲一一論之於後。

　　先說阮、嵇兩人。毫無疑問地，自然比一理念已成為其心目中之價值判斷所在，並取以作為其所提主張之理據。而其思想中心，厥為促使只在上古出現的自然的道德與政制重現人世。而因應於此而生的、對上古以下尤其是當時的道德與政制的大肆抨擊與譏嘲，畢竟是在消極之意義上來得重些。

　　次說王、郭、張三人。就正面來界定三人的自然思想而言，王弼在這方面的內容實在薄弱得很，連「物之本性自足」那麼重要的理論，都不太明顯，只是有那點跡象罷了，這是任何思潮初起時難免有的「其始也簡」之必然現象；直到郭象手中，才達完備，因此也就顯得樣樣俱全，繁富精彩多了；然而，張湛竟不能「克紹箕裘」，遑論發揚光大了。換言之，正面所界定的自然

思想，就其發展的過程看來，直如一有機體之生命，王、郭、張三人正分佔其興、盛、衰的各段上。

自然思想中有些思想要素，可說是王、郭、張三人針砭其時代的言論，其中求所以迹論，似乎對我們這個時代比對他們那個時代更爲恰切。當郭、張兩人一致切責對模範人物的學習，只是自陷無能超越其人的陷阱時，在一千五百年以後的我們，發覺我們自己現在面對著郭、張兩人所預見的此一問題。所不同的，那個時代的人熱衷於仿習中國往古聖哲，而今天的我們正亦步亦趨在西方聖哲之後。

就史觀而論，不論是偶然觀或是命定觀，其代表消極與悲觀之心態則一也，唯獨程度上後者更甚於前者。王弼只有歷史偶然觀；郭象除此之外還有歷史命定觀；至張湛則只具歷史命定觀——但是帶有神意的，而不同於郭象無神意的命定觀，這就有點開倒車了。從王弼的偶然觀降至張湛帶有神意的命定觀，似乎可以看出，一則對否定人爲努力程度的逐步加強，二則對消極與悲觀心態的逐級加重。

他們三人有沒有考慮到自然思想此一思想本身的限度問題呢？從各人留下的資料上顯示，答案是否定的。換言之，在他們心目中，此一思想恐不單單是濟時良藥而已，而是萬驗靈丹呢。就我們後人來評斷此一限度問題，亦是有所不能。當然就任何一種有時空性而非永恆性的思想而言，是必有其限度的，而本質上符合此一條件的魏晉自然思想如何可免？問題在於它的可行性尚未解決。以下試論其可行性。

對於王、郭、張三人所共同主張的無爲政治而言，在君臣關係上，他們都有鑒於君主「終極權力」的太過膨脹，思有所遏抑，而以提高臣下「授與權力」〔註1〕來設法彌補。然而，「授與權力」其施與受既是操之於君主之手，那麼，增加「授與權力」此事勢必經過君主的同意才行，可是，有哪一位君主願意作「減」自己威風的事呢？因此，三人所議，可行性甚微。而在君民關係上，張湛沒表示意見；王、郭則基於爲民請命的熱情，前者大力反對君主以刑罰控制人民，後者則將君主治民之權限制在維持人民生計這一點上。固然這種想法與近代西方自由主義（liberalism）精神頗多符合；但是，以當

〔註 1〕 「終極權力」與「授與權力」均借用劉子健：〈宋初改革家——范仲淹〉一文
之語。該文載於段昌國等譯的《中國思想與制度論集》（臺北：聯經出版事業
公司，民國 65 年 9 月初版），第 123～161 頁。

時中國政治社會環境尚不具備配合條件，其實現的可能相當渺茫。

　　人創出文化就是用以減少或擺脫自然界對人的制約的；但是文化累積愈富，如使人類環境益形複雜，逐漸地步上「作繭自縛」甚至「爲法自斃」的道路上去，反而爲人自己環境所制約。人生下來註定無權選擇自己的生存環境，而必須生存在一文化系統中，受政治制度、道德規範的制約。王、郭、張三人多多少少對這方面都有相當的認識。不過，倒不是說他們想衝脫整個文化系統的牢籠，便是意謂他們要爲所欲爲，要做一些與傳統道德禮法徹底背離的舉動。

　　平心而論，從某一個角度來看，他們的看法倒也切合實情。照說他們應當來一次革命性的壯舉，設法一反過去轉而對生存環境加以制約才是。但是他們只是對過去進行在質與量上有些出入的改革，而未採取全盤革除，只是盡量減輕所受環境的制約罷了——當然，他們也許認爲，他們在努力完全擺脫所受環境的制約呢。

　　王、郭、張三人透過自然思想所揭櫫的「美麗新世界」，會不會像人類歷史上的一些理想主義者的烏托邦一樣，永不可企及？這可能有待歷史的印證。

後 記

本書取材自我的碩士論文，清稿以後，總覺得還可以再進一步商榷，所以沒有立刻付印。此後四年，我每年細讀一遍，皆有增補與修正。我最近決定出版，並非緣於內容已臻完美，而是深悟學問之道永無止境，若以至善的標準才能問世，則永不敢出書矣！果如此，則失去向達雅之士請益的機會。故本書的論點僅代表我這段時期研究的心得與境界。

我對思想史和魏晉南北朝史的興趣，出於大學時期朱際鎰師的引導、啓發，朱師當年勉勵我們：「要有當大史學家的胸襟和氣魄。」之言至今猶存耳際，而歲月無情，倏忽十餘年有如飄風驟雨，刹那散逸無蹤！儘管朱師風範如昔、風采依舊，而我的史學僅祇是入門而已。

本書撰寫期間，承何啓民、毛漢光兩師之悉心調教，感激之情自不在話下。不僅此也，兩師胸襟開闊，允許我有絕對創作之自由，而不遏抑我提出新奇之說，尤其是在觀念的顯豁與方法的教示上，其獲益之大亦不限是一本論文之寫成而已。此外，於我有親炙之恩的王爾敏師與林毓生師，雖然其所學分屬近代和現代，在時間上與魏晉距離遠甚，但因同是思想史，故對我甚具啓導之功，謹此深致謝忱。

在師大史研所就讀期間，是我有生以來最愉悅的時期。前後兩任所長，李國祁和張朋園兩師勤於行政，允許我請校外的毛、何兩師來擔任論文指導，使我有機會獲得良師的教益。研究生生涯倘有值得追記之處，那就是當時常在一起談辯的同學，如江勇振、林麗月、黃俊彥、劉紀曜四位，堪稱益友。

更懷念的是，何啓民師的兩句話：「論文只要寫的不跟我一樣就好。」以及「讀魏晉書所學何事！？」

盧建榮

一九八一年二月十九日於臺北

參考書目

壹、中文著作

一、古典典籍

1. 王符：《潛夫論》（臺北：商務印書館，民國 57 年 3 月臺 1 版）。
2. 王充：《論衡》（臺北：世界書局，劉盼遂集解，民國 56 年）。
3. 王弼：《老子注》（臺北：藝文印書館，民國 60 年 1 月再版）。
4. 王弼：《周易注》（臺北：中華書局，民國 63 年 7 月 3 版）。
5. 王弼：《老子微旨例略》（臺北：藝文印書館，民國 45 年初版；錄自正統道藏正一部畝字號，嚴靈峯校並跋）。
6. 王弼：《論語釋疑》（散分在邢昺：《論語正義》，皇侃：《論語集解義疏》兩書中，不全）。
7. 王粲：《王仲宣集》（《建安七子全集》，三餘堂藏板，中央研究院歷史語言研究所藏）。
8. 阮籍：《阮步兵詠懷詩》（臺北：藝文印書館，黃節注本，民國 60 年 9 月初版）。
9. 杜佑：《通典》（長沙：岳麓書社，1992 年，顏品忠點校）。
10. 房玄齡：《晉書》（臺北：新文豐出版公司，民國 68 年 2 月初版，吳士鑑、劉承幹的斠注本）。
11. 范曄：《後漢書》（臺北：鼎文書局點校本）。
12. 荀悅：《申鑒》（臺北：商務印書館，民國 57 年 3 月臺 1 版）。
13. 荀悅：《漢紀》（臺北：商務印書館，民國 63 年 11 月臺 2 版）。
14. 徐幹：《中論》（臺北：商務印書館，民國 57 年 3 月臺 1 版）。
15. 袁宏：《後漢紀》（臺北：商務印書館，民國 60 年 10 月臺 1 版）。
16. 高誘：《呂氏春秋注》（臺北：世界書局，許維遹集釋，民國 55 年 3 月初版）。

17. 揚雄：《法言》（臺北：世界書局，汪榮寶義疏，民國 47 年 5 月初版）。

18. 郭象：《莊子注》（臺北：世界書局，民國 63 年 11 月 4 版）。

19. 張湛：《列子注》（臺北：中華書局，四部備要本）。

20. 陳壽：《三國志》（臺北：藝文印書館，盧弼集解本）。

21. 嵇康：《嵇中散集》（臺北：中華書局，四部備要本）。

22. 劉義慶：《世說新語》（臺北：明倫出版社，民國 60 年 2 月再版，楊勇校箋本）。

23. 劉劭：《人物志》（臺北：中華書局，民國 63 年 11 月臺 4 版）。

24. 劉勰：《文心雕龍》（上海：中華書局，四部備要輯注本）。

25. 魏徵：《隋書》（臺北：宏業書局，民國 63 年 7 月初版）。

26. 嚴可均輯：《全上古三代秦漢三國六朝文》（臺北：中文出版社）。

27. 顧炎武：《日知錄》（臺北：商務印書館，民國 57 年 3 月臺 1 版）。

二、近人著作

（一）專書、論文集

1. 王煜：《老莊思想論集》（臺北：聯經出版社，民國 68 年 12 月初版）。

2. 毛漢光：《兩晉南北朝士族政治之研究》（臺北：中國學術著作獎助委員會，民國 55 年 7 月初版）。

3. 牟宗三：《才性與玄理》（臺北：學生書局，民國 64 年 11 月臺再版）。

4. 宇同：《中國哲學問題史》（香港：龍門書店，1968 年 9 月影印版）。

5. 李杜：《中西哲學思想中的天道與上帝》（臺北：聯經出版社，民國 69 年 7 月再版）。

6. 余英時：《歷史與思想》（臺北：聯經出版社，民國 65 年 9 月初版）。

7. 余英時：《中國知識階層史論》（臺北：聯經出版社，民國 69 年 8 月初版）。

8. 何啟民：《竹林七賢研究》（臺北：中國學術著作獎助委員會，民國 55 年 3 月初版）。

9. 何啟民：《魏晉思想與談風》（臺北：中國學術著作獎助委員會，民國 56 年 3 月初版）。

10. 何啟民：《何晏》收在《中國歷代思想家》，第十四本（臺北：商務印書館，民國 67 年 6 月初版）。

11. 林麗眞：《王弼》收在《中國歷代思想家》，第十五本，（臺北：商務印書館，民國 67 年 6 月初版）。

12. 周紹賢：《魏晉清談述論》（臺北：作者自行出版，民國 61 年 4 月 2 版）。

13. 屈萬里：《先秦漢魏易例述評》（臺北：學生書局，民國 58 年 4 月初版）。

14. 洪鎌德：《現代社會學導論》（臺北：商務印書館，民國 63 年 10 月 2 版）。

15. 段昌國等譯：《中國思想與制度論集》（臺北：聯經出版社，民國 65 年 9 月初版）。

16. 徐復觀：《中國藝術精神》（臺北：學生書局，民國 62 年元月 3 版）。

17. 徐復觀：《兩漢思想史卷二》（臺北：學生書局，民國 65 年 6 月初版）。

18. 容肇祖：《魏晉的自然主義》（臺北：商務印書館，民國 59 年 8 月臺 1 版）。

19. 容肇祖：《李卓吾評傳》（臺北：商務印書館，民國 62 年 12 月臺 1 版）。

20. 唐長孺：《魏晉南北朝史論叢》（北京：三聯書站，1955 年初版）。

21. 唐長孺：《魏晉南北朝續論叢》（北京：三聯書站，1959 年初版）。

22. 唐君毅：《中國哲學原論──原道篇（二）》（臺北：學生書局，民國 65 年 8 月臺初版）。

23. 梁啓超：《戴東原》（臺北：中華書局，民國 59 年 5 月臺二版）。

24. 陳品卿：《鄭玄》收在《中國歷代思想家》，第十三本，（臺北：商務印書館，民國 67 年 6 月初版）。

25. 勞思光：《中國哲學史》（臺北：華世出版社，民國 64 年 6 月初版）。

26. 湯用彤：《魏晉玄學論稿》（臺北：盧山出版社，民國 61 年 10 月初版）。

27. 湯用彤、任繼愈：《魏晉玄學中的社會政治思想略論》（上海：人民出版社，1956 年 2 月初版）。

28. 賀昌群：《魏晉清談初論》（臺北：三人行出版社，民國 63 年 7 月初版）。

29. 費孝通等譯：《文化論》（重慶：商務印書館，民國 33 年 7 月初版）。

30. 齊思和等：《周叔弢先生六十生日紀念論文集》（香港：龍門書局，1967 年 2 版）。

31. 劉大杰：《魏晉思想論》（臺北：中華書局，民國 62 年 4 月 4 版）。

32. 錢穆：《中國學術思想史論叢（三）》（臺北：東大圖書公司，民國 66 年 7 月初版）。

33. 蕭公權：《中國政治思想史（三）》（臺北：華岡出版公司，民國 60 年 3 月再版）。

（二）論　文（包括學位論文）

1. 王韶生：〈何晏與魏晉學術之關係〉《崇基學報》，三卷 1 期，1963 年 11 月。

2. 王爾敏：〈十九世紀中國士大夫對中西關係之理論及衍生之新觀念〉《清華學報》，十一卷，1、2 期合刊。

3. 王煜：〈老莊論道之析裂淪降〉香港中文大學主編：《中國文化研究學報》，

七卷，1 期。

4. 毛漢光：〈我國中古大士族之個案研究——瑯琊王氏〉《中央研究院歷史語言研究所集刊》，第 37 本，1967 年。

5. 毛漢光：〈五朝軍權轉移及其對政局之影響〉《清華學報》，新八卷，第 1、2 合期，1970 年。

6. 毛漢光：〈三國政權的社會基礎〉《中央研究院歷史語言研究所集刊》，第 46 本，第 1 分，1974 年。

7. 毛漢光：〈中國中古賢能觀念之研究〉《中央研究院歷史語言研究所集刊》，第 48 本，第 3 分，1977 年。

8. 何啓民：〈漢晉變局中的中原士風〉《中國歷史學會史學集刊》，第 5 期。

9. 何啓民：〈南朝的門第〉《食貨月刊》，復刊三卷，5 期，民國 62 年 8 月。

10. 余英時：〈漢晉之際士之新自覺與新思潮〉《新亞學報》，四卷，1 期，1959 年 8 月。

11. 余英時，〈名教危機與魏晉士風的演變〉收載氏著《中國知識階層史論》（臺北：聯經出版公司，民國 69 年 8 月初版），頁 329～372。

12. 李杜：〈中國古代自然義的天的演變及天道觀的不同涵義〉《新亞書院學術年刊》，19 期，第 49～56 頁。

13. 林毓生：〈五四新文化運動中的反傳統思想〉《中外文學》，三卷，12 期。

14. 馬以謹《東晉初期政治勢力的成形與推移》（嘉義：國立中正大學歷史研究所，民國 95 年 7 月，未刊博士論文）。

15. 侯外廬：〈魏晉思想之歷史背景與階級根源〉《新建設》，二卷，5 期。

16. 徐高阮：〈山濤論〉《中央研究院歷史語言研究所集刊》，第 41 本，第一分，民國 58 年 3 月。

17. 韋政通：〈阮籍的時代和他的思想〉收在氏著《中國哲學思想批判》（臺北：水牛出版社，民國 65 年，8 月 4 版）第 158～162 頁。

18. 郭穎頤：〈無治主義與傳統思想——劉師培〉香港中文大學主編，《中國文化研究學報》，四卷，2 期，1971 年 12 月。

19. 郭麟閣：〈魏晉風流〉《中國學報》，一卷，6 期，民國 33 年 8 月。

20. 孫廣德：〈魏晉士風與老莊思想之演變〉《中德學誌》，六卷，1、2 期，民國 33 年 6 月。

21. 黃振民：〈嵇康研究（上）〉《大陸雜誌》，十八卷，1 期。

22. 齊益壽：〈論阮籍的生命情調〉《幼獅月刊》，三十五卷，3 期。

23. 廖蔚卿：〈張華與西晉政治之關係〉《臺大文史哲學報》，二十二卷，民國 62 年 6 月。

24. 盧建榮：〈葛洪——山林中的社會批評者〉《食貨月刊》，復刊九卷，9 期，

民國 68 年 12 月。

25. 盧建榮：〈魏晉之際的變法派及其敵對者〉《食貨月刊》，復刊十卷，7 期，民國 69 年 10 月。

26. 錢穆：〈袁宏政論與史學〉《民主評論》（香港），六卷，22 期。

27. 戴君仁：〈王輔嗣的易注〉《民主評論》（香港），十一卷 19 期，1951 年 9 月。

貳、外文著作

一、西　文

1. Donald Holzman, "Les sept sages de la foret des bambous et la societe de leur temps"（竹林七賢及其時代社會）*T'oung Pao*, 44（1956）.

2. Donald Holzman, "La vie et la pensee de Hi K'ang"（嵇康生平及其思想）Leiden, 1957.

3. Donald Holzman, *Poetry and Politics, The Life and works of Juan Chi, A.D. 210~263*（Cambridge lniv. Press, 1976）

4. Isaish Berlin : *Two Concepts of Liberty*
（臺北，雙葉書局，民國 64 年 3 月翻印第一版。）

5. Lin Yu-sheng（林毓生）: *The Crisis of Chinese Consciousness.*
（臺北，全國出版社，民國 68 年 3 月翻印第一版。）

二、日　文

1. 板野長八：〈清談の一解釋〉《史學雜誌》，第五十編，第三號。

2. 板野長八：〈何晏王弼の思想〉《東方學報》，第十四冊之一，昭和十八年（1943）。

3. 松本雅明：〈魏晉無における思想の性格（一）〉《史學雜誌》，第五十一編，第二號。

4. 松本雅明：〈後漢の逃避思想〉《東方學報》，第十二冊之三，昭和十六年（1941）。

5. 松本幸男：《阮籍の生涯と詠懷詩》（東京：木耳社，1977）。

6. 岡村繁：〈郭泰、許劭の人物評論〉《東方學》，第十輯。

7. 秋月觀暎：〈黃老觀念の系譜〉《東方學》，第十輯。

8. 斯波六郎：〈後漢末期の談論について〉《廣島大學文學部記要》，第八號，1955 年 10 月。

9. 森三樹三郎：〈魏晉時代における人間の發現〉《東方文化の問題》，第一號，1949 年，京都大學，第 122~201 頁。